HISTOIRE

Professeur émérite

MW01075993

DE ZOLA
À GUILLAUME APOLLINAIRE

HISTOIRE DE LA LITTÉRATURE FRANÇAISE

HISTOIRE DE
LA LITTÉRATURE FRANÇAISE

DE ZOLA
À GUILLAUME
APOLLINAIRE
1869-1920

par MICHEL DÉCAUDIN
Professeur émérite à la Sorbonne Nouvelle

et DANIEL LEUWERS
Professeur des universités

Nouvelle édition révisée 1996

GF-Flammarion

INTRODUCTION

DE la veille d'un désastre militaire au lendemain d'une victoire, des derniers soubresauts de l'Empire à l'épanouissement d'une
République qui est le régime le plus stable que la
France ait connu depuis 1789, de l'inauguration du
canal de Suez à l'instauration d'un réseau aérien
international, de l'impressionnisme naissant au
cubisme triomphant, de *L'Education sentimentale*
au *Côté de Guermantes* et de *Fêtes galantes* aux
Champs magnétiques, en un demi-siècle la France a
connu une profonde mutation, politique, économique, sociale, littéraire, artistique, dans un monde lui-
même en mouvement.

Les cinquante années qui séparent 1869 de 1920
sont, sur le plan littéraire, marquées par quelques
évolutions — voire des révolutions — essentielles. La
poésie « moderne » naît véritablement durant cette
période ; après que Baudelaire a rompu avec le
clivage manichéen entre le bien et le mal et l'a
dynamité en instaurant le règne du Beau, des esprits
aventuriers comme Rimbaud, Lautréamont et aussi
Mallarmé ont tiré de cette Beauté tout le suc de la
provocation, existentielle ou langagière ; et Guillaume Apollinaire est venu parachever le feu d'artifice en combattant « aux frontières / De l'illimité et

de l'avenir ». La poésie française s'est ainsi débarrassée du pesant héritage romantique pour assumer sa présence au monde et au langage.

Un même souci des infinies ressources de la langue a requis les romanciers les plus audacieux et leur a permis d'échapper au spectre paralysant de Balzac ainsi qu'à la toute-puissante emprise du naturalisme. Et la découverte progressive des secrets structurés de l'inconscient humain a commencé à délier les meilleures plumes et à esquisser des lignes nouvelles, à l'écart de l'idéalisme fallacieux et du réalisme réducteur. Les soubresauts de la politique et les spasmes de la catastrophe guerrière ont contribué à la recherche fébrile de formules ne faisant référence à aucun modèle antérieur.

La fin du xixe siècle et le début du xxe siècle ont ainsi frayé la route à ce qu'on a pris l'habitude de dénommer la « modernité » et qui est l'accession aux couches les plus profondes d'un langage apte à remettre perpétuellement en question « le lieu et la formule » qu'il appréhende.

PREMIÈRE PARTIE

LITTÉRATURE
ET VIE CONTEMPORAINE

Chapitre I

CONDITIONS DE LA VIE

La politique et l'opinion

1869 marque la fin de la « fête impériale ». Tandis que la politique étrangère de Napoléon III trouble l'opinion (échec de l'expédition française au Mexique) ou la divise (soutien accordé à Garibaldi en Italie), les mesures de libéralisation du régime ne font qu'attiser l'opposition républicaine. En mai 1870, un plébiscite destiné à approuver la mise en place d'un système parlementaire dans le cadre de l'Empire obtient 7 350 000 oui contre 1 500 000 non. Mais la mise en œuvre des réformes par Emile Ollivier tourne court.

Les événements qui conduisent à la guerre contre la Prusse rapprochent les Français dans un mouvement patriotique. Mais les revers subis dès le début de la campagne décident du sort de l'Empire. Napoléon III capitule à Sedan le 2 septembre 1870, la déchéance de l'Empire est proclamée à Paris le 4 septembre et un gouvernement provisoire créé. Il aura la rude tâche de signer en janvier 1871 un armistice avec la Prusse alors que Paris est investi. En février se réunit à Bordeaux une Assemblée nationale dont la majorité est monarchiste modérée ; Thiers est nommé chef du gouvernement. Le retour en France de Victor Hugo, qui a vécu en exil toute la période de l'Empire, est le symbole de la liberté politique retrouvée. Cependant, les républicains et les ouvriers parisiens, partisans de la résistance à outrance, frustrés dans leurs espérances par l'orientation du nouveau gouvernement et son installation à Bordeaux, sont en effervescence. Le 18 mars est créée la Commune de Paris, qui se met en état d'insurrection. Elle durera à peine deux mois. Une action des troupes gouvernementales parties de Versailles écrase du 21 au 28 mai — la Semaine sanglante — les Communards : réaction brutale, marquée par des exécutions sommaires, des condamnations rapides, des déportations, aussi des exils volontaires. Une loi d'amnistie ne sera votée qu'en 1880, permettant le retour en France d'un Jules Vallès ou d'une Louise Michel, qui avait été déportée en Nouvelle-Calédonie. Pendant dix ans, le mouvement ouvrier, les groupes socialistes ou républicains extrémistes avaient été privés de leurs animateurs et leur action avait été des plus réduites.

Ces dix ans sont aussi ceux où s'affirme la République. Les lois constitutionnelles votées en 1875 (où l'amendement Wallon a introduit le mot de République) sont suivies d'un succès républicain aux élections législatives de 1876, confirmé l'année suivante après une dissolution de la Chambre. Le président de la République Mac-Mahon, conservateur et monarchiste, doit démissionner ; il est remplacé en 1879 par Jules Grévy. Symboles républicains, la Marseillaise redevient chant national, le 14 juillet est instauré en 1880 fête nationale. La mort de Gambetta, qui, après avoir incarné pendant la guerre l'esprit de résistance, représentait la tendance radicale de la politique républicaine, n'empêche pas la mise en place des grandes réformes qui structurent la France moderne : enseignement primaire gratuit, laïque et obligatoire, enseignement secondaire des jeunes filles, écoles maternelles, liberté de presse et de

réunion, libertés syndicales, organisation municipale... En cinq ans, de 1880 à 1885, les ministères
Gambetta et Jules Ferry accomplissent une œuvre
considérable. Simultanément, des expéditions coloniales, critiquées par l'extrême-gauche radicale et
nationaliste qui pense à la « revanche » et à l'Alsace-
Lorraine perdue en 1871, portent la présence française en Annam, au Tonkin, à Madagascar.

La reprise économique après la guerre avait été
immédiate. La dette de guerre énorme par laquelle
Bismarck pensait épuiser la France pour de longues
années fut payée avant les délais exigés. Les
années 80 voient une expansion industrielle et économique qui prolonge celle du second Empire, malgré
quelques indices de stagnation. En revanche, la vie
politique connaît de profonds remous. En 1885,
Déroulède prend la tête de la Ligue des patriotes,
pour qui l'ennemi principal reste l'Empire allemand.
Le général Boulanger, ministre de la Guerre depuis
janvier 1886, s'assure une grande popularité auprès
de l'armée et d'une partie importante de l'opinion ; il
se rapproche de milieux politiques qui le considèrent
comme le général de la Revanche ou l'homme le plus
apte à renverser le régime républicain. Ecarté du
pouvoir, mis en non activité, il se fait élire député,
crée un mouvement politique. D'abord soutenu par
les républicains radicaux, le boulangisme rallia rapidement la droite favorable à un Etat populaire anti-
parlementaire. Barrès notamment le soutint. Boulanger, élu triomphalement à Paris en janvier 1889,
n'osa pas marcher sur l'Elysée comme l'y poussaient
ses amis, en premier lieu Déroulède. Poursuivi pour
complot, il s'enfuit à Bruxelles, où il se donna la mort
en 1891. Dès octobre 1889, les élections avaient
traduit l'échec du boulangisme.

Mais d'autres forces politiques apparaissent. Les
catholiques, choqués par certaines violences anti-
religieuses de la Commune, méfiants à l'égard d'une
laïcité inspirée selon eux par leurs adversaires francs-

maçons et protestants, se maintenaient pour la plupart dans la mouvance monarchiste. En 1890, le cardinal Lavigerie inaugure dans un discours retentissant le « ralliement » des catholiques à la République : l'évolution sera lente ; elle a du moins commencé. Le mouvement socialiste s'est reconstitué après 1880. En 1887, un groupe « ouvrier » de dix-huit députés est créé à la Chambre. A partir de 1890, le Parti ouvrier français de Jules Guesde se développe rapidement. Jaurès, Millerand, d'autres socialistes sont élus en 1893. Les jeunes intellectuels sont attirés. Bien que les différents groupes ne réussissent pas à s'unifier, le socialisme représente une force montante. Parallèlement, le syndicalisme se développe, dans un climat social de grèves dures. En 1892 s'organise la Fédération des bourses du travail. Enfin, les anarchistes, qui ont la faveur de nombreux artistes et écrivains symbolistes, suscitent à partir de 1890 une vague d'attentats, jusqu'à l'assassinat du président de la République Sadi Carnot en 1894. Des lois répressives sévères, dites « lois scélérates », furent alors votées et provoquèrent l'arrêt de l'action violente. Mais l'influence des anarchistes resta sensible, surtout dans le syndicalisme, au moins jusqu'à la guerre de 1914-1918.

Le grand bouleversement vint de l'affaire Dreyfus. La République avait déjà eu ses scandales : celui des décorations abusivement distribuées qui, à la fin de 1887, avait provoqué la démission du président de la République Jules Grévy ; celui de Panama qui, en 1892 et 1893, éclaboussa la classe politique. Cette fois, il s'agit d'une affaire — plus qu'un scandale. On en connaît les éléments. La découverte d'une opération d'espionnage au profit de l'Allemagne conduisit à l'inculpation du capitaine Dreyfus, d'origine juive alsacienne, qui fut condamné en 1894 à la déportation. Mais des doutes sur sa culpabilité, le soupçon de manœuvres antisémites conduisirent à une campagne qui, se développant à partir de 1896, prit toute son ampleur après l'article de Zola « J'accuse » paru dans le journal de Clemenceau *L'Aurore* le 13 janvier 1898. La France se divise entre « dreyfusards » et « antidreyfusards », comme on dit alors. D'un côté, avec la Ligue des droits de l'homme, on pense que la valeur suprême est la justice, à laquelle a droit tout individu. De l'autre, on se groupe autour de la Ligue de la patrie française pour défendre l'honneur de l'armée, qui ne saurait être mise en cause sous aucun prétexte, fût-ce une injustice. Les arrière-plans politiques et idéologiques ne manquent pas : idéal démocratique, antimilitarisme, anticléricalisme, antiracisme d'un côté, antisémitisme plus ou moins manifeste, antiparlementarisme, au nom d'une certaine conception de l'unité nationale et de la patrie de l'autre. Les socialistes, d'abord neutres avec Guesde qui estimait n'avoir pas à intervenir dans une affaire qui ne concernait que l'armée et la société bourgeoise, se rallièrent à la défense de Dreyfus et des droits de l'homme préconisée par Jaurès.

En 1898, le ministre de la Guerre Cavaignac produisit un document accablant pour Dreyfus ; mais il fut rapidement établi que c'était un faux. La révision semblait inéluctable. Les nationalistes antidreyfusards, qui n'en voulaient pas, manifestaient dans la rue ; lorsque le président de la République Félix Faure mourut subitement en février 1899, Déroulède essaya même d'entraîner l'armée à s'emparer de l'Elysée. Ce fut le point culminant de la crise. Le nouveau président, Emile Loubet, avec Waldeck-Rousseau, chef d'un gouvernement de tendance progressiste, était décidé à mettre un terme à l'affaire. Un conseil de guerre réuni à Rennes en 1899 condamna à nouveau Dreyfus, mais avec circonstances atténuantes, s'efforçant ainsi de ménager les partis opposés ; à la suite de cette décision, Dreyfus fut gracié et une amnistie générale décrétée. C'est seulement en 1906 qu'une dernière décision de justice cassa la sentence de Rennes et réintégra Dreyfus dans l'armée. L'affaire était terminée, mais elle laissait dans l'opinion et la politique françaises des clivages de caractère durable. En 1901 est créé le parti républicain radical et radical-socialiste, qui se démarque des socialistes par le refus de l'internationalisme et de la collectivisation des moyens de production. Défenseurs de la propriété privée, préconisant l'égalité et la promotion sociale, laïques et vigilants à l'égard du cléricalisme, les radicaux répondent aux vœux d'une grande partie de la paysannerie, de l'artisanat, de la petite et moyenne bourgeoisie. Ils gouverneront d'une façon presque continue la France jusqu'en 1914. Leur anticléricalisme (traditionnel chez les républicains ; en 1877 déjà Gambetta s'écriait : « Le cléricalisme, voilà l'ennemi ! »), renforcé par l'attitude combative de journaux et de congrégations catholiques, conduit sous le ministère de Combes à une application rigoureuse de la loi de 1901 sur les associations : de nombreux établissements religieux sont fermés, leurs membres dispersés, leurs biens confisqués. A la fin de 1905, après la rupture des relations diplomatiques avec le Saint-Siège, était votée la loi de séparation des Eglises et de l'Etat. Le Concordat signé par Napoléon était ainsi aboli. Le clergé cessait d'être rétribué par les finances publiques ; les biens ecclésiastiques, après inventaire, étaient remis à des associations culturelles — ce qui ne se fit pas sans incidents. Ces mesures eurent pour conséquence de ramener ou de confirmer une part de l'opinion catholique dans les mouvements traditionalistes. A partir de 1908, l'Action française de Charles Maurras, nationaliste et monarchiste, exercera sur elle une forte séduction ; l'Action française ne sera jamais une force parlementaire, mais son dynamisme intellectuel et activiste exerça une influence considérable.

A gauche, après la fondation de *L'Humanité* par Jaurès en 1904, les différents groupes socialistes s'unifient en 1905 dans la S.F.I.O. (Section française de l'Internationale ouvrière). L'année suivante, la C.G.T. adopte la Charte d'Amiens qui affirme le principe de l'indépendance politique du syndicalisme. Les socialistes soutiennent en de nombreux points la politique radicale. Mais leur pacifisme, leur défiance à l'égard de la colonisation sont des causes de divergences. Aussi les problèmes sociaux. Si des progrès ont été accomplis (réduction de la journée de travail à dix heures en 1904, repos hebdomadaire obligatoire en 1906), la situation économique et la montée du pouvoir syndical suscitent des grèves dures, fermement contenues ou réprimées par l'autorité : électriciens parisiens et viticulteurs du Languedoc en 1907, cheminots en 1910, manifestations pour la journée de huit heures.

Surtout, la politique étrangère devient de plus en plus pressante. Tandis que l'expansion coloniale se poursuit en Afrique, la France a cherché à sortir de son isolement européen. Dès la fin du XIXe siècle, une alliance avec la Russie a assuré des garanties à l'Est en cas de menaces allemandes. En 1904, le ministre Delcassé scelle l'Entente cordiale avec l'Angleterre, aplanissant les difficultés qui avaient opposé les deux puissances en Afrique. D'autre part en 1902 avait été signé un accord secret de neutralité avec l'Italie, alliée de l'Allemagne et de l'Autriche depuis 1881 dans la Triplice. Ainsi, en face de ce bloc puissant s'organisait avec l'Angleterre et la Russie une coalition susceptible d'assurer un équilibre des forces. Equilibre qui n'écartera pas les crises et les affrontements. En 1905, les négociations entreprises entre la France et le Maroc inquiètent Guillaume II, qui va prononcer à Tanger un discours hostile aux projets français. Le ton monte rapidement. La France doit accepter la convocation d'une conférence internationale sur le Maroc, et Delcassé, partisan de la fermeté, abandonne le ministère des Affaires étrangères où, depuis sept ans, il avait consolidé la position de la France par le jeu des alliances. Cette « alerte » de 1905 eut une profonde répercussion dans l'opinion française, comme le montre notamment *Notre patrie* de Péguy. La conférence d'Algésiras n'ayant rien réglé, et tandis que les crises se succédaient dans les Balkans, région explosive de l'Europe, une canonnière allemande alla en 1911 mouiller devant Agadir en réponse à une action française sur Fès. Comme en 1905, on se sentit à deux doigts de la guerre.

Dans ces circonstances, la conscience nationale s'inquiète. La tension augmente entre les pacifistes internationalistes de la gauche et de l'extrême-gauche — qui, déjà, désapprouvaient l'alliance avec le régime autoritaire et répressif du tsar — et la droite nationaliste qui les accuse d'être les agents de l'Allemagne. Les négociations positives de Cailleaux avec Guillaume II après le « coup d'Agadir » n'empêchent pas la course aux armements et, comme le dit un titre de Jules Romains, la « montée des périls ». En janvier 1913, Poincaré, qui vient de renforcer l'alliance franco-russe, est élu président de la République ; en août 1913, pour répondre à une augmentation des effectifs décidée en Allemagne, la durée du service militaire est portée à trois ans. On sait comment l'enchaînement des faits, depuis l'assassinat à Sarajevo le 28 juin 1914 de l'archiduc héritier d'Autriche-Hongrie par un nationaliste serbe, conduit au début d'août à l'embrasement de l'Europe. L'Internationale socialiste, la grève générale révolutionnaire préconisée par le syndicalisme français en cas de mobilisation, sont sans efficacité devant l'élan patriotique qui a saisi la France. Jaurès, qui n'a cessé de lutter pour l'apaisement, est assassiné le 31 juillet, deux jours avant une mobilisation générale qui se déroule dans l'enthousiasme de l'unité nationale. On était parti, comme Péguy, pour une guerre qu'on pensait devoir être courte, qui serait la dernière des guerres et la victoire de la civilisation républicaine. La désillusion fut rapide. La rapide avance allemande vers Paris en août put être arrêtée sur la Marne dans les premiers jours de septembre, mais la victoire n'était pas décisive : le front se stabilise, de la mer du Nord aux Vosges, les armées s'enterrent dans un réseau de tranchées, se livrant des combats meurtriers pour gagner quelques centaines de mètres, bientôt reperdus. Autour de Verdun en 1916, cent soixante mille Français, cent cinquante mille Allemands périrent sans que les positions fussent considérablement modifiées. L'échec des offensives de 1916 et du printemps provoque un profond découragement, qu'accentue à l'arrière la crise économique. L'Union sacrée d'août 1914 se dissout ; les socialistes, qui avaient accepté de participer au gouvernement, le quittent, se laissent, pour certains, séduire par l'idée d'une paix de compromis, que renforcent les perspectives ouvertes par l'armistice signé sur le front russe après la révolution d'octobre 1917 et l'accession des Soviets au pouvoir. Cependant, pas plus qu'en 1914, il n'y eut de grandes manifestations pour la paix et les mutineries d'unités sur le front demeurèrent brèves et isolées en 1917. L'arrivée de Clemenceau, avec sa réputation d'homme fort (« Ma formule est la même partout : politique intérieure, je fais la guerre ; politique extérieure, je fais la guerre. »), au gouvernement, l'intervention américaine à la fin de 1917 rétablissent la confiance. Une dernière offensive allemande en mars 1918 atteint la Marne, mais, sous le commandement unique enfin réalisé et confié à Foch, les Alliés reprennent le dessus ; l'armistice sera signé le 11 novembre 1918.

L'enthousiasme et l'euphorie après une guerre qui a duré plus de quatre ans cachent le prix de la victoire : un million cinq cent mille morts pour la France, d'énormes destructions, des régions industrielles démantelées, des forêts ravagées. « L'Allemagne paiera », disait-on. Mais les traités de Versailles et de Saint-Germain, en restructurant l'Europe, laissaient à l'Allemagne son unité, ce que dénonça immédiatement la droite nationaliste française. A la fin de 1919, les élections portent à la Chambre des députés un « bloc national » de plus de quatre cents députés, contre moins de deux cents à la gauche. Clemenceau s'efface devant Millerand, qui aura à faire face à de nombreux problèmes, économiques, sociaux, financiers. L'après-guerre commence et avec elle une période nouvelle de la Troisième République.

Vie des Français

On connaît le mot de Péguy disant vers 1910 que le monde avait plus changé depuis cinquante ans qu'il ne l'avait fait auparavant depuis Jésus-Christ. La guerre de 1914-1918 ne fit qu'accentuer ce mouvement.

Le réseau des chemins de fer, qui était de 17 500 km en 1870 atteint 35 000 km en 1892 et a en 1920 son ampleur actuelle de 50 000 km. Après de nombreux tâtonnements, l'automobile fait une percée rapide. Panhard et Levassor construisent leur premier modèle en 1891, Peugeot en 1895, aux Etats-Unis Ford en 1896. La France se place rapidement au premier rang de l'industrie nouvelle. La moyenne de 105 kilomètres à l'heure est atteinte en 1903 dans la course Paris-Madrid, les derniers autobus attelés disparaissent de Paris en 1913, alors que sont instaurés les premiers sens uniques et que Bonnot invente le hold-up en voiture. Mais c'est la réquisition des taxis parisiens pour l'acheminement des troupes vers la Marne au début de septembre 1914 qui montra, plus que toute performance, la place prise par l'automobile dans la vie. En aviation, après le premier vol d'un appareil muni d'un moteur effectué par Ader, les progrès sont rapides dans le monde et, ici également, l'industrie française se distingue. Blériot traverse la Manche en 1909, Latham s'élève à 1 000 mètres, Chavez franchit les Alpes en 1910, Garros traverse la Méditerranée en 1913. La guerre fait faire un bond à la technique aéronautique : l'altitude passe à 5 000 mètres, la vitesse de 100 à plus de 200 kilomètres, la charge utile de 200 à 2 000 kilos, les appareils sont de plus en plus maniables. L'ère de l'aviation commerciale va s'ouvrir.

La poste achemine le courrier avec une régularité remarquable, le prix du timbre est stable à 0,15 F, baisse même pendant quelque temps à 0,10 F. D'autres services s'organisent. Les pneumatiques à Paris : le réseau installé en 1866 est mis en fonctionnement en 1879. Le télégraphe, qui dès 1880 a 5 000 bureaux en France. Le téléphone, qui inscrit ses premiers abonnés en 1879 et, quatre ans plus tard, en compte 3 000 à Paris, un peu moins en province. La télégraphie et la téléphonie sans fil passent au début du siècle du stade de la recherche à celui de l'application. En 1909 est installé le poste de la tour Eiffel qui, dès 1915, peut atteindre les Etats-Unis. Mais la T.S.F., comme on dit alors, reste affaire d'Etat, et surtout militaire.

Simultanément Edison aux Etats-Unis, Charles Cros à Paris imaginent en 1878 le phonographe. En 1898, Dussaud présente à l'Académie de médecine un phonographe électrique, ancêtre de nos électrophones. Plus que la reproduction du son, celle du mouvement fut une révolution. En 1895, les frères Lumière donnent la première représentation cinématographique. Le cinéma ne tardera pas, après s'être développé comme attraction foraine, à rivaliser avec les petits théâtres et les salles de music-hall et à les supplanter. Le cinéma fut jusqu'à la guerre une grande industrie française ; elle subit alors la concurrence efficace du cinéma américain.

Le décor de la vie quotidienne se transforme également, au moins à Paris. Après les grands travaux d'Haussmann, la structuration du Paris de la première moitié du xxe siècle se poursuit. L'Exposition de 1889, qui célébrait le centième anniversaire de la Révolution, installe, non sans polémiques, la tour Eiffel dans le paysage parisien. Celle de 1900 apporte l'ensemble du pont Alexandre III, du Petit et du Grand Palais, ainsi que l'éclairage électrique qui fait de la capitale la « ville-lumière ». L'Opéra a été inauguré en 1875, l'Hôtel de Ville, qui avait brûlé pendant la Commune, est reconstruit en 1882. En 1900 est inaugurée la première ligne de métro ; jusqu'en 1914, les chaussées parisiennes seront défoncées par les travaux d'extension du réseau des deux compagnies, Métropolitain et Nord-Sud. Cependant, après l'afflux survenu au lendemain de la guerre de 1870, la population de Paris s'est stabilisée dès 1890 aux environs de deux millions cinq cent mille habitants, au profit de la banlieue qui, elle, double sa population en vingt ans, de 1891 à 1911.

La France reste un pays rural, où les paysans représentent plus de la moitié de la population et sont pour une grande part de petits propriétaires. Ils forment une masse peu sensible au mouvement des idées et aux théories économiques, qui est un élément de stabilité politique. Dans les villes, le nombre des habitants double pour le moins, quadruple dans les plus grandes agglomérations. L'émigration rurale crée un prolétariat au sort d'autant plus difficile que la mécanisation et la concentration industrielles sont causes de chômage. Si les conditions du travail s'améliorent, la pression syndicale s'affirme, parfois dans la violence. A Fourmies, le 1er mai 1891, neuf manifestants sont tués par les forces de l'ordre. Le mythe de la grève générale révolutionnaire pèse sur les relations entre classes sociales — recours suprême pour les uns, menace permanente pour les autres.

Sous des apparences de frivolité, de facilité, de bonne humeur, la vie n'est pas toujours aisée. La « Belle Epoque » a son envers. Les catégories sociales restent nettement différenciées, surtout à la ville. Une aristocratie parisienne survit, dont les hauts lieux sont les hôtels du faubourg Saint-Germain et des Champs-Elysées. C'est elle qu'a décrite Proust dans la *Recherche,* avec ses fêtes et ses réceptions mondaines, ses intrigues politiques, son influence littéraire et artistique, son snobisme. Le terme de bourgeoisie recouvre une réalité diverse, des grands brasseurs d'affaires et de finances aux petits commerçants et artisans, en passant par les gens fortunés qui vivent de leurs « rentes » (près de 600 000 en 1911). Ce qu'ont en commun ces catégories différentes, c'est de disposer, en fin d'année, du bénéfice d'une entreprise ou d'un capital, donc d'un revenu sûr, d'avoir une conception de la société fondée sur la propriété et le profit, d'avoir le sentiment de son statut social, fondé sur un train de vie, une domesticité, des vacances. Les ouvriers, le prolétariat, leur reprochent de s'approprier la plus grande part des produits du travail. Bien que le coût de la vie reste stable et ne commence à monter qu'après 1910, que la valeur du franc n'ait pas changé depuis le début du XIXᵉ siècle, le prix des loyers, des denrées alimentaires, des vêtements sont lourds pour les salaires.

La femme semble être le symbole et l'idole de la Belle Epoque. Elle est chantée partout, qu'il s'agisse des femmes du monde et de leur élégance, des « trottins » (on ne dit pas encore « midinettes »), des « grandes cocottes » dont on répète les noms et les exploits, la belle Otéro, Cléo de Mérode, Liane de Pougy... Cependant, nombreuses sont aussi les femmes qui travaillent aux ateliers dans des conditions pénibles, pour des salaires inférieurs à ceux des hommes. Certaines se révoltent, préconisant avec les anarchistes la « grève des ventres ». Mais c'est de la grande bourgeoisie que sort le mouvement d'émancipation féminine, à l'image de ce qui se passe dans les pays anglo-saxons et en Europe du Nord. On réclame pour les femmes l'égalité des droits civiques, la libre disposition de leur salaire, l'accès à certaines professions comme celle d'avocat. En 1897 est créé un journal entièrement dirigé et rédigé par des femmes, *La Fronde* ; il organise en 1900 un grand congrès féministe. Si la place de la femme dans la société devient de plus en plus grande, son entrée dans les professions libérales de plus en plus acceptée, les progrès civiques et juridiques seront plus lents (rappelons que le droit de vote réclamé par les « suffragettes » de 1900 ne sera acquis qu'en 1945). La guerre, avec sa mobilisation générale qui donne une plus grande importance au travail des femmes appelées à remplacer les hommes, avec ses exigences de production industrielle intensive, avec son mélange des classes sociales sur le front, accélère une évolution dont les frémissements seulement avaient été perceptibles. La dépréciation de la monnaie a entamé la confiance ; les rentiers ont de plus en plus de peine à vivre ; une classe de « nouveaux riches » apparaît. La société hiérarchisée, issue du milieu du XIXe siècle, aux caractères fortement typés, commence à se déstabiliser.

Les intellectuels et la politique

La défaite de 1870-1871 et surtout la Commune a décontenancé écrivains et artistes. Pour un Courbet prenant nettement parti, un Vallès et un Vermersch, un Pottier composant *L'Internationale* au lendemain de la Semaine sanglante, combien de cris d'indignation, de condamnations à l'égard de ces « incendiaires », de ces « pétroleuses », de ces dangereux révolutionnaires : Flaubert, George Sand, aussi bien que Coppée ou Gobineau, sont effrayés. Renan dans *La Réforme intellectuelle et morale* dès 1871, Taine dans *Les Origines de la France contemporaine*, dont les onze volumes paraîtront de 1875 à 1893, s'interrogent l'un et l'autre sur les causes profondes de la défaite : deux ouvrages qui influenceront les théoriciens de la droite à la fin du siècle. Quant à la génération qui était dans l'enfance ou l'adolescence au moment des événements, celle qui se reconnaîtra dans l'esprit de décadence, elle se laisse aller à la morosité (contre laquelle elle réagit par l'esprit « farce » des cénacles de taverne), tout en s'intéressant, si l'on en croit certains témoignages comme celui de Paul Adam, au *Capital*, traduit en 1872 et vulgarisé par Deville en 1883, à Proudhon, à Bakounine. L'*Essai de catéchisme socialiste* (1878) et *Collectivisme et Révolution* (1879) de Jules Guesde touchent peu à leur publication le monde intellectuel. Il faut attendre 1885 pour voir écrivains et artistes prendre une part active à la réflexion et à la vie politique. Zola se rapproche de Guesde : *Germinal* en 1885 est son premier grand roman consacré à la condition ouvrière. Les symbolistes écartent de leur œuvre toute incidence de la vie contemporaine. Ils ne se réfugient pas pour autant dans une tour d'ivoire et ne cachent pas leur sympathie pour l'anarchie, fondée sur la liberté intégrale, alors que le socialisme apparaît comme la société organisée, susceptible d'une emprise tyrannique sur l'individu. Remy de Gourmont, employé à la Bibliothèque nationale, est révoqué après avoir publié dans le *Mercure de France* un article intitulé « Le Joujou patriotisme ». Retté donne en 1894 des *Réflexions sur l'anarchie*.

Tandis que le scandale des décorations atteint en 1887 les hautes sphères de la classe politique, Barrès (qui sera candidat à la députation en 1888), Paul Adam sont entraînés dans le boulangisme, la républicaine Juliette Adam rejoint aussi le général Revanche. Ainsi s'élabore un nationalisme intellectuel auquel Barrès restera fidèle jusqu'à sa mort. Cette poussée nationaliste s'accompagne souvent d'un antisémitisme virulent. Edouard Drumont dénonce l'activité néfaste des juifs, destructeurs de la France, dans des livres passionnés qui touchent l'opinion : *La France juive* (1886), *La Fin d'un monde* (1888), *La Dernière Bataille* (1890), *Le Testament d'un antisémite* (1891). L'affaire Dreyfus déchaînera les violences. « Il ne se passe pas de jour, écrit Jean-Bernard en 1899, qu'il ne paraisse quelque livre nouveau pour ou contre Dreyfus ; rarement on vit une telle débauche de papier imprimé. » Contre : Barrès (*L'Appel au soldat, Leurs Figures, Scènes et Doctrines du nationalisme*, ainsi que les deux dernières parties du *Roman de l'énergie nationale*) ; Maurras, qui évoquera ses souvenirs dans *Quand les Français ne s'aimaient pas* ; Léon Daudet, Jules Renard, Coppée, Lemaitre, Valéry même... Pour : ceux qui avaient déjà dans des romans attaqué l'esprit militariste (Lucien Descaves, *Sous-Offs*, Bonnetain, *Autour de la caserne* ; Abel Hermant, *Le Cavalier Miserey*) ; Zola, qui vivait à l'écart du monde parisien, mais relança l'affaire avec son pamphlet « J'accuse » dès qu'il eut la conviction de l'innocence de Dreyfus ; Péguy, dont la pensée s'organisa autour de l'enjeu du combat ; Anatole France qui, à la surprise de certains de ses admirateurs, prend position dans les deux derniers volumes de l'*Histoire contemporaine* (*L'Anneau d'améthyste*, 1899, *Monsieur Bergeret à Paris*, 1901), avant de donner dans *L'Ile des pingouins* (1908) une image désabusée des événements. Rares sont ceux qui traversèrent cette période mouvementée en sauvegardant amitiés et relations, comme Proust qui, partisan de la révision, réussit à ne pas se brouiller avec les Daudet ou les milieux aristocratiques qu'il fréquentait, en restant à l'écart des passions, comme Gide ou Jammes, ou en exigeant la vérité, fût-ce au détriment de la tactique politique, comme Romain Rolland. L'affaire aura été le grand engagement de plusieurs générations d'écrivains et d'artistes. En 1913 encore, Martin du Gard pouvait en faire le sujet de son premier grand roman, *Jean Barois*.

A partir de 1905, c'est de la menace allemande et

du destin de la patrie que l'on débattra. L'alerte de Tanger en 1905 confirme les craintes de ceux qui dénonçaient l'expansionnisme allemand, comme l'avait fait le jeune Valéry en 1896 dans un article intitulé « La Conquête allemande ». A *Leur Patrie* du pacifiste Gustave Hervé répond *Notre Patrie* de Péguy. La même année 1905 voit paraître *Au service de l'Allemagne* de Barrès, qui, avec *Colette Baudoche* (1909) et, tardivement en 1921 *Le Génie du Rhin*, constitue *Les Bastions de l'Est*.

Un Péguy, un Barrès apportaient plus un témoignage pathétique qu'une doctrine d'action. Cette doctrine, Maurras la donnait au nationalisme. Après avoir participé en 1891 à la création de l'Ecole romane et fondé avec Mistral l'Ecole parisienne du félibrige, Maurras s'était orienté à partir de 1895 vers le nationalisme, puis vers le royalisme. Nourri des penseurs traditionalistes du xixe siècle et des *Origines de la France contemporaine* de Taine, il propose à partir d'*Enquête sur la monarchie* (1900) un système de pensée qui séduit nombre de jeunes intellectuels, surtout lorsque, à partir de 1907, il peut faire de la revue *L'Action française* un quotidien pour soutenir la Ligue qu'il a fondée. L'idée maîtresse en est la condamnation de la Révolution française et du xixe siècle, coupables d'avoir brisé l'ordre politique et social de la tradition monarchique française au profit de l'individualisme, source de désordre, d'avoir exalté la passion au détriment de l'équilibre classique, d'avoir introduit la lutte des classes avec le profit capitaliste. Son disciple Pierre Lasserre soutient et publie en 1907 une thèse de doctorat intitulée *Le Romantisme français, essai sur la révolution dans les sentiments et dans les idées au xixe siècle* qui est une condamnation des valeurs romantiques. Léon Daudet n'utilisera qu'en 1922 le titre fracassant *Le Stupide xixe Siècle*, mais il est implicitement contenu dans ses articles d'une verve colorée. L'idée d'une « renaissance classique » aux environs de 1910 est un des grands thèmes débattus dans la presse. Quand, en 1912, Emile Henriot ouvre dans *Le Temps* une enquête pour savoir « à quoi rêvent les jeunes gens », quand, la même année, sous le pseudonyme d'Agathon, Henri Massis et Alfred de Tarde font dans *L'Opinion* une autre enquête sur « les jeunes gens d'aujourd'hui », sans parler d'enquêtes similaires dans d'autres revues, les conclusions sont convergentes : la jeunesse a le goût et le désir de l'action, ses maîtres sont Barrès, Maurras, Bergson, qui a « restauré les valeurs *vitales* ». Elle condamne le dilettantisme, l'idéalisme, le scepticisme de la génération précédente.

La décennie qui précède la guerre voit aussi apparaître une génération nouvelle d'écrivains qui se veulent révolutionnaires. Le socialisme humaniste de Jaurès, son idéalisme pacifiste conservent leur prestige auprès des intellectuels, bien qu'on lui reproche parfois d'attacher trop d'importance à la vie parlementaire. Mais on se préoccupe également aux environs de 1910 d'un art révolutionnaire, certains diront prolétarien, comme Charles Albert et Marcel Martinet dans la revue de Jean-Richard Bloch *L'Effort libre*. D'autres revues, *Les Feuilles de mai*, *Les Cahiers d'aujourd'hui* de Georges Besson, ont des préoccupations analogues. Il ne s'agit plus d'« aller au peuple » comme le voulaient dix ans plus tôt les fondateurs des Universités populaires, mais d'être peuple en même temps qu'artiste. Ainsi Marcel Martinet, quittant l'Ecole normale supérieure et renonçant à l'enseignement pour prendre un petit emploi à l'Hôtel de Ville.

La guerre provoqua le développement d'une littérature belliciste et patriotarde à laquelle peu d'écrivains résistèrent, frisant l'indécence comme Jean Aicard (mais il n'est pas le seul) s'écriant : « Vivre pendant qu'on meurt est un rude devoir ! » Les débats d'idées sont inexistants. Le seul qui aurait pu se faire jour au début de la guerre tourna à l'invective à l'égard de celui qui l'avait provoqué, Romain Rolland. Soucieux, comme à l'époque de l'affaire Dreyfus, de demeurer libre et raison garder dans la tourmente des esprits, il publia dans le *Journal de Genève* une suite d'articles ensuite réunis en un volume sous le titre *Au-dessus de la mêlée*. Il voulait lutter contre les mensonges et la propagande — ce que, peu après, on appellera le « bourrage de crânes » — et rêvait d'une sorte d'aréopage de grands esprits des pays belligérants veillant à l'établissement de la vérité et à l'apaisement des passions. On traîna dans la boue ce « traître ».

Si quelque chose reste en littérature de cette confrontation des Français avec la guerre, ce sont les œuvres qui témoignent : *Le Feu*, journal d'une escouade, de Barbusse, *Vie des martyrs* et *Civilisation* de Duhamel, médecin militaire, *Sous Verdun* de Maurice Genevoix, *J'ai tué* de Cendrars, ainsi que quelques grandes œuvres poétiques, le *De profundis* de Jean-Marc Bernard, quelques pièces des *Calligrammes* d'Apollinaire.

Le climat intellectuel

Dans les années 70, le prestige de Taine reste grand, et, avec lui, celui du rationalisme positiviste et de l'histoire scientifique. *De l'origine des espèces au moyen de la sélection naturelle* de Darwin est quatre fois réédité de 1870 à 1880. *Force et Matière* de Ludwig Büchner connaît aussi plusieurs rééditions. L'*Histoire du matérialisme* de Lange, une traduction aussi, a un égal succès. L'édition des *Œuvres complètes* de Diderot par Assézat et Tourneux (1875-1878) renforce les défiances à l'égard de l'idéalisme moralisant et du psychologisme ; on préfère sa philosophie matérialiste à celle de Rousseau ou de Voltaire. On se penche sur les problèmes de l'hérédité (Théodule Ribot, *L'Hérédité*, 1873). On applique à la psychologie les techniques de la méthode expérimentale. C'est le plein épanouissement de ce qu'on appellera plus tard péjorativement le scientisme, la confiance dans le déterminisme absolu et le pouvoir illimité de la science.

L'histoire s'inscrit dans ce mouvement. La rigueur philologique de Renan est aussi celle de Fustel de Coulanges (1830-1889), dont la passion de la vérité ne veut s'appuyer que sur les faits et les textes. Après *La Cité antique* (1864), dont la pensée traditionaliste se réclamera comme elle le fera de Taine, on retiendra de son œuvre l'*Histoire des institutions politiques de l'ancienne France* qu'il n'acheva pas et que Camille Jullian refondit d'après ses notes après sa mort. Ernest Lavisse, figure officielle de la Troisième République, fut l'organisateur de l'enseignement moderne de l'histoire. Après des travaux sur la Prusse, il publia avec Rambaud une *Histoire générale, du IVe siècle à nos jours* (1893-1900) et surtout dirigea les monumentales *Histoire de France* et *Histoire contemporaine de la France*. Si l'*Introduction aux études historiques* de Seignobos et Langlois (1898) décrit la méthode de cette histoire attachée aux événements, de nouvelles tendances se font jour. H. Berr dans la *Revue de synthèse historique*, L. Febvre parmi d'autres s'attachent à l'étude des constances historiques, des phénomènes sociaux et économiques ; mais, si le champ d'investigation se déplace, l'exigence scientifique demeure.

Cependant, un système de pensée qui prétendait éliminer le mystère et tout ramener à un système de lois causales ne satisfaisait pas tous les esprits. Dès 1867, Villiers de l'Isle-Adam avait dans *Claire Lenoir* fait la critique des prétentions de la science à tout expliquer. Barbey d'Aurevilly ne perd pas une occasion dans *Les Philosophes et les écrivains religieux* de fustiger l'esprit moderne. Léon Bloy, avec ses cris prophétiques, sa démesure virulente, stigmatise les laideurs de ses contemporains. Le malaise de la génération décadente, qui était, selon le mot de Guy

Michaud, une « crise d'âmes », se nourrit de *La Philosophie de l'inconscient* de Hartmann, traduit en 1877, qui unit la pensée rationnelle et la volonté irrationnelle dans un même ensemble créateur qu'il appelle l'inconscient. Schopenhauer, traduit à partir de 1877, est mal compris ; mais son influence est capitale : il apparaît comme un maître en pessimisme, opposant à l'idéalisme kantien de la morale officielle un sens profond des conditions de la vie.

L'œuvre de Schopenhauer allait aussi contribuer à une restauration de la métaphysique, qu'avaient évacuée Taine comme Auguste Comte. En 1883 paraît, de Louis Ducros, *Schopenhauer, les origines de sa métaphysique ou les transformations de la chose en soi de Kant à Schopenhauer.* Cinq ans plus tard commence à paraître la traduction par Burdeau de son grand ouvrage *Le Monde comme volonté et comme représentation,* lu en France comme un retour au subjectivisme et à l'idéalisme. Une réaction anti-intellectualiste se développe à partir de 1890. En 1874 déjà, Emile Boutroux avait, dans *De la contingence des lois de la nature,* souligné les limites d'une étude seulement quantitative et mécanique des phénomènes. Son élève Henri Bergson (1859-1941) publie en 1889 l'*Essai sur les données immédiates de la conscience,* qui n'eut pas une influence étendue à l'époque, sinon parmi les spécialistes. Sa réputation se développera rapidement après sa nomination en 1900 au Collège de France : on se presse à son cours, on le discute. Dans l'*Essai* [...] prolongé en 1896 par *Matière et Mémoire,* il oppose à la science positiviste, qui réduit la psychologie à des faits vérifiables et l'univers à un système de lois, une connaissance *immédiate,* qui atteint à la réalité profonde du moi et des choses, saisie non plus dans les catégories mesurables de l'espace et du temps, mais dans la durée pure, qui résiste à toute analyse. Ce moi, « fondamental », il est « la mélodie ininterrompue de notre vie intérieure », que seule peut approcher l'intuition.

Plus tard, en 1907, *L'Evolution créatrice* présentera le développement de la vie comme un « élan vital », qui est création continue, et non système de causalités mécanistes.

L'intervention de Bergson ne porte naturellement pas un coup d'arrêt au mouvement de réflexion scientifique issu du positivisme. Avec Durckheim, la sociologie s'instaure en discipline autonome et applique aux sociétés primitives les méthodes d'investigation propres aux sciences exactes. Le mathématicien Henri Poincaré non seulement définit *Les Méthodes nouvelles de la mécanique céleste* (1892-1899), mais développe une philosophie des sciences dans *Science et Hypothèse* (1902), *La Valeur de la science* (1906), *Science et Méthode* (1909).

Mais le bergsonisme marqua l'opinion, d'autant plus que Bergson était un artiste qui, selon le mot de Valéry, « osa emprunter à la poésie ses armes enchanteresses ». Péguy, enthousiaste, s'écrie : « Il a rompu nos fers ! » Il inaugurait, dans une certaine mesure, la réconciliation de la philosophie et de la création artistique. Les néo-symbolistes, avec Tancrède de Visan, se disent bergsoniens. Dès la publication de *Du côté de chez Swann,* en 1913, on rapproche l'analyse de la vie intérieure donnée par le romancier de celle qu'avait apportée le philosophe.

Ses adversaires n'en sont pas moins nombreux, et d'origines diverses. Du côté de l'Action française, on est divisé et, si certains jeunes disciples de Maurras le défendent, ce dernier et Daudet reprennent à l'occasion de l'élection de Bergson à l'Académie en 1914 une campagne déjà menée dans les années précédentes contre une pensée dangereuse, portant en elle des ferments de désintégration. Le rationalisme, pour sa part, trouve en Julien Benda (1857-1956) un défenseur véhément, souvent injuste avec son adversaire, mais rigoureux dans l'exigence d'une méthode : *Le Bergsonisme ou une philosophie de la mobilité* (1912), *Une Philosophie pathétique* (1913), ainsi que le roman *L'Ordination* (1912), qui s'en prend à la fois aux écrivains qui veulent ne s'inspirer que de la sensation et à ceux qui s'engagent dans la lutte politique. Le catholicisme enfin manifeste une défiance croissante à l'égard d'une pensée qui s'oppose au néothomisme ; elle aboutit en juin 1914 à la mise à l'Index d'un certain nombre d'ouvrages de Bergson.

Significative est à ce propos l'évolution de Jacques Maritain, converti en 1906 sous l'influence de Léon Bloy, d'abord séduit par le bergsonisme, puis s'en éloignant jusqu'à le condamner en 1913 dans *La Philosophie bergsonienne*.

Après 1870, la pensée catholique avait été longtemps, devant l'anticléricalisme politique et la critique historique qui ne cesse de se développer de Renan à l'abbé Loisy, partagée en deux directions. D'une part, un engagement politique auprès des tendances conservatrices et monarchistes, de l'autre, un glissement vers l'ésotérisme, voire la magie, la gnose, les sectes, tel l'ordre de la Rose-Croix fondé en 1888 par Stanislas de Guaita, l'ami de Barrès, à qui succède Péladan. Le roman de Huysmans *Là-bas* (1891) décrit ces milieux souvent frelatés. Un grand mouvement de conversions, qui commence dans les années 80, fait du catholicisme le recours contre le mal de vivre, le besoin de ce que Bergson appellera un « supplément d'âme » : Bloy, Huysmans, Claudel, Jammes, Maritain, Péguy... Et Brunetière, qui rejoint Bourget, dont *Le Disciple* en 1889 est une critique de la science, incapable d'une réponse spirituelle aux angoisses des hommes.

L'encyclique *Rerum novarum* promulguée en 1891 par Léon XIII encouragea ceux qui, comme Albert de Mun, se préoccupaient des questions sociales plus que des affaires politiques. Le néothomisme, d'autre part, dotait dans la fin du siècle le catholicisme d'une philosophie moderne. L'Eglise se trouvait dès lors mieux armée pour endiguer ce qu'elle pouvait consi-

dérer comme des débordements politiques : d'un
côté, la position de l'agnostique Charles Maurras,
pour qui elle était avant tout une institution fondamentale de la France, de l'autre, celle du démocrate
Marc Sangnier qui, avec son mouvement Le Sillon,
cherchait les bases d'une « démocratie chrétienne ».
Elle se donnait aussi des armes pour lutter contre le
« modernisme » qui prétendait accorder l'exégèse et
l'apologétique à la science et la philosophie
modernes et faire notamment une place à l'évolution
dans l'Eglise même.

Des tendances conciliatrices se faisaient également
jour. Maurice Blondel, proche de Bergson, développe dans *L'Action* (1893) l'idée que la pensée est
un acte, inséparable du mouvement créateur d'où
elle est née, qui dépasse les phénomènes ; l'action
fonde ainsi l'idéal moral et la croyance religieuse.
D'autre part, des savants et des philosophes ten-
daient à réduire le dogmatisme rationaliste. Déjà
Henri Poincaré définissait bien les limites et la
signification de l'hypothèse scientifique. Et un Emile
Boutroux, par exemple, dans *Science et religion dans
la philosophie contemporaine* (1908), établit une
distinction entre le domaine de la science, qui est la
connaissance objective des faits, et celui de la religion, qui concerne l'âme, le mystère et la vie
spirituelle.

Chapitre II

LA SOCIÉTÉ LITTÉRAIRE

Les années qui suivent la guerre et la Commune accentuent une séparation déjà sensible dès le Romantisme entre une littérature immédiatement reçue par le grand public et une littérature qui reste ignorée, sinon condamnée, — « maudite » selon le mot de Verlaine. En poésie, un Sully Prudhomme, un Coppée, atteignent d'importants tirages et ont un statut quasi officiel. En revanche, *Romances sans paroles* de Verlaine, *Les Amours jaunes* de Corbière passent inaperçus, Mallarmé est inconnu, et il faudra attendre 1882 ou 1883 pour qu'une jeune génération les découvre. Il en ira de même des symbolistes, qui cultivèrent les petits tirages, et de leurs successeurs. On sait que les cinq cents exemplaires des *Nourritures terrestres* étaient loin d'être épuisés à la veille de la guerre de 1914, près de vingt ans après leur publication. En revanche, le succès est plus facile pour les romanciers, au moins à l'époque du naturalisme : en huit ans, *L'Assommoir* atteint 100 000 exemplaires, en cinq ans *Nana* presque 150 000. Martin du Gard ou Proust en 1913, avec leur premier grand roman, ne toucheront pas un aussi vaste public. Les clivages s'atténuent cependant entre les différentes zones du monde littéraire, ou plutôt les passages se multiplient entre elles.

Les milieux

Les salons jouent encore un rôle important ; des célébrités s'y font et s'y défont. On sait quelle importance avait eue pour la génération du Parnasse et de Verlaine celui de Nina de Villard, qui avait épousé, en 1864, le comte de Callias, dont elle se sépara dès 1867. Chez elle se réunissaient peintres, musiciens et poètes ; l'esprit de modernité, la liberté d'allure règnent dans ce salon où l'on admire Wagner et les impressionnistes et où régna longtemps Charles Cros. Nina mourut en 1884. Les dernières années de son salon, que ne fréquentaient plus que quelques bohèmes, avaient été de la plus grande tristesse. D'autres connaissaient la célébrité. Non peut-être celui de la princesse Mathilde qui subsiste jusqu'en 1903, plutôt ceux qui ont fourni à Proust des traits pour la duchesse de Guermantes et son entourage. Celui de la comtesse Greffuhle est le plus aristocratique. Chez Mme Straus, veuve de Georges Bizet, règne une grande liberté d'esprit. Le salon de Mme Arman de Caillavet est républicain ; Anatole France en sera le fleuron. Son grand rival est le salon de Mme Aubernon, que fréquentent Dumas fils, Becque, des gens de théâtre comme Antoine ou Réjane. Mme de Loynes reçoit Coppée, Alfred Capus, Barrès, Lemaitre. Juliette Adam, fondatrice en 1879 de *La Nouvelle Revue,* est républicaine, nationaliste et anti-naturaliste ; elle favorisa les débuts de Loti et de Bourget et soutint l'action revancharde de Déroulède. L'affaire Dreyfus fut l'âge d'or de ces réunions où se mêlaient le monde, la politique et l'art.

D'autres salons sont plus particulièrement littéraires. Rachilde et son mari Vallette, directeur du *Mercure de France,* réunissent les collaborateurs de la revue et leurs amis ; on y voit aussi bien les symbolistes de la première heure, Stuart Merrill, Vielé-Griffin, que Gide ou Apollinaire. Mme Bulteau reçoit Jean de Tinan, Toulet, Léon Daudet, Vaudoyer. Mme Muhlfeld, femme du secrétaire de rédaction de *La Revue blanche,* réunit écrivains, artistes et hommes politiques. Vers 1910, la baronne Brault, fondatrice de la revue *Le Parthénon,* attire dans son salon comme dans sa revue de jeunes écrivains, tels les Tharaud, André du Fresnois, Jean Florence, Salmon, Apollinaire. Le snobisme qui régnait dans les salons de la fin du siècle a peu à peu laissé la place aux affinités littéraires et artistiques.

Gide disait que, s'il avait continué à fréquenter les salons, il aurait fini à la *Revue des Deux Mondes,* mais n'aurait pas écrit les *Nourritures.* Les aurait-il écrites, s'il avait été, comme tant d'autres, l'homme des cénacles et des cafés ? L'époque est en effet celle des réunions dans les cafés, des déjeuners et des dîners, des banquets littéraires. Dès le lendemain de la Commune, Verlaine et ses amis Blémont, Valade, Mérat, Aicard, Cros..., reprennent les dîners des « Vilains Bonshommes » dans un esprit de bohème et de non-conformisme. En 1874, Flaubert, Zola, Edmond de Goncourt, Daudet inaugurent les « dîners des auteurs sifflés ». Mais c'est surtout avec la génération décadente que cafés, cabarets, brasseries deviendront des lieux privilégiés ; là, plus que partout ailleurs, des jeunes gens vivent leur marginalité en même temps que leur communauté de sensibilité. La rive gauche, le Quartier latin les retiennent d'abord. Richepin, Ponchon, l'humoriste Sapeck se retrouvent de 1875 à 1878 au Sherry-Cobler. La grande réussite sera, à partir de 1878, les réunions du groupe des Hydropathes, fondé par Emile Goudeau, qui a bientôt son journal, *Les Hydropathes.* Le ton est donné. Dans les six ou sept années qui suivent viendront les Hirsutes, les Jemenfoutistes, les Zutistes..., et leurs éphémères publications. Le Chat

noir est fondé par Rodolphe Salis à la fin de 1881,
entraînant tous les écrivains et les artistes sur la rive
droite, vers Montmartre. Dans ce « cabaret Louis
XIII, fondé en 1114 par un fumiste », Alphonse
Allais débite ses plaisanteries, Rollinat chante ses
poèmes macabres sous la grande fresque de Willette,
le *Parce Domine* — image des aspirations complexes
d'une jeunesse qui se cherche. De ces groupes et de
ces tavernes, seul le Chat noir subsistera, non sans
d'ailleurs se transformer, après 1885. Mais la vie de
café reste intense au Quartier latin, au *Vachette*, à *la
Source*, au *Mahieu*...

En 1891, la revue *La Plume* lance la mode des
banquets, qui se poursuivra jusqu'à la guerre, avec le
banquet organisé pour la publication du *Pèlerin
passionné* en l'honneur de Moréas. Elle prend aussi
l'initiative de Soirées qui, pendant plusieurs années,
réunissent de nombreux écrivains. Elle reprendront
en 1903 et 1904 au café du *Soleil d'or :* les jeunes
poètes comme Apollinaire ou André Salmon y ren-
contreront les symbolistes de la belle époque, ainsi
que Jarry ou ceux qui, comme Maurice Magre,
avaient mené le combat antisymboliste.

L'heure est alors proche où le Quartier latin perdra
son prestige au profit de Montmartre d'une part, de
Montparnasse de l'autre. Au *Lapin agile*, proche du
Bateau lavoir où peintres et poètes se rencontrent,
fréquentent Mac Orlan, Apollinaire, Salmon, Max
Jacob. Ils se retrouvent à *La Closerie des lilas* où
chaque semaine on se presse autour de Paul Fort. A
partir de 1910, l'exode s'accentue vers Montparnasse, autour des cafés du *Dôme* et de *La Rotonde*,
et Saint-Germain-des-Prés, où *Le Flore* voit passer à
la fois les amis de l'Action française et ceux d'Apollinaire. C'est dans les cafés que se sont formées et
désunies les écoles, élaborés les manifestes, que l'on
allait écouter Verlaine, Villiers de l'Isle-Adam,
Moréas, bientôt Apollinaire. Le salon de la rue de
Rome où, à partir de 1880, Mallarmé reçoit ses amis

et ses jeunes admirateurs qui l'écoutent parler dans un silence quasi religieux, reste un phénomène unique, sans aucune ressemblance avec les grands salons mondains ni avec les réunions souvent tumultueuses des tavernes. Unique aussi, le lieu de rencontre que Péguy a su créer autour des *Cahiers de la Quinzaine* dans la « boutique » de la rue de la Sorbonne : on y allait pour le voir, mais aussi Georges Sorel et les collaborateurs si divers de la revue.

Un cénacle, l'Académie ? Elle n'enregistre en tout cas que tardivement les mouvements de la littérature vivante. L'esprit scientifique y entre, malgré une vive opposition, avec Claude Bernard en 1869 et Littré en 1874, Taine en 1878. Le Parnasse y est admis avec Sully Prudhomme en 1881, Coppée en 1884, Heredia en 1894. Leconte de Lisle succède à Hugo en 1885. Mais il faudra attendre 1911 pour que l'élection de Henri de Régnier y fasse entrer le symbolisme — encore s'agissait-il d'un symbolisme modéré, tournant au néo-classicisme. Du côté des romanciers, le naturalisme est tenu à l'écart ; en revanche, Loti (1891), Bourget (1894), Lemaitre (1895), France (1896), Bazin (1903), Barrès (1906), Prévost (1909), Bordeaux (1919), illustrent des tendances hostiles à l'école de Zola et, pour la plupart d'entre eux, le nationalisme antidreyfusard. Si l'on ajoute l'élection de dramaturges à succès comme Sardou, Donnay, Hervieu ou Rostand, on constatera que, plus qu'auparavant, l'Académie française reflète les orientations les plus traditionnelles de la littérature, qui sont appréciées par le grand public bourgeois.

L'Académie décernait chaque année de nombreux prix : certains — comme le prix de poésie Archon-Despérouse — étaient très recherchés par les écrivains désireux d'une réputation mondaine. Mais la véritable institution du prix littéraire comme élément actif de la vie littéraire date de la fondation de l'Académie Goncourt, instaurée par le testament d'Edmond en 1896 et constituée en 1903 seulement. Ses dix membres (parmi lesquels, à l'origine, Huysmans, Mirbeau, les Rosny, Bourges, Léon Daudet) devaient décerner chaque année un prix de 5 000 francs à l'auteur de la « meilleure œuvre d'imagination » pour lui permettre de se consacrer à son œuvre. Le premier prix fut attribué en 1903 à *Force ennemie* de John-Antoine Nau. Louis Pergaud (*De Goupil à Margot*, préféré en 1910 à *L'Hérésiarque et Cie* d'Apollinaire), Barbusse (*Le Feu*), Proust (*A l'ombre des jeunes filles en fleurs*) figurèrent parmi les lauréats. Dès 1904, un groupe de femmes écrivains créa le prix Fémina — Vie heureuse, octroyé à Myriam Harry et l'année suivante au *Jean-Christophe* de Romain Rolland. D'autres prix littéraires apparurent. L'Académie française elle-même fonda en 1912 un « Grand prix de littérature » et en 1915 un « Prix du roman ». Quant au Prix Nobel de littérature, il alla l'année de sa fondation en 1901 à Sully Prudhomme, puis, jusqu'en 1920, à trois autres écrivains français ou de langue française : à Mistral, à Maeterlinck, et, en 1916, au lendemain de la publication d'*Au-dessus de la mêlée*, à Romain Rolland. Sans avoir l'importance publicitaire et commerciale qu'ils ont acquise depuis l'entre-deux-guerres, la vogue des prix constitue un phénomène nouveau dans la sociologie du succès et de la lecture.

La presse, journaux et revues

La période qui s'étend de 1870 à 1914 fut l'âge d'or de la presse française : pendant ce temps, le tirage de la cinquantaine de quotidiens parisiens passa d'un à plus de cinq millions d'exemplaires, la presse provinciale se développa dans les mêmes proportions. Les progrès techniques — perfectionnement des rotatives, linotypie, photogravure, héliogravure introduite en 1912, etc. — qui ont permis l'abaissement du prix de vente, le développement des moyens de communication — télégraphe, téléphone, bientôt radio — qui accélèrent la transmission de l'information, l'organisation de réseaux de distribution rapide ont fortement contribué à cette extension, mais ne suffisent pas à l'expliquer. Ni la loi libérale du 29 juillet 1881 qui institue la liberté de la presse. L'enseignement primaire obligatoire réduit considérablement le nombre des illettrés (plus d'un quart des conscrits en 1869, moins de 5 %, en 1914), augmente d'autant le nombre des lecteurs potentiels. Ajoutons la curiosité à l'égard du monde contemporain, l'intérêt pour la politique, le goût pour un certain pathétique de la vie quotidienne, alimenté par le « fait divers » : journal d'opinion, journal de grande information, la presse devient le « quatrième pouvoir », capable d'orienter des goûts, voire de forger des mentalités. Une mutation dans le contenu du journal et, par conséquent, le métier de journaliste s'opère. La presse de réflexion et d'opinion, qui s'intéresse moins à la dernière nouvelle et à l'affaire à sensation qu'à la pensée et au commentaire sur l'événement, est certes loin de disparaître : tels sont *Le Temps*, le *Journal des débats*, *Le Gaulois*, la plupart des journaux politiques à petit tirage. Mais les journaux populaires donnent une place de plus en plus importante au grand reportage et au fait divers : ainsi *Le Petit Journal*, *Le Petit Parisien*, *Le Matin*, *Le Journal*, dont les tirages en 1914 tournent autour du million d'exemplaires. En 1910, *Excelsior* se distingue en publiant chaque jour une page entière de photos.

Cette presse accorde aux écrivains et à l'information littéraire un intérêt exceptionnel. C'est dans les quotidiens, notamment *Gil Blas* et *Le Gaulois*, que Maupassant publie ses contes avant de les réunir en volumes, que Zola donne en feuilleton certains de ses romans. Les contributions littéraires de ce genre, mises à la mode par le supplément hebdomadaire du *Figaro* à partir de 1875, se répandirent aussi bien dans la presse d'opinion que dans la presse de grande information. *Le Matin* donne chaque jour un de ses « Contes des mille et un matins » (rubrique que Colette dirigea de 1919 à 1924) ; il n'est pas le seul à publier chaque jour, ou presque, la contribution d'un écrivain. La poésie même est présente, non seulement dans les suppléments hebdomadaires, mais dans des rubriques comme l' « Anthologie de *Gil Blas* ». C'est d'ailleurs *Gil Blas,* fondé en 1879, qui avait donné le ton d'un quotidien littéraire léger, boulevardier, plus accroché à l'actualité immédiate que l'étaient dans leurs chroniques les grands journaux. *Le Journal,* fondé en 1892, voulait, selon son fondateur, Fernand Xau, « mettre à la portée des petits commerçants, des ouvriers, des instituteurs, des employés un peu de littérature » et avait confié cette « table d'hôte à prix réduit » à Heredia pendant quelques années. *Paris-Journal,* rénové en 1907, consacre sa deuxième page à la littérature et aux arts. *L'Intransigeant* organise sous la signature des « Treize » (qui désigne une équipe animée par Fernand Divoire) une rubrique d'échos très bien informés. Les lettres, le théâtre et les arts ont même à partir de 1907 leur quotidien, *Comœdia.* Le journalisme devient pour les écrivains une source de revenus : Maupassant comme Alphonse Allais, Apollinaire comme Alain-Fournier y trouvent l'essentiel de leurs moyens d'existence.

Non moins importante est pendant cette période l'efflorescence des revues, grandes et petites. La *Revue des Deux Mondes* conserve son prestige et, en 1914, tire à quatre cent mille exemplaires. Elle est concurrencée à partir de 1894, lorsque Brunetière en prend la direction, par la *Revue de Paris*, animée par Lavisse et Gandérax. Pierre Brisson fonde en 1883 les *Annales politiques et littéraires*, qui atteignirent les cent mille exemplaires. La *Revue politique et littéraire* (dite « Revue bleue » à cause de sa couverture) paraît chaque semaine, comme la *Revue hebdoma-*

daire, fondée en 1892. Plus que ces publications, qui sont surtout les courroies de transmission de la littérature établie et reconnue, les revues dites petites, souvent éphémères, expriment la vitalité de l'esprit créateur. Plusieurs vagues peuvent être définies, qui correspondent à de grands moments de l'évolution littéraire et surtout poétique. Au lendemain de la guerre et de la Commune, c'est, en 1872, *La Renaissance littéraire et artistique*, qui vivra dix-huit mois, la *Revue du monde nouveau* de Charles Cros en 1874, *Le Spectateur* de Villiers de l'Isle-Adam en 1875, *La République des lettres* (1875-1877), où apparaissent les principales tendances de l'époque. Dans les années 80 se multiplient les feuilles décadentes et symbolistes : *L'Hydropathe*, *La Nouvelle Rive gauche* (1882), qui devient l'année suivante *Lutèce*, à laquelle collabore Verlaine, *Le Chat noir*... Puis en 1885 la *Revue contemporaine*, la *Revue indépendante*, la *Revue wagnérienne* en 1886, *Le Décadent*, *La Vogue* (qui, dans sa série de 1886, publia Verlaine, Mallarmé, Villiers de l'Isle-Adam et révéla l'œuvre de Rimbaud), *Le Symboliste*, à Liège *La Wallonie*, *La Décadence* qui donne naissance l'an suivant aux *Ecrits pour l'art*. Aux environs de 1890, avec la stabilisation du symbolisme, viennent des titres qui seront plus durables : *La Plume*, éclectique, qui paraîtra de 1889 à 1903 et connaîtra une brève renaissance en 1905 ; *L'Ermitage* (1890), d'abord symboliste, sera à partir de 1898 pendant près de dix ans le noyau autour duquel se forme, avec Gide et les amis, le futur esprit de la *N.R.F.* ; le *Mercure de France* de Vallette, symboliste de 1890 à 1904, donnant une large place à l'information encyclopédique lorsque en 1905 il devient bi-mensuel ; *La Revue blanche*, plus ouverte à la réflexion politique, qui durera de 1890 à 1903 ; et encore les *Entretiens politiques et littéraires*, *La Vogue* qui tente de renaître en 1889. A partir de 1895 et pour quelques années, la vague provinciale et anti-symboliste se développe :

Revue naturiste, L'Effort de Maurice Magre à Toulouse, *L'Enclos*, où écrivent L. Frapié et Ch.-L. Philippe. Vers 1905, alors que disparaissent quelques grandes revues des années 90, une nouvelle génération se cherche dans les neuf numéros du *Festin d'Esope* d'Apollinaire (1903-1904), se rencontre dans *Vers et Prose* de Paul Fort, trimestriel fondé à la fin de 1905, soucieux d'établir la liaison entre la poésie symboliste et la poésie nouvelle, ainsi qu'à *La Phalange* où, à partir de 1907, le néo-symboliste Jean Royère reçoit aussi bien Apollinaire que Milosz ou Jules Romains. Une entreprise originale est celle d'Eugène Montfort, qui rédige seul *Les Marges*, de 1903 à 1908 et y jette les bases d'une esthétique moderne. Le climat change en quelques années : en 1909 apparaît *La Nouvelle Revue française* qu'inspire Gide et où il veut réunir ceux qui expriment le « classicisme moderne » que ses amis et lui recherchent, *Le Divan* d'Henri Martineau formule un classicisme éclairé dont les poètes fantaisistes donneront la meilleure image ; Eugène Montfort relance *Les Marges*, cette fois avec une équipe de collaborateurs, qui sont souvent aussi ceux du *Divan*. A la même époque le nationalisme littéraire s'organise avec la *Revue critique des idées et des livres* (1908) à laquelle collaborent Eugène Marsan, Henri Clouard, et les satiriques *Guêpes* de Jean-Marc Bernard. A la veille de la guerre, les tendances de l'avant-garde se manifestent dans *Les Soirées de Paris* d'Apollinaire, *Poème et drame* de Henri-Martin Barzun (1913-1914), *Montjoie* ! de Canudo (1913-1914), *Maintenant* d'Arthur Cravan (1912-1914), celles d'un art social et révolutionnaire dans *L'Effort libre* de Jean-Richard Bloch (1911-1914), *Les Feuilles de mai* ou *Les Cahiers d'aujourd'hui*. Un chiffre donnera la mesure de ce développement de la littérature périodique : dans son répertoire, qui ne retient que les revues ayant paru à Paris pendant moins de quatre ans de 1900 à 1914, Roméo Arbour a relevé cent quatre-vingt-cinq titres. Le début de la guerre de 1914 provoqua un arrêt brutal de cette production. Certaines revues, comme la *N.R.F.* ou *Les Marges*, ne reprirent leur publication qu'en 1919; d'autres disparurent définitivement : *Les Soirées de Paris*, *Vers et Prose*; certaines revirent le jour après une interruption, tel le *Mercure de France* en mars 1915. Mais le phénomène le plus remarquable de ces années de guerre fut l'apparition d'un nouvel esprit d'avant-garde dans *Le Mot* que Cocteau rédige presque seul en 1914 et 1915, *L'Elan* d'Amédée Ozenfant (1915-1916), illustré par Picasso, Derain, Matisse..., et surtout dans *SIC* et *Nord-Sud*. *SIC* (c'est-à-dire « sons, idées, couleurs », à quoi s'ajoutera ensuite « formes ») paraît de janvier 1916 à décembre 1919. Pierre Albert-Birot y défend ce qu'il appelle le « nunisme » (du grec *nun*, maintenant) : une esthétique qui soit de notre temps, et non d'hier. Apollinaire, des futuristes, Reverdy, des jeunes, comme Aragon ou Soupault, y collaborent. *Nord-Sud* (du nom de la ligne de métro qui relie Montmartre à Montparnasse), fondé en mars 1917 par Reverdy et placé sous l'invocation d'Apollinaire, publie les mêmes noms. Dans ces deux revues, quelles que doivent être les positions ultérieures de leurs fondateurs, c'est la future génération dadaïste et surréaliste qui se forge. Le Dadaïsme, il est alors à Zurich, où Tzara publie *Cabaret Voltaire*, puis *Dada*. Avec la paix, un esprit nouveau, des revues nouvelles apparaissent : c'est la modernité des « années folles », le débat autour de Dada, le « parti de l'intelligence » — des valeurs qui souvent procèdent de celles de l'avant-guerre, mais s'inscrivent dans une problématique différente.

L'édition

A chaque époque, à chaque climat littéraires leurs éditeurs. Lemerre avait été dès l'origine l'éditeur des Parnassiens. Il continua à publier les poètes, ainsi que des romanciers comme Bourget ou Marcel Prévost. Zola, abandonné par Lacroix, se tourne en 1872 vers Charpentier, dont il fera la fortune. Vanier est dans les années 80 l'éditeur de Verlaine et des symbolistes. Les revues créent leur propre maison d'édition : c'est le cas de *La Plume*, du *Mercure de France*, plus tard de la *N.R.F.* Flammarion, Michel Lévy-frères, qui devient à la mort de ce dernier Calmann-Lévy, s'imposent à partir des années 80. Au début du siècle, d'autres firmes naissent, comme les éditions de la N.R.F., déjà citées, ou Grasset (1907), Figuière, Sansot, Crès. Arthème Fayard, héritier d'une maison déjà réputée, comprend qu'un public existe pour le livre bon marché et, alors que le prix commun est de 3 F 50, il lance en 1904 la « Modern Bibliothèque » dont les volumes illustrés coûtent 1 F 95, puis « Le Livre populaire » à 0 F 65.

Tandis que les progrès techniques rendent plus facile la fabrication de grands tirages, mais en même temps entraînent une qualité matérielle réduite, les éditions de luxe, les petits tirages attirent les amateurs. Félicien Rops illustre *Les Diaboliques* de Barbey d'Aurevilly, Odilon Redon *Les Fleurs du Mal*, Manet *L'Après-midi d'un faune*. Les dernières années du siècle voient se fonder des revues luxueuses, comme *L'Ymagier* de Gourmont et Jarry. Certains éditeurs se lancent dans l'illustration photographique. Mais c'est le début du xxᵉ siècle qui connaît le renouveau de l'ouvrage d'art avec ce qu'on appellera plus tard le « livre de peintre ». Bonnard en 1900 illustre *Parallèlement*, puis *Daphnis et Chloé*, inaugurant avec Ambroise Vollard la formule moderne du beau livre illustré : la rencontre d'un beau texte, d'un grand peintre et d'un marchand de tableaux éditeur. En 1909, D.-H. Kahnweiler édite *L'Enchanteur pourrissant* d'Apollinaire avec des bois de Derain. Cette réalisation renouvelle à la fois le rapport de l'illustration au texte et la technique de la gravure sur bois ; elle sera suivie de *Saint Matorel* et du *Siège de Jérusalem* de Max Jacob illustrés par Picasso, tandis que, pour l'éditeur Deplanche, Dufy illustre le *Bestiaire* d'Apollinaire. Un pas nouveau est franchi avec *La Prose du Transsibérien*, livre-objet qui, déployé, a une hauteur de deux mètres et où la peinture de Sonia Delaunay pénètre, en quelque sorte, le poème de Cendrars : c'est, selon les auteurs, le « premier livre simultané ».

La propriété littéraire avait été améliorée par la loi de 1866 qui garantissait la protection des droits aux héritiers pendant cinquante ans après la mort de l'auteur. Mais il est fréquent que l'auteur participe financièrement à la fabrication d'un livre : c'est le « compte d'auteur », que pratiquent Vanier comme le Mercure de France. Quand il n'en est pas ainsi, la pratique est souvent celle d'un forfait attribué à l'auteur par l'éditeur pour le premier tirage, puis un pourcentage pour les tirages suivants. Aussi bien, à quelques exceptions près, comme Zola ou Bourget, les écrivains tirent de leur plume des revenus médiocres. Ils ont souvent un second métier, ou s'affairent dans le journalisme, à moins que, comme les symbolistes et leurs successeurs, Merrill, Vielé-Griffin, Gide, Maeterlinck, Proust, ils ne soient issus de la grande bourgeoisie et aient peu de soucis d'argent.

CHAPITRE III

LA LITTÉRATURE
ET LES AUTRES ARTS

P LUS encore que dans le domaine littéraire le
divorce s'accentue entre un art quasi officiel,
reconnu par le grand public, et un art de
l'invention et du mouvement. Simultanément, les
formes nouvelles de la peinture et de la musique
exercent une véritable fascination sur les écrivains.

La peinture de l'impressionnisme au cubisme

Dans les dernières années de l'Empire et au
lendemain de la Commune, des peintres comme
Manet, Monet, Pissarro, Cézanne, Degas se livrent à
des recherches sur la lumière et la couleur, peignant
non plus en atelier, mais en plein air, sous le soleil,
sacrifiant le dessin à la forme colorée, les conventions
académiques à la pure sensation, n'écartant pas de
leur peinture le paysage urbain moderne, ses usines
et ses gares. En 1874 une toile de Monet, *Impression*,
leur fera donner, d'abord par dérision, le nom
d'impressionnistes. Il leur faudra des années pour
s'imposer. Ni les grandes galeries, ni les musées
n'achètent ces œuvres qu'on juge subversives, sinon
ridicules. En 1894, le peintre Caillebotte, homme
fortuné qui a acheté des toiles à ses amis, lègue à
l'Etat soixante-sept tableaux impressionnistes ; mais

la clause qui impose leur présence au Luxembourg retarde de trois ans l'acceptation du don et encore onze Pissarro et huit Monet seront-ils refusés... Mais ces peintres fréquentaient Verlaine et ses amis, comme le montre le *Coin de table* peint par Fantin-Latour. L'esthétique de *Romances sans paroles* est en relation étroite avec leur propre vision du monde et ce n'est pas un hasard si Manet a illustré Mallarmé. Zola d'autre part, qui n'a jamais caché l'admiration qu'il leur portait, leur doit sans doute la technique de description par touches rapides fréquente dans les premiers volumes des *Rougon-Macquart*. Lorsque les jeunes Décadents de 1880 rêvent d'une poésie impressionniste, c'est vers eux également qu'ils se tournent. Enfin, on doit à un jeune critique symboliste, Félix Fénéon, un article important qui leur est consacré dans *La Vogue* en 1886 et une plaquette capitale, *Les Impressionnistes en 1886*. A cette date, cependant, le groupe était dispersé. Des peintres comme Seurat ou Signac évoluaient vers des formes plus systématiques — comme le pointillisme — à prétentions scientifiques, qui eurent sur la littérature une influence moindre. Mais les impressionnistes avaient en quelque sorte — ne serait-ce que par les polémiques que suscitèrent leurs œuvres, contribué à ébranler le statut officiel de la peinture. Au traditionnel Salon, annuel depuis 1863, où l'admission est décidée depuis 1881 par un comité d'artistes, s'oppose, à partir de 1884, un Salon des artistes indépendants, où l'accrochage est libre et, de 1903, un Salon d'automne. D'autre part, le rôle des galeries particulières et des marchands de tableaux augmente : c'est Durand-Ruel qui fera en 1876 la première grande exposition impressionniste, Kahnweiler qui, à la veille de la guerre de 1914, vendra les cubistes et les peintres nouveaux.

Huysmans, qui, dans *Certains,* avait réuni en 1883 quelques-uns de ses articles de critique d'art, donne dans *A rebours* une grande place à Redon et surtout à

Gustave Moreau (1826-1898). La Salomé de ce peintre hante des Esseintes par le mélange de perversité et de solennité, de naturel et d'artificiel qu'elle porte en elle : elle fixe une image de la femme qui traversera la sensibilité fin-de-siècle. Mais Gustave Moreau, peintre de scènes et de figures mythologiques, séduisit aussi les symbolistes par une thématique dans laquelle ils se reconnaissaient. Ce n'est cependant ni chez les impressionnistes, ni chez Redon ou Moreau, que les symbolistes ont trouvé une peinture qui répondît à leurs théories, mais chez ceux qui s'affirment à partir de 1890 par un retour au tracé et à la couleur franche, Cézanne, Gauguin, Van Gogh. Dans le *Mercure de France,* Albert Aurier analyse leurs œuvres, crée à leur propos la formule de « peinture idéiste », parle du « symbolisme en peinture ». Le jeune Paul Fort leur demande de décorer la scène du Théâtre d'Art, premier essai de théâtre symboliste. Mais la dispersion de ces peintres (Gauguin à Tahiti, Van Gogh mort en 1890) réduira leur influence immédiate sur les lettres.

Des relations nouvelles s'établissent entre artistes et littérateurs au début du XXe siècle. A Montmartre, particulièrement dans les ateliers du Bateau lavoir où Picasso s'installa en 1904, précédant Van Dongen, Juan Gris, Modigliani et qu'habitèrent ou que fréquentèrent Max Jacob, Salmon, Apollinaire, Reverdy, Mac Orlan, puis à Montparnasse où émigrent la plupart d'entre eux, dans l'atelier de Robert et Sonia Delaunay, peintres et poètes se fréquentent quotidiennement. Un certain nombre, parmi ces derniers, sont frappés par l'invention et la liberté qui animent ces jeunes peintres, admirateurs de Cézanne. Les Fauves, qui ont fait scandale au Salon de 1905, s'affranchissent également du trompe-l'œil réaliste et de la décomposition pointilliste pour cultiver la couleur et la forme pures, la seule expression plastique sans référence intellectuelle ni littéraire : parmi eux, Vlaminck, Derain, Dufy, ainsi que

Matisse et Braque, tous amis d'Apollinaire et de son groupe. Peu après, en 1907-1908, par des cheminements différents, Picasso en vient à peindre *Les Demoiselles d'Avignon* et ses premières figures dont les méplats et les formes anguleuses s'inspirent des sculptures africaines et aussi de l'art populaire catalan, Braque ses paysages de l'Estaque, dont Louis Vauxcelles dira que cela semble de « petits cubes ». Le cubisme naissait, moins comme une école que comme une convergence de recherches auxquelles participèrent Gleizes, Metzinger, les Duchamp. Leur présence en 1911 dans une même salle aux Indépendants, puis au Salon d'Automne, provoqua dans la presse de violents remous ; elle suscita même en 1912 une interpellation à la Chambre des députés contre « des manifestations d'un caractère aussi nettement antiartistique et antinational ». Cependant, le cubisme prospérait et se différenciait. Alors que Picasso, Braque, Gleizes, Metzinger dédaignent la couleur, s'intéressent à la décomposition de l'objet sur un seul plan, ou, au contraire, en multiplient les facettes, que les deux premiers inventent l'inscription de lettres et de mots dans le tableau ou le collage d'éléments extérieurs, morceaux de papier, brins de tabac, Marcel Duchamp et Picabia s'intéressent l'un à l'analyse du mouvement, l'autre à une certaine forme d'abstraction, Delaunay restitue à la couleur, « fruit de la lumière », sa valeur, cherche dans ce qu'il appelle le « contraste simultané » une solution à la transcription picturale des aspects multiples du réel, élabore sur la base du cercle des structures élémentaires dans ce qu'Apollinaire appellera l'Orphisme. Auprès de ces peintres, un Chagall, un Larionov, d'autres encore, que faute d'une étiquette commune on réunira sous le titre dépourvu de tout contenu d' « école de Paris », apportent leur expérience propre. Quant aux futuristes, dans l'ensemble mal compris en France, ils contribuent au moins, par leurs théories comme par les polémiques qu'ils mènent, à attiser les réflexions sur la peinture et son destin.

Leur exemple est commenté, suivi par les poètes. Apollinaire écrit un premier volume de *Méditations esthétiques* sous le titre *Les Peintres cubistes*. Lorsqu'en 1914 il prépare un album de ses premiers calligrammes, il songe à l'intituler *Et moi aussi je suis peintre !* S'il n'y a pas de « poésie cubiste », il y a des efforts pour réaliser une simultanéité poétique, une discontinuité dans la composition. A la limite, les calligrammes d'Apollinaire, le *Transsibérien* de Cendrars et Sonia Delaunay, les vers de Sébastien Voirol écrits avec des encres de couleurs différentes, voire certains poèmes en prose de Reverdy illustrent ces sollicitations pressantes de la peinture sur la poésie.

La musique d'Offenbach à Satie

La Vie parisienne avait été le dernier grand succès d'Offenbach qui, à sa mort en 1880, laissait inédits *Les Contes d'Hoffmann* (qu'on représenta l'année suivante). Berlioz, lui, était mort en 1869, dans l'indifférence générale. Pendant une quinzaine d'années après la guerre et la Commune, le grand public se satisfait des formes traditionnelles : opérette et musique légère à la manière de *La Fille de Madame Angot* de Charles Lecocq (1872) ; ballets de Léo Delibes (*Coppélia, La Source*) ; opéra comme *Lakmé* de Delibes encore, *Le Roi de Lahore* et *Hérodiade* (1881) de Massenet. Le succès d'Anton Rubinstein montre l'attrait pour la virtuosité. Les efforts de renouvellement de Georges Bizet avec *L'Arlésienne* (1872) et *Carmen* (1874) s'achèvent par un double échec.

Si des innovations se font jour, c'est plutôt dans le domaine de la musique pure, auprès d'un public de mélomanes plus éclairés. La symphonie, avec César Franck, Chausson, Dukas, le concerto, avec Lalo, Saint-Saëns, Vincent d'Indy, jusqu'alors négligés en France, connaissent le succès. Le poème symphonique représente une contribution originale : *Le Rouet d'Omphale* (1871), *La Danse macabre* (1874) de Saint-Saëns, *Lénore* de Duparc, *Le Chasseur maudit* de Franck, *Viviane* de Chausson, *Wallenstein* de Vincent d'Indy... De grands chefs d'orchestre, Pasdeloup, puis Colonne s'efforcent d'atteindre le grand public. Colonne, précisément, introduit à partir de 1874 des extraits de l'œuvre de Wagner dans ses programmes. Celui-ci a, dès avant 1870, ses admirateurs, Baudelaire, Catulle Mendès, Villiers de l'Isle-Adam, Judith Gautier. Lorsque, en 1876, son théâtre, le Festspielhaus, est inauguré à Bayreuth, des Français enthousiastes assistent chaque année aux représentations : Vincent d'Indy y est en 1876 et y retournera dix fois, Fauré y va en 1879... Edouard Schuré dégage en 1875 la signification des drames musicaux de Wagner, dans lesquels action, texte, musique, mise en scène forment un tout indissociable, une « œuvre d'art totale » de caractère sacré. Mais la pénétration auprès du public français est difficile. Il faudra, à partir de 1880, un concours de circonstances pour qu'elle s'impose. D'abord une meilleure connaissance de la personne et de la pensée du musicien grâce à la traduction de ses écrits théoriques et de ses souvenirs *L'Œuvre et la mission de ma vie* (1884) et à des études comme *Richard Wagner et son œuvre poétique* de Judith Gautier (1882). En second lieu l'obstination de Colonne et Lamoureux à le faire figurer à leurs programmes et ainsi à accoutumer à cette musique un public hostile. Enfin et surtout, l'action d'un jeune écrivain converti à l'opéra wagnérien, Edouard Dujardin qui, au début de 1885, à vingt-quatre ans, créa la *Revue wagnérienne*. Il y établit la relation entre le musicien et le symbolisme, pour « expliquer l'un par l'autre », comme le dit Léon Guichard. Il incite de nombreux poètes à collaborer et en premier lieu Mallarmé, qui découvre Wagner grâce à lui et donne à la revue « Richard Wagner, rêverie d'un poète français ».

Son rôle est sur ce point considérable, car Mallarmé trouva dans les théories du musicien allemand comme une confirmation de ses hypothèses sur l'œuvre unique, le Livre, et la synthèse des arts. Si, d'autre part, Elémir Bourges, Péladan, Dujardin lui-même se sont inspirés des grands thèmes wagnériens, il n'a été pour la plupart des symbolistes qu'un répertoire de figures mythiques. Son implantation en France a d'ailleurs été lente. En 1887, Lamoureux qui a monté *Lohengrin* à ses frais séduit les spectateurs, mais les manifestations hostiles dans la rue font suspendre les représentations.

L'Exposition universelle de 1889 révéla la musique russe : Rimski-Korsakoff, Glinka, Borodine, Tchaïkovski, Moussorgsky au moment où la politique étrangère française cherchait dans l'empire des tzars un soutien contre l'Allemagne. On en admira l'exotisme, fondé sur une tradition nationale et populaire, tandis que les amateurs étaient sensibles à l'éclat de l'orchestration, à la magie suggestive, à quelque chose de neuf qui, pour eux, correspondait à l'impressionnisme pictural.

A la même époque, des compositeurs français suivent une voie analogue à celle des poètes. Gabriel Fauré, dans ses mélodies, ses nocturnes, ses impromptus, ses barcarolles, dès 1886 inaugure une réaction antiwagnérienne fondée sur le sens des affinités sonores et de la souplesse musicale, des glissements de tonalité, de l'accord de la parole et de la musique. Claude Debussy, après une période d'admiration pour Wagner, trouve chez les poètes une source d'inspiration qui l'incite à jouer de toutes les harmonies des correspondances et à réaliser une certaine forme d'impressionnisme musical. En 1887-1888, *La Damoiselle élue* s'inspire de Rossetti et du préraphaélisme ; le *Prélude à l'après-midi d'un faune* (1894) révèle une profonde connivence avec le poème de Mallarmé. *Pelléas et Mélisande* (1902), sur le texte de Maeterlinck, est une nouvelle bataille d'Hernani. Debussy impose sa révolution, qui est celle de la simplicité, de l'abandon des gammes et des tonalités classiques, de la prééminence de l'harmonie. La fantaisie raffinée de Ravel, qui connaît son premier succès avec *Pavane pour une infante défunte* en 1899, va dans le même sens que l'œuvre de Debussy, par son refus de la lourdeur, de l'orchestration architecturale au profit d'une tradition française de légèreté. La référence à la musique aura été la grande affaire des symbolistes, qu'ils s'efforcent comme Dujardin dans *Les lauriers sont coupés* ou Bourges dans *Le Crépuscule des dieux* d'adapter au roman les techniques de composition wagnériennes, comme certains théoriciens du vers libre de saisir la mélodie d'une âme, ou, d'une façon générale, de « reprendre à la musique leur bien » avec Mallarmé. La situation change au début du xxe siècle quand le modèle de la peinture se substitue à celui de la musique ; celle-ci n'est cependant pas sans influence sur l'évolution du goût. En 1909, les Ballets russes de Serge de Diaghilev font d'éblouissants débuts au Châtelet : ce n'est pas seulement avec Nijinsky et les danseurs qui l'entourent une sévère mise en question de l'académisme chorégraphique, c'est aussi une mise en scène chatoyante, féerique : « Ballet d'art, féerie d'art, le rêve de Mallarmé, notre rêve se réalise », écrit Henri Ghéon dans *La Nouvelle Revue française*. Igor Stravinski compose pour les Ballets russes *L'Oiseau de feu* (1910), *Petrouchka* (1911) et surtout *Le Sacre du printemps* (1913), qui provoque de fortes réactions : on se battra dans la salle. Cette musique éclatante, colorée, un rien provocatrice, avait de quoi surprendre les oreilles françaises. Cependant, à la même époque, Schönberg et Alban Berg à Vienne, Hindemith en Allemagne apportaient à la musique des innovations autrement importantes. Stravinski donna encore en 1918 *Histoire du soldat* sur un livret de Ramuz pour un orchestre de six instruments et une batterie.

Plus proche de l'avant-garde est Erik Satie qui, dans les années 90 avait été auprès de Péladan un des animateurs de la Rose-Croix [1]. Réagissant contre les conventions en cours, il intitule ses compositions *Morceaux en forme de poire* ou *Véritables préludes flasques,* pour se moquer de la musique à motif. Il introduisit le bruit d'une machine à écrire dans la partition qu'il écrivit pour *Parade*, ballet dont le livret était de Cocteau, les décors et les costumes de Picasso, et qui fut représenté par les Ballets russes en 1917. Il fit figure de maître pour de jeunes musiciens qui, comme Poulenc, Durey ou Auric, se réuniront au lendemain de la guerre dans le Groupe des Six.

Naissance du cinéma

En 1895, Louis Lumière présente à la Société d'encouragement pour l'industrie nationale *La Sortie des usines Lumière,* puis, le 28 décembre, dans le salon indien du Grand Café, la première séance de cinématographe. Dès l'année suivante, Méliès réalise ses premiers films. Le succès de cette nouvelle attraction — car on ne considère pas autrement le cinéma naissant et c'est d'abord sur les champs de foire qu'il se répandra — est immédiatement très grand. Ce qu'on découvre en elle, c'est à la fois une reproduction exacte du réel, susceptible de rendre vie à des événements importants, et la possibilité, grâce aux truquages, de donner forme à la féerie, au rêve, au fantastique. Méliès tourne aussi bien *Le Palais des mille et une nuits* que *La Conquête du pôle* ou *L'Affaire Dreyfus.* Le film comique trouve sa voie

1. La mystérieuse confrérie des Rose-Croix s'était développée en Allemagne et en France au XVIIᵉ siècle ; elle fut au XVIIIᵉ un des foyers de l'illuminisme. C'est en 1888 que Stanislas de Guaita, Paul Adam, Papus, ainsi que Péladan, annoncèrent qu'ils rénovaient l'ordre cabalistique de la Rose-Croix. Péladan, d'ailleurs, ne tarda pas à se séparer de ses amis, dont il ne partageait pas l'anticléricalisme, pour fonder en 1892 la Rose-Croix catholique.

avec Max Linder, qui fait ses débuts en 1905. Le roman-feuilleton, le mélodrame fournissent de faciles scénarios joués par de médiocres acteurs mal payés. Réputé divertissement populaire, le cinéma n'intéresse guère le public cultivé ni le monde des lettres et des arts avant la fondation en 1908 de la société Le Film d'art. Ses créateurs avaient eu l'idée de faire appel à des écrivains et à des acteurs célèbres. *L'Assassinat du duc de Guise* fut joué et réalisé par Le Bargy, de la Comédie-Française sur un scénario de l'académicien Lavedan avec une musique de Saint-Saëns. Un style était instauré. A l'instigation de Le Bargy, les acteurs s'abstenaient de gesticuler, d'abuser des mimiques significatives, pour chercher dans la sobriété des gestes, voire l'immobilité, une intensité des effets. Les décors, la mise en scène avaient fait l'objet de soins particuliers. On parla beaucoup dans la presse du « film d'art », mais l'entreprise échoua. Le rapprochement du cinéma et de la littérature ne vint que quelques années plus tard, et d'une autre direction.

En 1913 et 1914, Apollinaire ouvre sa revue *Les Soirées de Paris* à une « Chronique cinématographique » de Maurice Raynal. Celui-ci, comme le poète d'*Alcools* et comme Max Jacob, admire la série des *Fantômas* de Pierre Souvestre et Marcel Allain que les éditions Fayard publient depuis octobre 1911 à raison d'un volume par mois. En 1913-1914, précisément, le réalisateur Feuillade, auteur déjà de nombreux films, en adapte les cinq premiers titres dans une suite de cinq longs métrages d'une étrange poésie fantastique : ils ont contribué à persuader Apollinaire que le cinéma serait l'épopée populaire de l'avenir. Répondant à Pierre Albert-Birot dans une interview publiée par *SIC* en 1916, il dit :

> [...] il est aujourd'hui un art d'où peut naître une sorte de sentiment épique par l'amour du lyrisme du poète et la vérité dramatique des

situations, c'est le cinématographe. L'épopée véritable étant celle que l'on récitait au peuple assemblé et rien n'est plus près du peuple que le cinéma. Celui qui projette un film joue aujourd'hui le rôle du jongleur d'autrefois. Le poète épique s'exprimera au moyen du cinéma, et dans une belle épopée où se rejoindront tous les arts, le musicien jouera aussi son rôle pour accompagner les phrases lyriques du récitant.

D'ailleurs, quand, en 1917, il écrit en collaboration avec André Billy un scénario (qui a été commandé par un producteur, mais n'a pas été tourné), il choisit le thème alors classique du marin infidèle devenu mauvais garçon : c'est *La Bréhatine*. Mais, à la même époque, Philippe Soupault donne dans *SIC* une « Note I sur le cinéma » suivie d'un « Poème cinématographique » qui joue essentiellement sur la succession et la transformation des images. Cendrars, de son côté, imagine *La Fin du monde filmée par l'ange N.D.* Aragon publie dans *Nord-Sud* un de ses premiers poèmes, « Charlot mystique ». Le mariage de l'avant-garde et du cinéma s'amorce. Pendant la guerre aussi se développe la critique cinématographique commencée aux *Soirées de Paris*. A la fin de 1916 est apparue dans *Le Temps* une chronique signée d'un V (Emile Vuillermoz). En 1917, Louis Delluc devient rédacteur en chef de l'hebdomadaire *Le Film* et pose dans ses articles les grands problèmes de l'esthétique cinématographique, avant de passer en mai 1918 à *Paris-Midi* avec une rubrique intitulée « Cinéma et Cie ». Avec lui, Marcel L'Herbier, Germaine Dulac, Abel Gance préparent l'essor du cinéma de l'après-guerre, qui affirme son originalité face à l'envahissante production américaine (Ince, Griffith, Cecil B. De Mille, Chaplin) ou à celle des Suédois (Sjöström) et des Allemands (Lang).

Chapitre IV

LA LITTÉRATURE FRANÇAISE
ET LE MONDE

L A concentration de la vie littéraire et artistique
à Paris éclipse les œuvres publiées en province, malgré la marée anti-symboliste des
années 90 et la création en 1900 par Charles-Brun
d'une Fédération régionaliste française ; elle a aussi
pour conséquence que la France ignore ce qui se
publie en français à l'étranger. En revanche, elle
favorise la présence d'artistes et d'écrivains étrangers
qui sont souvent des intermédiaires entre leur propre
culture et celle de leur pays d'adoption.

Domaine de langue française

De la littérature canadienne francophone, la
France ne connaît que peu de chose. Il est vrai que ce
qui s'y écrit peut sembler déphasé par rapport à la
production de la métropole. Louis Fréchette (1839-
1908), dont l'inspiration romantique et nationaliste
est nourrie de Victor Hugo, verra cependant sa
Légende d'un peuple couronnée en 1889 par l'Académie française. Mais les jeunes poètes qui se manifestent en 1900 dans *Les Soirées du château de Ramezay*
restent ignorés : Charles Gill, qui laisse inachevée
son épopée sur le Saint-Laurent, Desaulniers,
romantique encore ou Lozeau, qu'on pourrait pres-

que dire décadent, Paul Morin et René Chopin, qui,
ayant étudié à Paris, n'ont pas oublié les leçons de
Henri de Régnier et d'Anna de Noailles; et surtout
Emile Nelligan, « poète maudit » devenu fou à vingt
ans. Quant au roman, il s'enlise dans les thèmes
régionalistes et traditionalistes. La publication de
Maria Chapdelaine en feuilleton dans *Le Temps*
(1914) aura un grand retentissement et l'œuvre
passera pour l'expression de l'âme profonde du
Canada. Elle était due à un Français qui n'avait vécu
que dix-huit mois dans le pays et, loin de les exalter,
voulait montrer ce que les mœurs y avaient d'étriqué; mais la réception faite à son livre en effaça les
intentions.

Les lettres romandes ont-elles une autonomie?
Amiel, le solitaire de Genève (1821-1881), est connu
par les fragments de son *Journal* qui, paraissant en
1883 en pleine vague idéaliste et psychologique,
atteignent la sensibilité française : Bourget leur fera
une place dans la deuxième série des *Essais de
psychologie contemporaine* en 1885. Mais les romanciers Cherbuliez (qui finira par prendre la nationalité
française) et Edouard Rod, admirateur de Zola avant
de se rapprocher de Bourget, font carrière à Paris.
Tout comme Charles Fuster, qui reste dans les eaux
du Parnasse et du symbolisme, ou Louis Dumur,
membre dès ses débuts de l'équipe du *Mercure de
France*. La situation change quelque peu au début du
siècle. Un groupe se forme à partir de 1904 autour de
la revue *La Voile latine* avec Ramuz, Gonzague de
Reynold, Alexandre et Charles-Albert Cingria,
Henry Spiess. Ces jeunes gens venus d'horizons
divers désirent réunir, comme le dit l'un d'eux,
« l'idée d'art et de fédéralisme » et prouver que la
création littéraire peut naître des aspirations locales.
En 1914, les *Cahiers vaudois* prirent le relais de *La
Voile latine*. Le premier de ces cahiers est *Raison
d'être* de Ramuz. Il y faisait le point sur l'expérience
qu'il venait de vivre à Paris pendant une dizaine

d'années, évoquant dans ses premiers romans la vie romande, trouvant sa « raison d'être » dans une découverte de soi et une maîtrise de son art, revenant au pays parce qu'il a « besoin d'une terre », mais repoussant la littérature régionaliste : le particulier ne peut être pour lui qu'un point de départ. La guerre élargira ses romans dans une dimension visionnaire (*Le Grand Printemps*, 1917), jusqu'à l'épanouissement de l'entre-deux-guerres, avec *La Grande Peur dans la montagne* (1926) ou *La Beauté sur la terre* (1932). Ramuz donnait ainsi l'exemple d'une littérature qui, sans rompre avec ses attaches, ne se développait pas en marge de la France, mais, selon le mot d'un critique, comme « une partie, un chapitre nouveau, plus ou moins original, des lettres françaises ».

Est-ce aussi le fait de la littérature belge de langue française ? Le problème est ici plus complexe. La vie littéraire du jeune Etat créé en 1830 a d'abord été marquée par une volonté d'indépendance à l'égard de la France ; mais le poids du romantisme français reste grand. C'est avec le poète André van Hasselt (1806-1874) et ses « études rythmiques » ainsi qu'a-vec le conteur Charles De Coster (1827-1879), dont *La Légende et les Aventures héroïques, joyeuses et glorieuses d'Ulenspiegel et de Lamme Goedzak au pays de Flandre et ailleurs*, inspiré de la tradition populaire (1867) que s'instaure un accent original dans la littérature belge d'expression française. Le grand essor viendra de la génération de 1880 qui, avec la revue *La Jeune Belgique* (1881-1897) réclame pour la littérature belge le droit d'être différente, mais qui, en même temps, noue avec le naturalisme et le symbolisme des liens privilégiés : paradoxe d'une sensibilité et d'un goût constamment partagés entre leur revendication d'originalité et une proximité qui n'est pas seulement géographique avec la France. Camille Lemonnier, avec *Un mâle* (1881) et *Happe-chair* (1886), se montre proche de Zola.

Georges Rodenbach (1855-1898) exprime dans ses recueils de vers comme *Tristesse* (1879), *La Jeunesse blanche* (1886) ou *Les Vies encloses* (1896) des états d'âme qui rappellent certaines tonalités décadentes ou le symbolisme élégiaque d'un Ephraïm Mikhaël et d'un Albert Samain. Son roman *Bruges-la-morte* (1892), où s'unissent un décor privilégié — celui d'une ville endormie dans ses brumes, traversée de canaux aux eaux tranquilles — et un climat moral de morosité, d'ennui maladif, de religiosité vague, eut un grand succès en France par l'alliance du dépaysement et du sentiment de familiarité spirituelle que ressentit le public.

On sait combien les relations entre poètes belges et français ont été étroites à l'époque du symbolisme. Les efforts de théorisation sont les mêmes, de part et d'autre ; qu'il s'agisse du vers libre, du caractère musical de la poésie, de l'image et du symbole, Verhaeren et Mockel tiennent un langage analogue à celui de Dujardin ou de Gustave Kahn. Une première ébauche du *Traité du verbe* de René Ghil paraît en 1885 dans la revue bruxelloise *La Basoche*. En 1887 et 1888, *La Revue indépendante* parisienne publie une « Chronique bruxelloise » d'Octave Maus, tandis que Gustave Kahn a une rubrique dans la revue belge *La Société nouvelle*. Cependant, ces échanges, ces vues identiques ne vont pas sans quelques différences. D'une façon générale, les premières œuvres de Verhaeren, *Serres chaudes* de Maeterlinck, les poèmes de Mockel font penser à la sensibilité décadente plus qu'à l'idéalisme symboliste. Les choses changent après 1890. Tandis que le symbolisme français se durcit, engendrant les réactions naturistes et autres, la poésie belge reste étrangère aux querelles françaises et évolue sans heurts — car les débats sur l'art engagé, l'art pur et l'art chrétien n'ont pas de conséquences graves — dans une évolution dont Verhaeren et Maeterlinck représentent les termes essentiels. La poésie belge avait, en somme, fait l'économie d'une révolution. Au début du xx^c siècle, tandis que le prestige de Verhaeren ne cesse de s'affirmer, la littérature belge de langue française se situe sur la ligne que représente en France *L'Ermitage* et son rêve d'un classicisme moderne. Exemplaire est à ce titre la revue *Antée*, dirigée par Christian Beck, où l'on s'efforce de rassembler un esprit nouveau, de Claudel à van Lerberghe et de Bouhélier à la comtesse de Noailles, dans un point de vue qui n'est pas éloigné de celui de Montfort dans *Les Marges*.

Les littératures étrangères et la France

Après une brève crise de nationalisme qui suivit les événements de 1870-1871, le monde littéraire s'ouvre aux littératures étrangères. Certaines œuvres sont portées par la littérature française elle-même, comme celle de Poe par la réputation de son premier traducteur Baudelaire, ou celle de Heine, déjà familière aux romantiques et aux Parnassiens. Mais des sollicitations nouvelles se manifestent, qui ne sont pas sans influence dans le monde littéraire et intellectuel. Aux leçons de Hartmann et de Schopenhauer que recueillent les Décadents s'ajoutent celles de l'idéalisme, qui nourrira le symbolisme : idéalisme de Carlyle, d'Emerson autant que de Hegel, qu'illustre la poésie de Novalis (dont Maeterlinck traduit *Les Disciples à Saïs* et des *Fragments*) ou celle de Shelley (traduite en 1886-1887 par Rabbe). S'y ajoute la découverte des préraphaélites, révélés dès 1873 par une étude de Blémont dans *La Renaissance littéraire et artistique*, mais surtout après 1880. Samain s'efforce de traduire Rossetti, Debussy s'en inspire et les héroïnes du théâtre de Maeterlinck lui doivent beaucoup. Plus que lui, Swinburne touche la sensibilité poétique française, de Mallarmé à Vielé-Griffin, qui traduit *Laus Veneris*.

La présence dans l'horizon littéraire français d'œuvres anglaises, américaines ou allemandes n'est pas une nouveauté. Il n'en va pas de même de la découverte du roman russe. De 1884 à 1890, les traductions de Tolstoï et de Dostoïevski se multiplient (elles ralentiront ensuite). De 1883 à 1885, le marquis de Vogüé publie dans la *Revue des Deux Mondes* une série d'articles recueillis ensuite en un volume : *Le Roman russe*. La thèse de Vogüé, qui, diplomate, avait été en poste à Moscou et avait épousé une Russe, apparaît dans sa préface : le roman russe, sa psychologie des profondeurs, le sens de la compassion aux misères humaines, l'inspiration morale, est un exemple pour le réalisme français, coupable d'avoir cessé d'être charitable. L'argument venait à l'appui de l'opposition au naturalisme qui commençait à s'affirmer et du spiritualisme moralisant auquel venait Bourget. Mais on se montre aussi réticent à l'égard de ces « Barbares », de ces « Scythes » trop extravagants. L'heure de Dostoïevski, en particulier, n'est pas encore venue en France.

L'autre découverte est celle du théâtre scandinave. Elle est due d'abord à Jacques Saint-Cère, qui écrit un article sur Ibsen dans la *Revue d'art dramatique* en 1887, aussi au comte Prozor, diplomate russe, auteur de nombreuses traductions. Avec Ibsen, sont traduits Bjoernson et, à un degré moindre, Strindberg. Ce théâtre fut en général mal compris, chaque tendance le tirant à elle, naturalisme, symbolisme, anarchie même... Si l'on en rapproche l'esprit de celui du roman russe, c'est avec toutes les réticences de la tradition psychologique française devant les complexités et les contradictions de ses personnages. Les intercesseurs pour ces découvertes furent souvent des étrangers, comme le comte Prozor, déjà cité, ou Teodor de Wyzewa, Polonais arrivé en France dans sa jeunesse, collaborateur de la *Revue wagnérienne* et de la *Revue indépendante*, ami de Mallarmé, de Villiers, de Laforgue ; il corrige la lecture du roman russe proposée par Vogüé — sans toutefois comprendre Dostoïevski, qu'il compare à Eugène Sue, traduit *Les Hauts de Hurlevent*, *Résurrection* de Tolstoï, fait connaître Conrad, Stevenson, communique son admiration pour Dickens, De Quincey, Whitman. Il a réuni l'essentiel de ses écrits sur la littérature étrangère dans les trois volumes d'*Ecrivains étrangers* (1896, 1897, 1900).

Dans les dernières années du siècle, l'esthétisme symboliste emprunte à Whistler et à Rossetti leur imagerie, dont les imitations se répandent dans les revues et l'illustration des livres. Une autre influence est celle d'Oscar Wilde, de son raffinement et de son amoralisme. Il écrit en français son drame *Salomé*, qu'interprète Sarah Bernhardt (1893) ; son *Portrait de Dorian Gray* représente pour les lecteurs la limite des audaces que peut se permettre l'art. Par lui, une forme de l'esprit décadent, recueillie par des poètes anglais, revient en France. Wilde en particulier, ami de Gide, a contribué par son exemple à l'émancipation morale et sexuelle de ce dernier. A la même époque, le jeune Proust découvre Ruskin, par l'étude de Robert de La Sizeranne : *Ruskin et la religion de la Beauté* (1897). Lui-même traduira *La Bible d'Amiens* (1904) et *Sésame et les lys* (1906). Curieusement, la leçon de Ruskin rejoint celle de Wilde : les créations de l'art finissent par avoir une valeur plus grande, sinon une réalité plus forte, que les choses de la vie.

Nietzsche est tardivement connu en France. Avant la traduction d'*Ainsi parlait Zarathoustra* par Henri Albert, premier volume des *Œuvres complètes* et l'étude de Lichtenberger *La Philosophie de Nietzsche* (1898), des fragments seulement et quelques articles avaient paru dans des revues, notamment *L'Ermitage* et *La Revue blanche*. Mais cela avait suffi pour que se crée un mythe nietzschéen, celui d'une humanité nouvelle, réconciliée avec elle-même et avec le monde dans une joie dionysiaque, un épanouissement de l'être par-delà le bien et le mal. Certains groupes anarchistes, un écrivain comme Hugues Rebell s'enthousiasment pour le thème d'un paganisme libérateur. Le Gide des *Nourritures terrestres* n'a pas été insensible à ce climat.

Les dix années de l'avant-guerre voient la première traduction complète de *Feuilles d'herbe* de Whitman, par Léon Bazalgette en 1909 ; le poète américain n'était auparavant connu que de quelques-uns, Laforgue, Wyzewa, Larbaud. L'attention est plutôt attirée par le roman étranger. Au Mercure de France paraissent de nombreuses traductions de l'anglais : Wells, Kipling, Stevenson... Thomas Hardy, George Moore ont une moindre réputation. Mais à la *N.R.F.*, on se réclame d'eux, comme de Dickens et de Dostoïevski (auquel les lecteurs reviennent, après la découverte des années 80). On voit dans leurs œuvres le modèle d'un ample roman, qui embrasse toute une vie, et même plusieurs générations, qui rend compte de toutes les complexités d'une existence et d'une psychologie — à la différence de la tradition romanesque française qu'on juge simplificatrice et réductrice.

Avec l'Italie, les relations se passent aisément d'intermédiaires. Gabriele D'Annunzio fait de fréquents séjours à Paris. Il écrit en français et fait représenter *Le Martyre de saint Sébastien* en 1911 (musique de Debussy, décor de Bakst, interprétation d'Ida Rubinstein) et *La Pisanelle* en 1913. Son égotisme ostentatoire, son goût du grandiose, la diversité de son talent ouvert aux influences les plus opposées, son appétit de sensations et d'action lui composent une renommée assez tapageuse, parfois jugée excessive. La réputation de Canudo est certes moins grande. Mais celui qu'on a appelé le « Barisien de Paris », titulaire pendant presque dix ans de la chronique des lettres italiennes au *Mercure de France*, auteur de romans, de poèmes, de drames écrits directement en français, directeur en 1913-1914 de la revue *Montjoie !* joua un rôle important dans la communication des idées et des œuvres entre les deux pays. Bilingue comme lui, souvent présent à Paris, écrivant jusqu'en 1914 ses livres en français et les publiant en France, Marinetti donne rapidement au futurisme dont il a annoncé la création en 1909 une dimension internationale. C'est l'époque où, tandis que se développe un nationalisme militant et que Barrès ou Péguy appellent à l'union des forces vives du pays, le cosmopolitisme de l'art et de la littérature s'étend à toute l'Europe ; des revues italiennes, allemandes ou russes d'avant-garde, publient indistinctement des textes en plusieurs langues. Si l'universalité de la langue française n'est plus une évidence, l'internationalisation de la culture et de l'esthétique devenait à la veille de la guerre une réalité — que le début des hostilités devait briser et qui se reconstituera en partie à Zurich autour du cabaret Voltaire et de Dada naissant.

DEUXIÈME PARTIE

LES GENRES LITTÉRAIRES

Chapitre I

LE ROMAN

L E roman français passe par différentes phases entre 1869 et 1920.

Au-delà de 1869, année de la publication de ce roman essentiel qu'est *L'Education sentimentale* de Flaubert, le naturalisme fait une percée spectaculaire et durable et les résistances qu'il rencontre ne font que le confirmer (1880 marque son apogée) avant de l'ébranler peu à peu (il est vrai que la formule zolienne mourra surtout de n'avoir su se renouveler). Le dépérissement du naturalisme, en dépit de quelques sursauts, entraîne le roman dans une traversée du désert qui le caractérise entre 1890 et 1910. Aucune voie novatrice ne s'offre à lui, et le symbolisme est loin de lui apporter un sang neuf. Valéry et Gide ressentent bien l'impasse du roman contemporain, mais leur message reste sur le moment fort discret. En revanche, l'affaire Dreyfus fait souffler un vent idéologique qui réveille la fiction, mais sans vraiment la renouveler. Des territoires nouveaux commencent néanmoins à se dégager en marge des formules éprouvées ; le roman féminin et le roman policier s'affirment, tandis qu'apparaissent des œuvres déroutantes où les arcanes du langage jouent un rôle moteur. En fait, c'est entre

1910 et 1920 que le roman français connaît, surtout autour de l'année 1913, une métamorphose très sensible, sinon radicale (avec Marcel Proust), que la Grande Guerre ne freine qu'apparemment. Et c'est paradoxalement au moment où il semble s'affranchir de formules faciles dans lesquelles il s'est trop longtemps complu que le roman s'apprête à subir la condamnation radicale d'André Breton.

1869 est avant tout l'année de la publication de *L'Education sentimentale* de Flaubert. Cette œuvre est saluée par tous les jeunes romanciers de l'époque, et Huysmans pourra rappeler, en 1905, dans la préface d'*A rebours,* que *L'Education sentimentale* demeure à ses yeux le « chef-d'œuvre qui a été, beaucoup plus que *l'Assommoir,* le parangon du naturalisme ; ce roman était, pour nous tous des " Soirées de Médan ", une véritable bible ». Mais que pouvait donc trouver dans cet ouvrage un naturaliste ? Emile Zola y discerne une fresque d'époque en même temps que « la peinture terrible d'une société effarée, dévoyée, vivant au jour le jour ; livre formidable où la platitude est épique, où l'humanité prend une importance de fourmilière, où le laid, le gris, le petit trônent et s'étalent. C'est un temple de marbre magnifique élevé à l'impuissance » (*Les Romanciers naturalistes*). Zola tire assurément à lui le roman de Flaubert, mais c'est là une attitude normale pour un jeune écrivain qui se sent la mission de donner au roman contemporain une direction nouvelle. Le 9 décembre 1879, Zola n'ira-t-il pas jusqu'à écrire dans *Le Voltaire* : « Voilà le modèle du roman naturaliste, cela est hors de doute pour moi. On n'ira jamais plus loin dans la vérité vraie, je parle de cette vérité terre à terre, exacte, qui semble être la négation même de l'art du roman ». Maupassant va dans le même sens que Zola lorsqu'il écrit, en 1884, que *L'Education sentimentale* « est l'image parfaite de ce qui se passe chaque jour ; [...] la psychologie est si parfaitement enfermée dans les actes, dans les attitudes, dans les paroles des personnages, que le grand public, accoutumé aux effets soulignés, aux enseignements apparents, n'a pas compris la valeur de ce roman incomparable ». L'admiration des naturalistes, toute sincère qu'elle soit, se fonde certainement sur un malentendu, mais l'impérialisme qu'il sous-tend témoigne du réel dynamisme du groupe.

Le naturalisme

Le naturalisme est lié à la figure dominante d'Emile Zola. L'homme qui se lancera bientôt dans la composition de l'*Histoire naturelle et sociale d'une famille sous le second Empire* s'est vite pénétré des théories de Darwin dont *De l'origine des espèces au moyen de la sélection naturelle* a paru en 1859. Mais c'est vers 1868 que Zola trouvera une théorie complète de l'hérédité dans l'ouvrage bien contestable du docteur Lucas, le *Traité philosophique et physiologique de l'hérédité naturelle*, paru dès 1850.

Zola se veut attentif aux liens qui unissent la psychologie à la physiologie. Pour lui, l'homme n'est ni une abstraction, ni un esprit pur ; il est plongé dans un milieu social qui le détermine. Zola refuse « la conception d'une âme isolée, fonctionnant toute seule dans le vide », car ce serait à ses yeux « de la mécanique psychologique », « plus de la vie ». Or la vie, ce sont les instincts, le fatalisme de la chair, les revendications de « la bête humaine ». L'erreur de Zola aura peut-être été de vouloir couler ce qui n'était qu'une belle intuition dans un moule pseudo-scientifique. C'est en tout cas dans *Le Roman expérimental* que Zola définira sa méthode. Le romancier à qui son ami Céard vient de prêter l'*Introduction à l'étude de la médecine expérimentale* de Claude Bernard, veut, à l'instar du biologiste, être un expérimentateur soucieux de contrôler des hypothèses et de formuler des lois. L'expérience consistera pour lui à « faire mouvoir les personnages dans une histoire particulière pour y montrer que la succession des faits y sera telle que l'exige le déterminisme des phénomènes mis à l'étude ». Étudier « le mécanisme des faits en agissant sur eux par les modifications des circonstances et des milieux sans jamais s'écarter des lois de la nature », tel est l'idéal que se fixe Zola qui est bien conscient d'établir un parallèle un peu osé entre l'expérimentation du biologiste et celle du romancier, mais qui estime qu'il est indifférent que « le fait générateur soit reconnu comme absolument vrai » ; l'essentiel est la déduction mathématique et la recherche, sur des bases fictives, de l' « absolue vérité ».

La démarche de Zola n'est pas dépourvue d'une certaine naïveté dont les écrivains plus jeunes qui l'entourent ne seront guère dupes. Céard se reprochera d'ailleurs d'avoir prêté l'*Introduction* de Claude Bernard à Zola qui en a fait un usage abusif. C'est que Zola n'est qu'un intuitif auquel la science a apporté une grille explicative sécurisante. Le romancier des *Rougon-Macquart* pourra ainsi clamer qu'il a voulu suivre, à travers cinq générations successives, « le travail secret qui donne aux enfants d'un même père des passions et des caractères différents à la suite des croisements et des façons particulières de vivre ». L'étiquette « naturaliste » est apparue assez tôt sous la plume de Zola : dès 1866. En 1868, dans la préface pour la seconde édition de *Thérèse Raquin*, il évoque « le groupe d'écrivains naturalistes auquel [il a] l'honneur d'appartenir ». Mais c'est surtout entre 1876 et 1880 que l'étiquette va devenir mobilisatrice et triomphante. Ce qui prime alors, c'est une volonté d'observation quasi matérialiste. Zola le répète à l'envi : le naturalisme prend en charge l'esprit scientifique du temps et s'oppose à un idéalisme jugé malsain. Zola a beau user de formules un peu carrées, voire simplistes, l'école naturaliste prend nettement forme et fait œuvre dans la foulée de

L'Assommoir, roman qui obtient en 1877 un énorme succès. Dans la préface de son roman, Zola affirme péremptoirement : « C'est une œuvre de vérité, le premier roman sur le peuple, qui ne mente pas et qui ait l'odeur du peuple. » Le groupe naturaliste s'impose dans les années suivantes avec quelques publications comme *La Dévouée* (1877) ou *Elisabeth Couronneau* (1879) de Léon Hennique, *Les Sœurs Vatard* (1879) de Huysmans, *La Fille Elisa* (1877) et *Les Frères Zemganno* (1879) d'Edmond de Goncourt. Décembre 1878 voit la création de la *Revue moderne et naturaliste.* Le mot gagne du terrain et triomphe même si la revue en question s'en prend à Léon Hennique et l'accuse de « faire du Zola » !

Le naturalisme atteint son apogée en 1880, année marquée par une triple publication : le roman *Nana* où Zola décrit le monde des viveurs et qui connaît un succès de scandale ; *Le Roman expérimental* où le même Zola définit son esthétique de manière souvent agressive et tranchée ; et *Les Soirées de Médan,* recueil collectif où les membres du groupe naturaliste veulent rendre hommage à l'hospitalité que leur offre Zola dans sa nouvelle propriété de Médan. C'est l'occasion d'affirmer une cohésion et un compagnonnage autour de récits de Zola, Huysmans, Céard, Alexis et Hennique. En donnant *Boule-de-Suif,* Maupassant domine l'ensemble et fait figure de maître dans l'art de la nouvelle. Plus qu'une doctrine bien circonscrite, le naturalisme est un faisceau de convergences, hommes et idées mêlés. Zola s'est entouré à Médan de jeunes écrivains épris de modernité, las des chimères romantiques tout autant que de l'ordre moral imposé au pays et qu'avalisent les œuvres bourgeoises et bien pensantes d'Octave Feuillet, auteur à succès de *Julia de Trécœur* (1872). Les jeunes hôtes de Médan donnent en tout cas dans un naturalisme où prime une vision pessimiste de la vie quotidienne. A la différence de Zola, leur aîné, ils se montrent très sensibles à l'influence diffuse de la philosophie de Schopenhauer qui est alors considérée comme la démystification la plus efficace à l'égard des illusions de la vie. Le pessimisme vire souvent à un désespoir ironique dans les contes de Maupassant comme dans son beau roman *Une vie* (1883) où tous les dégoûts de l'auteur se trouvent objectivés dans l'aventure d'une femme ; il en est de même dans les deux romans de Huysmans, *En ménage* (1881) et *A vau-l'eau* (1882), peintures d'existences ternes et de vies dérisoires. Céard va jusqu'à intituler *Une belle journée* (1884) un roman où il ne se passe rien. *La Fin de Lucie Pellegrin* (1880) de Paul Alexis et *L'Accident de Monsieur Hébert* (1884) de Léon Hennique étoffent la production de ces *Romanciers naturalistes* auxquels un essai d'Emile Zola apporte dès 1881 la consécration. Mais le mouvement est avant tout soutenu par les succès répétés de Zola lui-même : après *L'Assommoir* et *Nana,* ce sera *Pot-Bouille* (1882), *Au Bonheur des dames* (1883) et le chef-d'œuvre *Germinal* (1885)... Les critiques, voire les haines, suscitées par le naturalisme sont à la mesure de son irrésistible triomphe. Les adversaires sont nombreux et viennent d'horizons divers. Aux traditionalistes se joignent des catholiques comme Barbey d'Aurevilly qui estime que « M. Zola se vautre dans le ruisseau et il le salit ». C'est qu'on déteste le climat vulgaire ou osé de certaines productions naturalistes (dans *L'Accident de Monsieur Hébert,* Hennique n'est-il pas allé jusqu'à donner des détails sur un avortement ?). Brunetière se fait, lui, le champion de l'Université contre les naturalistes, notamment dans *Le Roman naturaliste* (1882) où il s'attache à démonter la théorie du roman expérimental. Cette série d'attaques répétées ne va pas être sans créer quelques failles dans l'édifice. L'année 1884 marque en ce sens un tournant.

1884 est certes l'année où Louis Desprez donne *L'Evolution naturaliste,* sorte de manifeste qui prétend assigner à la poésie une orientation naturaliste qu'elle ne prendra jamais, mais c'est surtout l'année de la publication du grand roman de Huysmans, *A rebours*, qui rompt nettement avec l'esthétique prônée par Zola. Le héros du livre, des Esseintes, dernier descendant d'une famille riche, prend en dégoût la société, après s'être adonné à une vie de plaisirs. Il vit seul dans une demeure qu'il a aménagée avec un luxe subtil et où il ne consent qu'aux raffinements d'une littérature et d'un art décadents susceptibles de satisfaire et d'exaspérer sa névrose. Il y a dans *A rebours* des marques certaines de la philosophie pessimiste de Schopenhauer, mais l'insatisfaction se mue en angoisse, et l'angoisse de vivre en nausée. Et ce roman, qui pourrait passer, par certains aspects, pour un aboutissement du naturalisme, apparaît clairement comme son dépassement, voire son reniement. L'inquiétude métaphysique prend le pas sur la peinture d'un milieu, et le décadentisme gagne ici ses lettres de noblesse. Huysmans prend en quelque sorte parti pour Mallarmé (auteur d'une « Prose pour des Esseintes », célébrée dans le roman) et, par là même, contre Zola. Remy de Gourmont pourra parler à propos d'*A rebours* d'« un livre désespéré qui a confessé d'avance et pour longtemps nos goûts et nos dégoûts ».

En réalité, après une ère de triomphalisme, le naturalisme ne progresse plus et ne se renouvelle guère. Ses ambitions scientifiques ont été dégonflées comme des baudruches (spécialement par Brunetière), et il ne lui reste plus que la paternité d'un climat où le mal omniprésent incline à une vision désabusée de l'humanité qui ne peut compter que sur les joies charnelles ou les plaisirs éphémères. Les sujets nobles sont évités, de même que les héros d'exception. S'instaure alors un climat de grisaille auquel s'accorde une écriture volontairement documentaire où Roland Barthes ne verra qu'« une sousécriture » « dérivée de Flaubert ». Il n'y a pas là un art du peu, mais un art de la pauvreté qui va se stérilisant. Le naturalisme aura beau trouver quelques renforts numériques avec Lucien Descaves, Gustave Guiches, Paul Margueritte ou Paul Bonnetain (dont le *Charlot s'amuse*, qui se risque dans le domaine de l'onanisme, fera scandale en 1885), l'entourage immédiat de Zola est de moins en moins convaincu de la validité de ses positions esthétiques. Maupassant n'écrit-il pas, dans une lettre certainement adressée à Paul Alexis : « Je ne crois pas plus au naturalisme et au réalisme qu'au romantisme. Ces mots à mon sens ne signifient absolument rien et ne servent qu'à des querelles de tempéraments opposés. [...] Aujourd'hui Zola est une magnifique, éclatante et nécessaire personnalité. Mais sa manière est une des manifestations de l'art et non une *somme*. [...] Pourquoi se restreindre ? Le naturalisme est aussi limité que le fantastique. » Flaubert n'est peut-être pas étranger à ce jugement, qui, à la fin de l'année 1876, confiait à Maupassant qu'il voyait dans le « naturalisme un mot vide de sens ». Il est de toute façon de bon ton de n'admettre « aucun enrôlement », pour reprendre une expression d'Alphonse Daudet. Celui-ci a pourtant connu la tentation naturaliste entre 1876 et 1884, période où il a délaissé ses récits provençaux au profit de romans parisiens qui sont autant d'études de milieux : *Jack* (1876), *Le Nabab* (1877), *Les Rois en exil* (1879), *L'Evangéliste* (1882) et *Sapho* (1884). Alphonse Daudet n'abandonnera cependant pas sa vocation de « marchand de bonheur » et reviendra à son inspiration provençale avec *Tartarin sur les Alpes* qui, en 1885, est un prolongement du célèbre *Tartarin de Tarascon* de 1872. Edmond de Goncourt, fortement éprouvé par la mort de son frère en 1870, semble faire acte d'allégeance au naturalisme avec *La Fille Elisa* (1877), histoire d'une prostituée qui tue son amant, mais il se démarque de Zola en décidant de peindre, dans *Les Frères Zemganno*, les classes riches avec un regard « documentaire » que le maître de Médan leur refuse. Quant à Octave Mirbeau, il peut, lui aussi, sembler se situer aux frontières du naturalisme, mais son indépendance d'esprit et sa passion de la nouveauté ne l'y enferment pas longtemps, et il est bien difficile de ranger *L'Abbé Jules* (1888) et *Sébastien Roch* (1890), violentes satires de l'éducation par les prêtres, dans la mouvance naturaliste, à laquelle échappent aussi le trouble *Jardin des supplices* (1898) et son chef-d'œuvre le *Journal d'une femme de chambre* (1900), dénonciation outrée des turpitudes bourgeoises.

En fait, Zola est à peu près le seul à donner dans l'orthodoxie zoliste. Son rigorisme théorique lui vaut des inimitiés, voire des hostilités, jusque dans son propre clan. C'est ainsi que le Vaudois Edouard Rod qui, en 1879, avait pris sa défense « A propos de *L'Assommoir* » et qui avait ensuite écrit un roman naturaliste comme *Palmyre Veulard* (1881), tourne soudain casaque et prend parti pour un courant antagoniste, celui de Paul Bourget, défenseur de l'analyse psychologique. Mais ce qui va surtout contribuer à un spectaculaire renversement de situation, c'est la publication, dans *Le Figaro* du 18 août 1887, du *Manifeste de la Terre*.

Quelques jeunes romanciers naturalistes — Bonnetain, Descaves, Guiches, Paul Margueritte et Rosny (ce pseudonyme désigne deux frères qui viennent d'écrire en commun *Nell Horn, de l'Armée du Salut*, beau roman qui raconte les souffrances d'une jeune fille qui se livrera finalement à la prostitution pour sauver autrui) —, choqués par le tour brutal que Zola vient de donner à son roman paysan *La Terre*, affirment, dans leur *Manifeste*, qu'ils renient désormais un maître « dont le charme s'embourbe dans l'ordure », et ils reprennent à leur compte le plaidoyer de Brunetière contre les prétentions scientifiques du romancier des *Rougon-Macquart*. Céard s'est déjà éloigné du scientisme de Zola,

Hennique s'est orienté vers le spiritisme (*Un caractère*, 1889), et seul le laborieux Alexis va demeurer fidèle à Zola. A l'enquête que Jules Huret mènera en 1891 sur ce qui demeure du naturalisme, Alexis répondra télégraphiquement : « Naturalisme pas mort. » En fait, l'acte de décès du mouvement est déjà bel et bien signé, et Zola ressentira bientôt le besoin de donner au naturalisme (mais doit-on encore le qualifier ainsi ?) la dimension d'aspirations socialisantes ou d'un lyrisme messianique.

Il est cependant d'autres aspirations collectives qui ont peu à peu absorbé le naturalisme, dans un climat de « fin de siècle » où le décadentisme et le symbolisme connaissent une irrésistible montée. Mais il n'empêche que l'école de Médan aura apporté à la littérature des éléments déterminants : non seulement ce besoin de l'observation exacte qui fit l'unanimité du groupe, mais aussi une secrète — et très moderne — mise à mort du héros de roman, ainsi que l'abandon du style noble au profit de découvertes choquantes pour le public, essentiellement bourgeois, des lecteurs de l'époque : la sexualité, la pathologie et, plus dérangeante encore, la lutte des classes mise en lumière dans *Germinal* en 1885. Sous couvert d'esthétisme ou de rigueur scientifique, c'est le plus souvent l'idéologie diffuse de Zola que les ennemis du romancier des *Rougon-Macquart* condamneront, bientôt rejoints par ses anciens amis. Ainsi va la roue de la fortune littéraire.

Un éventail de formules diverses

Pourquoi, aux approches de 1890, le roman français, auréolé des figures de proue que furent pour lui Balzac, Flaubert et même, plus récemment, Zola, se trouve-t-il soudain comme devant une impasse ? La production romanesque connaît une sorte de paralysie et ne discerne plus aucune voie novatrice. Le poids d'un passé tout proche et prestigieux n'est peut-être pas etranger à une telle crispation que la jeunesse va diversement tenter de canaliser. En cette fin de XIXe siècle, le symbolisme fait une incontestable percée. L'œuvre de Stéphane Mallarmé et sa quête de l'absolu séduisent un public de plus en plus large qui se désintéresse progressivement des problèmes contingents auxquels les grands romans et, dans leur foulée, la production naturaliste, se sont attachés. Force est de constater un attrait croissant pour la psychologie qui fait que l'on préfère aux pulsions et aux instincts héréditaires qui meuvent l'univers d'un Zola, la descente dans les labyrinthes feutrés de la névrose que la littérature décadentiste privilégie. Depuis la publication d'*A rebours* en 1884 (année où paraissait également *Le Crépuscule des dieux* d'Elémir Bourges, histoire très wagnérienne de la destruction d'une famille princière), l'idée de décadence et le thème général de l'insatisfaction ont fait leur chemin. Dans la *Revue wagnérienne* de juillet 1885, Wyzewa a profité d'une étude sur « Le Pessimisme de Richard Wagner » pour en appeler à un art de la suggestion. L'ombre de Mallarmé veille. Dans la *Revue contemporaine* de décembre 1885, Charles Vignier développe cette idée de « la suggestion en art » en lui prédisant un riche avenir par le biais du « roman analytique » qui pourrait privilégier la perception subjective du personnage. Le retour à l'analyse est une façon d'en finir avec les grilles explicatives et la fiction à thèses. Le *Manifeste* de Jean Moréas dans *Le Figaro* du 18 septembre 1886 est plus explicite encore. Il en appelle à « l'inéluctable fin de l'école immédiatement antérieure ». Moréas se préoccupe essentiellement de la poésie, mais il considère que la prose doit évoluer dans le même sens qu'elle. Il privilégie le « roman symbolique » qui devrait être, à ses yeux, une « œuvre de déformation subjective ». Ce qui importe, ce sont les « hallucinations » du héros appelées à culminer en de « mythiques phantasmes », ou bien la manifestation

de « volontés individuelles » qui « s'attirent, s'agglo-
mèrent, se généralisent pour un but qui, atteint ou
manqué, les disperse en leurs éléments primitifs ».
Les alternances de heurts et de stagnations doivent
prendre le pas sur les actes et leur destination.

Dans ce contexte, Paul Bourget ne peut apparaître
que comme le romancier le plus apte à dépasser
l'écueil du naturalisme. De 1881 à 1883, Bourget a
publié des *Essais de psychologie contemporaine* qui
ont eu une influence immédiate. L'auteur y ébauche
une *Théorie de la décadence* qui va à l'encontre des
théories du progrès. Il décèle « une nausée universelle devant les insuffisances de ce monde » et estime
qu'on peut y répondre par le pessimisme ou « par de
solitaires et bizarres névroses ». Les ouvrages de
Théodule Ribot — *Les Maladies de la volonté* (1883)
et *Les Maladies de la personnalité* (1885) — appro-
fondissent cette perspective au moment même où la
publication du *Journal intime* d'Amiel montre les
limites de l'analyse psychologique. La psychologie
traditionnelle voudrait, en fait, tendre le relais à la
psychiatrie qu'elle ignore encore, ou du moins aux
remous de l'inconscient qu'elle pressent. Paul Bourget aura certes des exigences novatrices, mais il se
cantonnera trop souvent dans une analyse un peu
superficielle des sentiments de ses personnages. Le
romancier en appellera à la sensiblerie féminine dans
des livres comme *Un Crime d'amour* (1886), *André
Cornélis* (1887) et *Le Disciple* (1889). Et Paul Bourget se transformera peu à peu en un écrivain à
principes religieux et moraux afin d'apporter un
remède à une société qu'il juge désemparée. Devenu
l'une des « dernières colonnes de l'Eglise » il sera
suivi par un public fidèle qui appréciera *Le Démon de
midi* (1914), *Le Sens de la mort* (1915) et *Némésis*
(1918), son meilleur livre, en avance sur l'époque.

D'autres romanciers suivront un itinéraire semblable à celui de Paul Bourget. Marcel Prévost acquiert
une réputation de Bourget libertin avec *Les Demi-*

vierges, qui obtiennent en 1894 un succès de scandale, et ses *Lettres de femmes*, écrites entre 1892 et 1897. L'auteur ne jurera plus ensuite que par la Vertu qui, pendant quelque temps, prendra chez lui le visage du socialisme. Quant à Henry Bordeaux, il s'en remettra d'emblée aux principes religieux et familiaux qui sont la clé de voûte de son système et qui font la faiblesse de ses livres. Toute cette production obtient pourtant un grand succès, idéologiquement explicable. Mais s'il y a, en cette fin de siècle, une contestation, voire un dépassement du naturalisme, c'est moins le fait des prétendus « maîtres » de l'époque, tombés dans la trappe de l'oubli, que de quelques écrivains solitaires dont les œuvres ne sont soumises ni à des modes ponctuelles ni à des idéologies dominantes.

Léon Bloy ne respecte aucune autorité établie et obéit à une « irrévocable volonté de manquer essentiellement de modération, d'être toujours imprudent et de remplacer toute mesure par un perpétuel débordement ». Acquis très tôt à un catholicisme ardent, il tonne contre les catholiques trop tièdes car, à ses yeux, seule une foi inconditionnelle et inébranlable peut sauver la civilisation du naufrage. Il n'empêche que la plus pathétique détresse saisit le héros de son chef-d'œuvre, *Le Désespéré* (1886), au terme d'un itinéraire où, bouleversé par la grandeur d'une sainte femme qui s'est volontairement défigurée pour lui, Marchenoir la voit sombrer dans la folie. Léon Bloy est le peintre de l'accession, par les voies les plus violentes, parfois les plus sommaires, à une sorte de grâce héroïque, mais l'univers du *Désespéré* et de *La Femme pauvre* (1897), malgré certaine impression de puissance, laisse moins d'empreinte que celui d'un Barbey d'Aurevilly [1].

Le plus important des écrivains et conteurs de la

---

1. Voir le volume précédent de la même collection, *De Chateaubriand à Baudelaire*, par M. Milner et Cl. Pichois, p. 265.

fin du siècle est incontestablement Villiers de l'Isle-Adam. Dans les *Contes cruels* qu'il réunit en volume en 1883 et auxquels il donnera un prolongement en 1888 avec les *Nouveaux Contes cruels*, Villiers dénonce certes les prétentions de la science, la stupidité de la foule, le triomphe de la médiocrité et de l'argent, mais son ironie « au fer rouge » se double d'incessants effets de surprise qui lacèrent ses textes de franges énigmatiques où le cruel s'engouffre comme à plaisir. La cruauté, c'est le couperet même de la plume de Villiers où les êtres qu'il décrit tournoient dérisoirement dans la lunette d'une guillotine omniprésente et symbolique. *Le Secret de l'échafaud* est d'ailleurs le titre significatif d'un des meilleurs récits de Villiers. *L'Eve future* qui paraît en 1886 — et qui précède d'un an *Tribulat Bonhomet* — est un roman où l'anticipation scientifique semble jouer un certain rôle ; en réalité, cette « œuvre d'art métaphysique », dédiée « aux rêveurs, aux railleurs », est plutôt l'expression paroxystique de l'idéalisme meurtri de l'auteur. Le savant Edison a réuni toutes les conditions susceptibles de créer une femme idéale de corps et d'âme, mais la réalité d' « Hadaly » demeure subordonnée à la flamme de l'homme qui en a fait sa raison de vivre : fragile miracle.

A côté de ces œuvres singulières et aussi de celle de Gobineau [1] qui ont traversé le temps avec superbe et se sont imposées, la création romanesque déploie un large éventail de formules diverses. Les étiquettes ont beau paraître variées, les structures restent intangibles. Le roman demeure, sous la plupart des plumes, un tableau de mœurs agrémenté d'histoire.

Dès 1894, Paul Valéry perçoit l'impasse dans laquelle s'engage le roman de type traditionnel, et il songe alors à écrire un roman philosophique à la manière du *Discours de la méthode* de Descartes, qui représente pour lui « le roman moderne comme il

---

1. Voir volume précédent, p. 193.

pourrait être fait ». *La Soirée avec M. Teste* est peut-être l'esquisse d'un tel roman, tout comme le *Paludes* d'André Gide voudra être, en 1895, l'histoire d'une idée à travers un livre qui « portait en lui-même de quoi se nier, se supprimer lui-même ». Les germes du « nouveau roman » sont là, dans ces chefs-d'œuvre précurseurs qui n'auront été appréciés sur le moment que par quelques lecteurs. La production romanesque de la fin du XIXe siècle sera plutôt sensible aux engouements idéologiques de l'époque.

Dans cette perspective, Maurice Barrès a joué un grand rôle. L'auteur est entré en littérature avec les petits « livrets métaphysiques » du *Culte du moi* où il fait le procès du roman traditionnel et où sa position, momentanément novatrice, s'accommoderait bien de celles d'un Valéry et même d'un André Breton — son futur accusateur dadaïste — à l'égard du roman. Mais Barrès va être très rapidement gagné par la fièvre idéologique qui monte à l'occasion de l'affaire Dreyfus. Barrès prend parti contre Dreyfus et cherche à se forger des certitudes du côté du nationalisme qui a l'avantage subsidiaire de balayer les dégénérescences « fin-de-siècle » que cet homme d'ordre ne souffre guère. Barrès compose alors la trilogie de *L'Energie nationale* : *Les Déracinés* (1897), *L'Appel au soldat* (1900) et *Leurs Figures* (1902). Fini le pessimisme schopenhaurien, fini le scepticisme renanien. Barrès convie le lecteur à prendre parti dans les querelles politiques qui agitent son époque, à s'engager. Exalté dans sa jeunesse par le boulangisme, Barrès s'en prend violemment aux dreyfusistes qui, à ses yeux, affaiblissent l'armée et ne sont que des « déracinés » victimes de l'insidieuse propagande de l'Université germanisée. Ce que la littérature de Maurice Barrès fonde sur le sentiment, Charles Maurras, chef de file des royalistes, va l'étayer sur le raisonnement, et la figure complexe du romancier se trouvera dès lors associée à un combat idéologique douteux. Si Barrès a voulu d'une certaine façon s'arracher aux rêveries symbolistes, d'autres écrivains y demeurent fidèles et y voient même le meilleur moyen de lutter contre les « grossièretés » naturalistes. C'est le cas de Marcel Schwob, précieux auteur du *Livre de Monelle* (1894), une des plus belles œuvres du symbolisme finissant, où le goût passionné de la vie s'accompagne d'un sentiment de vide irrémédiable ; de Henri de Régnier, plus poète que romancier ; d'Elémir Bourges qui, dans *Les oiseaux s'envolent et les fleurs tombent* (1892), tente de vaincre l'angoisse par le recours au bouddhisme, avant de décrire dans un drame *La Nef* (1904-1922), sa conversion à l'universel.

Pourtant, le roman symboliste n'existe pas à proprement parler. Ce qui se manifeste plutôt à l'écart de la vogue du roman psychologique, c'est un courant enclin à l'écriture de textes courts qui s'apparentent à des nouvelles. Parmi ceux que d'aucuns ont qualifié de « romanciers d'âme », il convient de citer Francis Poictevin (*Ludine*, 1883 et *Paysages*, 1888), Adolphe Retté (*Thulé des brumes*, 1891), Paul Adam (*Soi*, 1886) et surtout le Belge Georges Rodenbach (*Bruges-la-morte*, 1892). Edouard Dujardin (1861-1949) doit beaucoup de sa célébrité à Valery Larbaud. Celui-ci s'attacha en effet à discerner en Dujardin le promoteur du « monologue intérieur », quelque trente ans après la publication du petit roman *Les lauriers sont coupés* (1888) qui raconte six heures de la vie d'un jeune homme en s'efforçant de rendre le récit contemporain de l'action vécue. Mais il faut reconnaître que Larbaud tire un peu trop Dujardin vers Joyce dont il n'a nullement l'étoffe, et il est plus honnête d'estimer, avec Michel Raimond, que Dujardin a tout simplement « usé avec maladresse, parfois, d'un procédé trop neuf en son temps ». Quant à Remy de Gourmont, il a donné avec *Merlette* (1886) un joli roman rustique avant de faire dans *Sixtine* (1890) la peinture acide du milieu des gens de lettres et de dériver dans *Les Chevaux de*

Diomède (1897) vers un idéalisme exaspérant. *Un cœur virginal* (1907), greffé sur une mystérieuse aventure vécue, est son œuvre romanesque la plus forte, tandis que ses contes et nouvelles réservent de saisissantes surprises (*Histoires magiques*, 1894; *D'un pays lointain*, 1898; *Couleurs*, 1908).

C'est peut-être dans certaine mouvance symboliste qu'il convient de situer les romans d'art ou d'exotisme, nombreux et fort prisés à l'époque. Pierre Louÿs obtient un grand succès dans cette veine qu'il inaugure avec *Aphrodite* (1896) et *La Femme et le Pantin* (1898). L'écriture « artiste » de Pierre Louÿs (qui connaît un prolongement en 1901 avec *Les Aventures du Roi Pausole*, toutes pigmentées d'érotisme) privilégie la mythologie antique et se démarque ainsi du naturalisme déclinant, tout comme les romans précieux de René Boylesve, auteur de la délicieuse *Leçon d'amour dans un parc* (1902). Le roman exotique, lui, est une conséquence de l'intérêt qui entoure les expéditions coloniales de l'époque. Il est moins innocent que le roman d'art dans la mesure où il soutient (ou sous-tend) une idéologie impérialiste. Kipling a ouvert la voie dans la littérature anglaise, mais c'est Pierre Loti qui donne au roman exotique ses lettres de noblesse en France. Cet officier de marine a retracé ses souvenirs de jeunesse dans *Le Roman d'un enfant* (1890), mais il s'est surtout fait connaître par ses récits de voyage où il promène son inquiétude dans des décors étrangers qu'il décrit avec beaucoup d'acuité : la Turquie surtout (*Azyiadé*, 1879; *Les Désenchantées*, 1906), mais aussi l'Afrique (*Le Roman d'un spahi*, 1881), l'Extrême-Orient (*Mme Chrysanthème*, 1887), le pays basque (*Ramuntcho*, 1897). Une incurable mélancolie qu'aiguise un perpétuel besoin d'évasion habite les livres de Loti, qui éclipsent toute une littérature de même tonalité produite par les créoles Marius et Ary Leblond (*En France*, 1909), par Pierre Mille et même par Claude Farrère qui, officier de marine comme Loti, se démarque tout de même de lui en célébrant le goût de la vie et de la lutte dans des romans à succès comme *Les Civilisés* (1906), *L'homme qui assassina* (1907) et *La Bataille* (1909). La production de Farrère restera abondante mais déclinera qualitativement. Il faut encore mentionner les frères Tharaud qui, à partir de *La Fête arabe* (1912), feront découvrir au public français l'univers du Maroc.

Ces diverses expressions romanesques ont un point commun : elles entendent, plus ou moins consciemment, lutter contre la formule naturaliste qui a eu pendant des années le vent en poupe ; elles veulent parallèlement maintenir un certain ordre social garanti par la religion et par l'armée. Le retour à la foi est phénomène courant, et certaines conversions sont retentissantes, de Huysmans à Brunetière et Paul Bourget. Cependant, si la foi répond à une inquiétude métaphysique, elle a aussi des implications politiques et tend surtout à affirmer l'ordre moral dont le nationalisme couronne l'édifice, relayé par un néo-royalisme fort en vogue. Mais le courant littéraire traditionaliste, qui semble triomphant aux alentours de 1900, n'est pas aussi puissant qu'on pourrait le penser. Dès 1902, les socialistes vont obtenir plus de cinquante sièges à la Chambre, et il y a dans l'opinion française une frange importante qui ne croit guère aux mythes maurrassiens et préfère investir sa foi dans le progrès. Alors même que des écrivains comme Bourget ou Gyp donnent dans une littérature qui va de l'édification au pur divertissement, d'autres écrivains plongent leur plume dans une encre plus contestataire, soucieux de dénoncer la misère et l'injustice sociale, quitte à tomber parfois dans le populisme le plus mièvre. Le naturalisme qui joua dans ce domaine un rôle précurseur ne veut pas s'avouer vaincu et tente de trouver un souffle nouveau.

Fièvre idéologique et innovations

C'est dans les derniers mois de 1897 que l'affaire Dreyfus va passer au premier plan de l'actualité et déchirer la France. Elle va en réalité cristalliser la lutte que se livrent sourdement les clans traditionaliste et progressiste qui composent le pays. Avant même que l'affaire n'éclate, certains écrivains solitaires ou réfractaires ont exprimé dans leurs œuvres leur état de révolte. C'est le cas de Jules Vallès qui s'est réfugié en Angleterre après la Commune et dont la trilogie *Les Réfractaires*, ébauchée en 1869 et mûrie pendant l'exil, paraît à Paris en 1879 (*L'Enfant*), 1881 (*Le Bachelier*) et 1886 (*L'Insurgé*). Cet écrivain en marge de tout système politique s'insurge contre la famille, la bourgeoisie et une société qui réduit à la misère ceux qui ne se soumettent pas à ses règles. Son style simple et passionnel est renforcé par une agressivité percutante qui n'a que faire des mirages de l'imagination et leur substitue toujours le réel lucidement vécu. Autre figure de réfractaire, Georges Darien (1862-1921), engagé volontaire à dix-neuf ans, est passé par les compagnies disciplinaires qu'il dénoncera fougueusement dans *Biribi* (1890) dont la publication suit celle de *Bas les cœurs* (1889), implacable satire de la société bourgeoise. Son chef-d'œuvre, *Le Voleur* (1897) est une apologie des hors-la-loi. Ces romanciers reprennent à leur compte l'esprit communard vaincu mais qui resurgit de façons diverses, comme sous la plume d'Alphonse Daudet dans ses *Contes du lundi* (1873) ou d'Emile Zola à la fin des *Rougon-Macquart* (notamment dans *La Débâcle*, 1892), voire de Rosny aîné dans *Le Bilatéral* (1889). *Jacquou-le-Croquant* (1899) d'Eugène Le Roy soutiendra, non sans clichés, le désir d'émancipation de la classe des opprimés.

Le naturalisme, quant à lui, n'est pas tout à fait

mort, et il l'est d'autant moins que le symbolisme, qui était son ennemi le plus sérieux, a vu son unité voler en éclats lors du banquet donné le 3 février 1891 en l'honneur de la publication du *Pèlerin passionné* de Moréas. Les maîtres du naturalisme conservent d'ailleurs les faveurs du grand public et sont publiés dans les collections à bon marché. Certes, à mesure qu'on approche de la fin du siècle, l'école naturaliste va déclinant. Plusieurs de ses représentants disparaissent : Maupassant en 1893, Edmond de Goncourt en 1896, Daudet en 1897, Alexis en 1901, Huysmans en 1907. Les survivants ne donnent plus que des œuvres mineures. Il convient cependant de relever le roman fort réussi de Henry Céard, *Terrains à vendre au bord de la mer* (1906). Dans une certaine mouvance naturaliste, on peut également citer *Flamboche* (1895) et *Lagibasse* (1899), deux romans de Jean Richepin, le truculent auteur de *La Chanson des gueux* (1876), et même *Le Chercheur de tares* (1898) de Catulle Mendès, le vieux maître du Parnasse. C'est dire l'influence souterraine du naturalisme finissant. Cette influence se perpétuera encore quelque temps par le biais d'une institution, l'Académie Goncourt, fondée en 1903, et où les premiers « Dix » étaient d'anciens naturalistes comme Huysmans, Hennique, Mirbeau, Paul Margueritte.

Mais, au-delà du naturalisme, c'est la figure d'Emile Zola qui continue de briller. C'est lui qui va véritablement lancer l' « affaire Dreyfus » par son article « J'accuse » paru en première page de *L'Aurore* le 1er janvier 1898. Il s'ensuivra une véritable explosion de passions. Zola sera condamné à un an de prison qu'il convertira en exil londonien, mais, grâce à son action courageuse (il a osé dénoncer les malversations du Conseil de guerre), la vérité se fera jour, et Dreyfus sera grâcié et réintégré dans l'armée. Pourtant, l' « affaire » n'aura pas été le meilleur sujet d'inspiration de Zola romancier. Dans *Vérité* (1903), qui est le troisième volet de son œuvre ultime, les

Quatre Evangiles, l'affaire Dreyfus est on ne peut plus mal transposée. Zola semble alors se ranger à une morale où priment le travail et la procréation — testament un peu fade de ce grand romancier vieillissant. L'affaire Dreyfus va jouer un rôle primordial dans la vie politique et littéraire de la France. Elle entraînera non seulement des clivages politiques et idéologiques, mais elle laissera des empreintes diffuses et durables. Le clan anti-dreyfusard aura à sa tête Maurice Barrès, prompt à voir dans les révisionnistes des juifs ou des « métèques ». Au rang des dreyfusistes, il faut bien sûr compter Charles Péguy dont les *Cahiers de la Quinzaine* ne cesseront, entre 1900 et 1914, de défendre la « mystique » du dreyfusisme contre la « politique » récupératrice. Grâce à Péguy, l'esprit de l' « affaire » se perpétuera dans la conscience française. Mais parmi les romanciers, c'est Anatole France qui va curieusement se faire le champion du dreyfusisme. Rien ne semblait, en effet, prédisposer Anatole France à se retrouver un jour aux côtés d'Emile Zola dont il détestait les œuvres. Né à Paris en 1844, France avait d'abord donné, avec *Le Crime de Sylvestre Bonnard* (1881), dans un type de roman délicatement sceptique —, la marque profonde de son tempérament. Il avait ensuite livré ses souvenirs d'enfance dans *Le Livre de mon ami* (1885), puis abordé le roman historique dans *Thaïs* (1889), avant de revenir à un humanisme sceptique dans *La Rôtisserie de la Reine Pédauque* (1892) et *Les Opinions de Jérôme Coignard* (1893). Dans cette dernière œuvre, le scepticisme a d'ailleurs tendance à virer au pessimisme où l'auteur entraîne aussi bien l'Eglise que l'Armée et la démocratie. Le pessimisme va jusqu'à englober l'amour dans *Le Lys rouge* (1894). En 1897, France publie les deux premiers volumes de l'*Histoire contemporaine*, *L'Orme du mail* et *Le Mannequin d'osier,* où il fustige les ridicules de la vie provinciale. Mais cette même année 1897 marque un tournant dans l'évolution d'Anatole France. Au scepticisme, le romancier adjoint soudain la passion. Requis par l'affaire Dreyfus dès ses débuts, France est poussé par une passion de justice et de vérité qui l'incite à s'associer à la campagne de Zola pour une révision du procès inique. Anatole France se rapproche peu à peu de la gauche active, et notamment de Jaurès. L'homme qui avait rapidement accumulé les succès mondains et qui avait son fauteuil à l'Académie française depuis 1896, se convertit soudain aux grands principes socialistes et participe à des meetings et à des manifestations populaires, au grand désespoir de ceux qui, comme Maurras, avaient salué en lui « l'extrême fleur du génie latin ». Dans les deux derniers volumes de L'*Histoire contemporaine, l'Anneau d'améthyste* (1899) et *Monsieur Bergeret à Paris* (1901), Anatole France fait montre d'une satire plus âpre en s'attaquant aux passions anti-dreyfusardes. Dans le conte *Crainquebille*, il s'attache plaisamment à illustrer « la querelle des Français sur le juste et l'injuste ». *Sur la pierre blanche* (1905) est une méditation sur le socialisme de l'avenir. En 1906, France rassemble d'ailleurs tous ses articles et discours en faveur du socialisme sous le titre *Vers les temps meilleurs*. Mais le dreyfusiste convaincu demeure un dilettante incorrigible. Dès 1906, il semble tourner casaque. Ses romans, *L'Ile des Pingouins* (1908) et surtout *Les Dieux ont soif* (1912) ont des allures de reniement idéologue : le premier s'amuse à caricaturer l'affaire Dreyfus, tandis que le second s'en prend au fanatisme des foules révolutionnaires. Mais peut-être n'est-ce là qu'une nouvelle expression du scepticisme d'un homme qui préférait les dreyfusistes persécutés aux dreyfusistes victorieux — comme Péguy, finalement.

L'affaire Dreyfus a d'autres répercussions, plus ou moins directes, sur la littérature. André Beaunier l'évoque dans *Les Dupont-Leterrier, histoire d'une famille pendant l'Affaire* (1900), au titre inspiré par

Zola ; Roger Martin du Gard lui accordera une place centrale, en 1913, dans *Jean Barois* et Jacques de Lacretelle l'évoquera encore dans *Silberman* (1922). Pour d'autres romanciers, comme Jean-Richard Bloch, l'auteur de *Lévy* (1912), elle est l'occasion de stigmater l'antisémitisme qui sévit dans le monde bourgeois. L'affaire touche également de plein fouet un auteur comme Marcel Proust. Juif par sa mère, Proust prend parti pour la révision du procès de Dreyfus dès 1898. Il ne se coupe pas pour autant des salons aristocratiques où il est reçu, mais il prend peu à peu conscience de ce qui le sépare de cette société artificielle, et l'israélite Swann, héros raffiné de la *Recherche,* jouera discrètement mais profondément un rôle perturbateur dans la peinture d'un monde en déclin.

La fièvre idéologique qui secoue la France au moment de l'affaire Dreyfus n'a peut-être pas été sans encourager un type de littérature nouvelle, la littérature sociale. Au terme d'une enquête menée en 1904 pour la revue *Les Marges*, Eugène Montfort estime qu' « après ces milliers de romans d'amour, de romans mondains, de romans banalement sentimentaux et voluptueux qui se débitent chaque année, il est temps que nous nous composions une littérature ouvrière, une littérature paysanne, une littérature *sociale* ». Et Eugène Montfort de citer comme « type de roman social » *L'Apprentie* de Gustave Geffroy, ainsi que les noms de Georges Lecomte, des frères Rosny, des frères Margueritte et de quelques moindres. On doit y ajouter celui de Pierre Hamp, l'auteur de *La Peine des hommes* (1908). La branche la plus vivante de cette littérature est assurément le roman populiste inauguré par Charles-Louis Philippe (1874-1909). Ce fils de sabotier s'est fait connaître par des récits, souvent autobiographiques, où il exprime dans un lyrisme dépouillé ses sentiments de sympathie pour les humbles. *La Mère et l'enfant* (1900), *Bubu de Montparnasse* (1901) et *Marie Dona-*

dieu (1904) sont les meilleurs titres de ce romancier qui sera emporté par la typhoïde à 35 ans. Il a en tout cas donné le ton à une littérature où s'illustreront ses amis Emile Guillaumin, l'auteur convaincant de *La Vie d'un simple* (1904) qui décrit l'existence difficile des paysans pauvres, et Marguerite Audoux qui fut domestique de ferme puis couturière à Paris avant de publier *Marie-Claire* (1910), un excellent roman préfacé par Mirbeau, où la sincérité de la confession autobiographique s'allie à une secrète atmosphère de pureté. L'écriture simple de Léon Frapié doit, elle aussi, beaucoup à Charles-Louis Philippe, et son chef-d'œuvre, *La Maternelle* (1904), décrit les misères de l'enfance malheureuse, mettant bien en lumière les contradictions entre le monde de l'école et le monde de la famille. Gaston Chérau fait, pour sa part, le portrait d'un petit souffre-douleur dans *Champi-Tortu* (1906). Mais on est loin là de la qualité d'émotion dont fit preuve Hector Malot dans son célèbre *Sans famille* (1878), qui use des ressorts conjugués du mélodrame et du conte de fées et auquel *En famille* est venu faire pendant en 1893. Toute cette production souffre cependant de sa totale absence de prise en considération des problèmes formels du roman. Quelques plumes vont néanmoins contribuer à mettre à mal des habitudes paresseuses par le biais de l'humour ou de la rosserie. C'est un genre dans lequel excelle Alphonse Allais, auteur surtout de contes mais aussi d'un roman bref, *Le Petit Marquoir*. Allais a le sens de l'absurde et de l'incohérence absolue. Connu grâce au théâtre, Georges Courteline ne néglige pas pour autant la forme romanesque où il se plaît à dénoncer la stupidité des contraintes militaires ou les joyeusetés de la vie des bureaux comme dans *Messieurs les ronds-de-cuir* (1893). Tristan Bernard navigue lui aussi entre le théâtre et le roman, mais sa bonne humeur nuit souvent à sa virulence. En revanche, la plume et le style de Jules Renard sont des plus incisifs. Ce maître du sourire pincé et des larmes contenues, dont le véritable visage ne nous est apparu que seize ans après sa mort, lors de la publication de son *Journal* inédit (1926), a donné avec *L'Ecornifleur* (1892) un excellent roman sur l'impuissance cynique du sentiment, tandis que son chef-d'œuvre, *Poil de carotte* (1894) impose l'inoubliable image d'un enfant martyrisé par une mère cruelle.

Les *Contes pour les satyres* de Georges Fourest abandonnent le sourire bon enfant ou acide et empiètent sur l'absurdité. La verve de ce poète-né « retentit de crépitations baroques et joviales », comme, en préfaçant *la Négresse blonde,* le souligne Willy qui est justement, à l'époque, le grand maître du calembour. Cet homme très doué, critique musical de renom, a laissé une foule de romans amusants et bien ficelés. Il ne les a pas écrits, mais les a plutôt réécrits. Willy avait en effet pour habitude de travailler à partir de récits qu'on lui soumettait et qu'il agrémentait de dialogues ou de digressions truffés de calembours où la polissonnerie (fort prisée) n'était jamais oubliée. Pendant vingt ans, il fit fonctionner une véritable usine à romans qui compta parmi ses « nègres » des écrivains comme Jean de Tinan, Paul-Jean Toulet et maints autres encore. Colette, que Willy épousa en 1893, fut assurément le plus célèbre de ses « nègres ». Et c'est par le truchement de Colette que Willy mit à la mode l'image de la femme-enfant. Ecrit par Colette, le roman *Claudine à l'école*, qui paraît en 1900 sous la signature du seul Willy, connaît un succès extraordinaire qui entraînera la confection d'une série de « Claudine » à qui l'usine Willy donnera de petites sœurs (d'abord les *Minne*). Colette, qui risquait d'être étouffée par les tics de ce polygraphe plus sensible aux goûts du moment qu'à une véritable exigence créatrice, allait bientôt s'émanciper. Pourront alors voir le jour des chefs-d'œuvre comme *La Retraite sentimentale* (1907), *La Vagabonde* (1910),

Mitsou (1917) et surtout *Chéri* (1920), entre autres titres. Il est en tout cas certain que Colette a contribué, par son œuvre mais aussi par sa vie, à promouvoir l'image d'un type de femme nouveau, libre de costume et de mœurs, qui, grâce à sa vivacité d'esprit, navigue très bien dans les milieux littéraires, les garçonnières et les hôtels particuliers. La grande légèreté qui la caractérise annonce la troupe d'amazones qui fera une bruyante irruption sur la scène littéraire pendant les vingt premières années du siècle. Si la poétesse Anna de Noailles, qui s'est essayée au roman dans *La Nouvelle Espérance* (1903) ou Lucie Delarue-Mardrus, auteur du *Roman des six petites filles* (1909), ne refusent nullement la domination de l'homme, Renée Vivien, elle, et quelques-unes de ses émules lui préfèrent franchement l'embarquement pour Lesbos. L'important est que la femme entend désormais revendiquer un pouvoir créateur, au grand étonnement de certains. Marcel Schwob aura raison de déceler là « une véritable révolution » qu'illustre encore un auteur aussi à l'aise dans la critique que dans l'écriture romanesque, Rachilde, qui a signé de beaux livres comme *Monsieur Vénus* (1889) et *Le Meneur de louves* (1905). Il faut noter que cette liberté revendiquée par maintes femmes de lettres n'est pas étrangère à la littérature masculine et qu'elle se révèle dès les premiers livres de Gide qui sont de véritables baromètres de l'époque : *Les Nourritures terrestres* de 1897 et *L'Immoraliste* de 1902. Il s'agit alors de trouver (ou de retrouver) goût à la vie, d'assumer les plaisirs du corps et d'épouser les richesses du monde. Le critique André Billy parlera de « la touffeur sensuelle » des années 1900, mais il faut reconnaître que certain désir de légèreté, si louable qu'il fût, a malheureusement débouché sur des œuvres moins libérées que délibérément polissonnes où se sont illustrés un Champsaur ou un Maizeroy. Un parterre de femmes charmantes orne l'univers de Jean de

Tinan, mort en 1900 à l'âge de 26 ans après avoir donné deux délicats romans : *Penses-tu réussir ?* (1897) et *Aimienne* (1899) où il se joue des flammes de l'amour. Paul-Jean Toulet, l'excellent poète des *Contrerimes,* a, pour des raisons alimentaires, confectionné quelques contes et romans, avec plus ou moins de bonheur. *Mon amie Nane* (1905) est, en tout cas, une œuvre joliment enlevée où s'impose la figure d'une jeune Parisienne fort primesautière. Toulet passe cependant presque inaperçu alors que le Tout-Paris n'a d'yeux que pour Jean Lorrain qui sait habilement s'immiscer dans les rêves pervers de ses personnages, comme en témoignent plusieurs livres originaux, *La Maison Philibert* et *Monsieur de Phocas* (1901). Quant à *L'Enfer* (1908) de Henri Barbusse, il explore les dédales d'un voyeurisme morbide.

A l'opposé de cette littérature pour esthètes, et peut-être même contre elle, des écrivains tentent d'innover, dans des registres divers. C'est ainsi qu'on assiste, au début du siècle, à une véritable vogue du roman policier. Les attentats anarchistes qui défraient la chronique ne sont certainement pas étrangers au phénomène, mais il y a aussi, de la part des romanciers, un désir de séduire toutes les catégories de lecteurs. 1907 voit la naissance du personnage d'Arsène Lupin qui donne son nom au titre des livres de Maurice Leblanc (1864-1925). Celui-ci, après une carrière de littérateur obscur, connaît enfin le succès et saura l'exploiter dans une série où valent surtout *Arsène Lupin contre Sherlock Holmes* (1908) et *Arsène Lupin, gentleman cambrioleur* (1914). L'année 1908 voit, pour sa part, la naissance de Rouletabille, type du reporter sympathique créé par Gaston Leroux (1868-1927) dans l'excellent *Mystère de la chambre jaune* (1908) et *Le Parfum de la dame en noir* (1909). Quant à Pierre Souvestre et Marcel Allain, ils vont connaître un énorme succès en publiant dès 1911 le premier des 32 volumes des aventures de *Fantômas*. Apollinaire, Cocteau et Cendrars en feront leurs délices, trouvant là une manière inattendue de dynamiter la sacro-sainte littérature par le biais du saugrenu et du mauvais goût.

Jules Verne, qui meurt en 1905, avait, lui aussi, tenté de circonscrire un territoire original en cherchant à écrire « le roman de la science » ou à décrire des *Voyages extraordinaires dans les mondes connus et inconnus*. Initiateur du roman d'anticipation scientifique, Jules Verne aura cependant souffert d'être enfermé dans le ghetto de la littérature pour enfants avant de connaître une soudaine et curieuse résurrection auprès du public professoral dans les années 1970. Jules Verne ne peut cependant se prévaloir d'une grande influence sur la littérature de son temps, et son optimisme humaniste et scientiste serait bien daté s'il n'était soutenu par une riche imagination.

En tout cas, le merveilleux et le féerique qui faisaient loi au début du XIXe siècle sont peu à peu supplantés par la montante image mythique du savant et du technicien. L'univers de la science fiction commence à se profiler à l'horizon. Rosny aîné (1856-1940) est un précurseur en ce sens. Cet écrivain qui s'est trouvé lié aux naturalistes s'oriente ensuite vers le roman « préhistorique » avec *La Guerre du feu* (1911) et *Le Félin géant* (1919), et il inaugure avant la lettre la science fiction avec *La Force mystérieuse* (1914), roman qui ne manque ni de force ni de mystère. Gustave Le Rouge décrit déjà des aventures spatiales dans *Le Prisonnier de la planète Mars* (1909), mais il sait également être le romancier des réprouvés dans *Le Docteur Cornélius* (1912). Quant à Maurice Renard, c'est plutôt l'horreur scientifique qui le requiert, et il joue du fantasme des greffes d'organes dans *Le Docteur Lerne* (1908).

L'œuvre d'Alfred Jarry s'inscrit en marge de telles

préoccupations. Elle n'a certes pas rencontré le succès à son époque, mais il n'empêche qu'il faut la créditer aujourd'hui d'une influence historique déterminante et durable. Le créateur du père Ubu a donné plusieurs romans qui bouleversent les règles du genre. Dans *Les Jours et les Nuits*, sous-titré *Roman d'un déserteur* (1897), l'auteur insiste, de façon provocante, sur la nécessité morale de déserter et de tout anéantir par la mise à mort de soi et du double qui l'incarne. Le héros finit par tâtonner « dans la nuit vers son Soi disparu comme le cœur d'une bombe, la bouche sur son meurtre ». Œuvre également subversive, *L'Amour absolu* (1899) voit Jarry marauder dans ses souvenirs d'enfance tout en élaborant un chemin de croix humoristique. *Messaline* (1901) et *Le Surmâle* (1902) forment un couple de romans étonnants. Messaline n'est-elle pas investie d'un appétit sexuel fulgurant, tandis que le surmâle bat, dans ce domaine et dans d'autres, tous les records ? Cette force est tout à fait insupportable aux médiocres, et le surmâle ne pourra qu'en mourir. Le répertoire des fantasmes auquel Jarry donne ici libre cours a d'autant plus de souffle corrosif qu'il contamine le langage lui-même. Le romancier parvient alors pleinement à « faire dans la route des phrases un carrefour de tous les mots », ainsi qu'il le préconisait dans *Minutes de sable mémorial*. Le simple calembour n'est plus de mise quand il s'agit de traduire par les mots les pulsions et pulsations d'un désir à multiples facettes. Le roman sort ici de ses rails narratifs pour épouser la poésie et son souci premier du langage. La polysémie atteint dans les romans d'Alfred Jarry à un degré jusqu'alors insoupçonné, qu'on qualifiera longtemps d'incohérence avant d'en discerner la profonde cohérence et la richesse.

C'est dans un esprit voisin que se situe l'énigmatique création de Raymond Roussel (1877-1933). Cet homme secret, plusieurs fois soigné par Janet pour sa psychasthénie, a publié à ses frais des œuvres que personne n'achetait, comme *Impressions d'Afrique* (1909) et *Locus solus* (1913). Avant de mourir, il livrera ses secrets de composition dans *Comment j'ai écrit certains de mes livres* (1935). A partir de mots homonymes ou homophones, Roussel compose d'abord deux phrases de signification fort différente, puis il place ces phrases en tête et en queue de récit. Il travaille ensuite chaque mot de ces deux phrases et jette un pont de l'une à l'autre. Il s'agit ainsi d'aboutir à des « équations de faits » en tâchant de les « résoudre logiquement ».

Dans les œuvres de Raymond Roussel, tout un système de combinaisons imaginaires se met en branle, au mépris de la plate référentialité.

La fabrique linguistique est seule à même de traduire et de résoudre les énigmes du monde, et Raymond Roussel s'impose alors comme l'inventeur d' « un langage du langage du langage, enfermant son propre soleil dans sa défaillance souveraine et centrale », pour reprendre une formule de son meilleur exégète, Michel Foucault. Mais est-on toujours dans le roman ? C'est là toute la question.

Un renouvellement formel

De 1910 à 1920, le roman français va connaître un important renouvellement formel qui se cristallisera autour d'une année-phare, 1913. Cette année 1913, dont tous les historiens de la littérature ont relevé le caractère exceptionnel, est le moment où, avant de sombrer dans la catastrophe redoutée de la Grande Guerre, les forces vives de la création éprouvent le besoin de s'exprimer en toute liberté et en obéissant à toutes les séductions de l'esprit nouveau. Ce moment de grâce qu'attise la fièvre ne touche pas seulement la littérature, il affecte tous les arts : la peinture (ce sont les poètes qui s'en font l'écho) et la musique (de Debussy à Ravel, sans oublier le phénomène des Ballets russes). L'année 1913 voit, en tout cas, à elle seule, la publication de quelques romans majeurs comme *Du côté de chez Swann* de Marcel Proust, *Le Grand Meaulnes* d'Alain-Fournier, *Jean Barois* de Roger Martin du Gard, *La Vie de Samuel Belet* de Ramuz.

Si l'on assiste à un véritable renouvellement des techniques romanesques entre 1910 et 1920, il n'empêche que toute une frange de romanciers demeure fidèle à une tradition balzacienne et ne se préoccupe guère de révolutionner le genre. Ces romanciers ont souvent les faveurs du grand public. Le roman de mœurs ou d'analyse a de nombreux adeptes et connaît encore de beaux succès. Un auteur comme Delly (ce pseudonyme cache la collaboration d'un frère et d'une sœur) se complaît dans des aventures où le sado-masochisme conduit à l'extase et dont *Esclave ou Reine* (1910) est la meilleure illustration. Le roman esthétisant est, pour sa part, un peu à bout de souffle avec un Charles Derennes (*La Petite Faunesse*, 1918). Quant au roman exotique, il exhale certes encore les *Parfums de la pagode* (1919) de Judith Gautier, mais il éprouve le besoin d'aller se ressourcer au Canada (*Maria Chapdelaine*, 1913, de Louis Hémon rencontre un succès retentissant dans son édition française, en 1916) ou le long des terres du Rhône chantées par Charles-Ferdinand Ramuz. Mais cet auteur dépasse toute formule exotique ou régionaliste grâce à un véritable génie tellurique et visionnaire. Né à Lausanne en 1878, Ramuz s'installe à Paris de 1900 à 1914. Loin de se fondre dans le parisianisme, il prend plutôt conscience de son appartenance au pays de Vaud dont il aspire à être l'interprète, personnages et style mêlés. Son premier roman, *Aline* (1905), s'impose comme un chef-d'œuvre. Cette émouvante histoire d'une paysanne trahie par l'amour use des moyens les plus simples et les plus nus pour exprimer la vérité d'un cœur qui n'a plus pour refuge que la mort. *Les Circonstances de la vie* (1907) font une maladroite incursion du côté du naturalisme, tandis que *Jean-Luc persécuté* (1909) donne dans un expressionnisme un peu outré. Mais avec *Aimé Pache, peintre vaudois* (1911), histoire d'un artiste qui vainc son découragement en revenant dans son pays natal, Ramuz trouve mieux les marques de son talent qu'il va merveilleusement exploiter dans son œuvre maîtresse, *Vie de Samuel Belet* (1913), odyssée d'un pauvre journalier qui, après avoir travaillé en France, revient en terre romande où il découvre l'amour puis bientôt le malheur (la mort de sa femme et de son enfant), ce qui l'incite à se détacher de tout pour épouser « le vrai visage de Dieu ». Cette propension au mysticisme gagne les œuvres suivantes, *Le Règne de l'Esprit mâlin* (1917) et *La Guérison des maladies* (1917), romans visionnaires où l'homme se trouve aux prises avec des puissances mystérieuses qui le dépassent. Puis ce seront les forces aveugles de la nature qui s'imposeront dans de beaux romans où Ramuz s'inspire de la montagne, *La Grande Peur dans la montagne* (1926) ou *Derborence* (1934). Paradoxe : c'est en jouant des ressorts les plus frustes et apparemment les plus antipoétiques que Ramuz aura finalement donné une voix poétique à un pays qui en manquait.

Le roman de tonalité poétique compte encore quelques représentants en France, qu'il s'agisse de Francis de Miomandre, de Jean Pellerin (*La Dame de leurs pensées*, 1920) ou du Paul-Jean Toulet de *La Jeune Fille verte* (1920). Mais cette veine poétique s'enrichit d'accents quelque peu populistes chez un Francis Carco, auteur, entre autres romans, de *Jésus-la-Caille* (1914) et de *L'Equipe* (1919). Des affinités le lient à Pierre Mac Orlan qui regarde du côté de la mer et de Stevenson en composant *Le Chant de l'équipage* (1918). Ces romans ont un souffle de jeunesse et un parfum de nouveauté en regard des dernières productions de maîtres consacrés comme Maurice Barrès (*La Colline inspirée*, 1913, un maître-livre pour beaucoup), Léon Bloy (*Le Pèlerin de l'Absolu*, 1914) ou Anatole France (*Le Petit Pierre*, 1918). Quant au poète Milosz, son roman *L'Amoureuse initiation* (1910) est encore tout empreint d'accents décadentistes. Quelques romanciers solitaires savent heureusement infuser au genre un peu de sang nouveau. C'est le cas du discret Edouard Estaunié qui, après s'être inscrit dans la lignée naturaliste pour peindre la grisaille de vies modestes, s'attache à la vie secrète des âmes par trop occultée par le quotidien. *La Vie secrète* (1908), *Les choses voient* (1913) et *Solitudes* (1917) sont, dans ce domaine, des réussites. Mais le grand livre d'Estaunié demeure *L'Ascension de M. Balesvre* (1919) qui vibre de troublantes résonances dostoievskiennes. En tout cas, ce n'est nullement sur les grands romanciers russes (dont Gide après Vogüé est le découvreur) que Jacques Rivière prend appui lorsqu'il publie, de mai à juillet 1913, dans *La Nouvelle Revue française*, son important article-manifeste intitulé « Le Roman d'aventure ». Il songe plutôt à un romancier anglais comme Stevenson quand il conseille au nouveau romancier français d'écrire un livre « tout entier en acte », où le lecteur n'aura « affaire qu'à des événements » et où sera traduit « tout ce qu'il y a de prodigieux dans l'univers ». Mais Albert Thibaudet, dans la même *N.R.F.*, devra malheureusement constater, six ans plus tard, en septembre 1919, que le « vrai roman français, le roman d'analyse, a toujours répugné à incorporer l'aventure à ses études humaines ». Le roman français est un roman de la passion qui s'accommode mal de l'action où excellent les Anglais. Et Thibaudet de conclure que les quelques romans d'aventures qui ont vu le jour en France ont « quelque chose d'artificiel » dans la mesure où ils ne peuvent s'empêcher de mélanger l'action et la passion. C'est le cas chez Pierre Benoit qui, avec

Koenigsmark (1918) et *L'Atlantide* (1919), entame une longue carrière à succès, ou de Louis Chadourne, auteur du *Maître du navire* (1919).

Plutôt que les aventures, c'est l'aventure purement individuelle qui requiert surtout les romanciers français et leurs lecteurs, sous la forme du récit d'enfance ou d'adolescence qui connaît, en ce début de siècle, de très riches heures. Les titres qui envahissent les catalogues d'éditeurs sont parlants, de *Mon Petit Trott* (1898) de Lichtenberger, à *L'enfant qui prit peur* (1912) de Gilbert de Voisins ou à *La Douce Enfance de Thierry Seneuse* (1916) de Pol Neveux. La voie a été ouverte par Jules Renard, Léon Frapié ou Gaston Chérau, mais elle connaît maintenant ses meilleures réussites avec *Fermina Marquez* (1911) de Valery Larbaud, *Les Copains* (1913) de Jules Romains et surtout *Le Grand Meaulnes* (1913) d'Alain-Fournier. Dans *Fermina Marquez*, Valery Larbaud raconte l'histoire d'un collège soudain troublé par l'arrivée d'une jeune et belle Sud-Américaine qui n'appartiendra finalement jamais à ceux qui ont fièvreusement rêvé d'elle. Dans les nouvelles d'*Enfantines* (1918), Larbaud affinera encore son subtil éclairage du monde enfantin par le biais du rêve. *Les Copains* de Jules Romains rompent, pour leur part, avec les nébuleuses romantiques pour exploiter les ressources d'un comique qui n'exclut pas l'émotion.

Mais le chef-d'œuvre du roman d'adolescence — et son modèle inégalé — demeure *Le Grand Meaulnes* d'Alain-Fournier. Ce roman unique d'un jeune homme que la mort happera dès les premiers jours de la guerre, en 1914, doit son charme secret aux lieux (la Sologne et le Berry où Alain-Fournier a vécu son enfance) ainsi qu'aux êtres (Yvonne de Galais ressuscite une jeune fille passionnément aimée et désespérément perdue) qui y sont décrits avec une complicité familière et aimantée. Alain-Fournier a le don de nous entraîner dans le domaine mystérieux de l'enfance et de nous convier à ses fêtes étranges avant de nous confronter à l'inéluctable passage vers l'âge d'homme, l'usure acceptée, la mort assumée. Le roman s'articule autour de cette charnière indécise, dans un « perpétuel va-et-vient insensible du rêve à la réalité ». Pour éviter la dévastation du merveilleux de l'enfance, Yvonne de Galais accepte d'être la victime expiatoire qui permet à Augustin Meaulnes de poursuivre son rêve. La force du roman est dans ce refus de tout contour rassurant au profit d'aventures toujours nouvelles auxquelles la mort d'Yvonne apporte une troublante caution. *Le Grand Meaulnes* n'est point un roman de l'école, même si les premières pages du livre en brossent une évocation inoubliable, c'est plutôt un roman qui révèle que le merveilleux de l'enfance ne se conserve que dans les miroirs profonds et mystérieusement protecteurs de la mort. Il y a là un fossé avec le roman d'adolescence traditionnel, et c'est ce qui hausse *Le Grand Meaulnes* au niveau de la grande poésie.

Le retentissement du *Grand Meaulnes* tient cependant moins à ses secrètes innovations qu'à l'apogée de ce genre devenu traditionnel, le roman d'adolescence. Les innovations qui touchent le roman dans l'avant-guerre prennent en fait des visages plus voyants. Dans la logique de sa doctrine unanimiste, Jules Romains donne deux récits, *Le Bourg régénéré* (1906) et *Mort de quelqu'un* (1911) où l'auteur appréhende la vie non plus de façon linéaire mais collective. *Mort de quelqu'un* s'attache à décrire les réactions suscitées par la disparition d'un homme, chez ses proches, ses voisins, ceux qui l'ont connu enfant, etc. Par strates successives, on voit ainsi se recomposer l'image de l'homme qu'il fut. Le héros n'est plus celui qui suscite l'action, il est celui, dont on reconstitue presque sociologiquement l'histoire. Dans la mouvance unanimiste, Pierre Jean Jouve donne *La Rencontre dans le carrefour* (1911) où l'on voit un jeune homme se soumettre aux volontés de la

Ville avant de s'insurger contre Elle et de s'assumer librement. La pesanteur sociologique se fait symboliquement sentir à l'approche de la guerre.

Dans *Jean Barois* (1913), Roger Martin du Gard créé le « roman dossier », après en avoir livré les prémisses dans *Devenir* (1908). Dans une composition quasi théâtrale où les tableaux se succèdent, Martin du Gard mêle la fiction à des documents d'époque comme les journées du procès de Rennes telles qu'elles furent relatées dans la presse. Ce genre de « montage » veut arracher le roman au règne exclusif de l'imaginaire. Mais il s'agit tout de même d'innovations très extérieures, comparées à la véritable révolution du roman proustien.

Marcel Proust, dont *Du côté de chez Swann* paraît en 1913, apporte au roman français une dimension nouvelle. Attaché à la résurrection du passé par le biais de la mémoire involontaire, Proust a le don de cristalliser, dans les méandres de ses longues phrases, le mystère d'un inconnaissable qu'il s'agit de décrypter à partir d'hypothèses ou de signes. Sa grande fresque (qui n'a de balzacien que les apparences), même si elle se proclame « à la recherche du temps perdu », est surtout sensible à l'attraction d'un futur susceptible de révéler soudain au narrateur — et au lecteur — sa vérité. Les stratégies scripturales dont joue le roman proustien culminent dans un type d'écriture rétroactive qui veut découvrir les lois qui la régissent. Avec Proust, le roman ne se contente plus de raconter, il se raconte et, ce faisant, aspire à une universelle vérité.

En regard de l'entreprise que Proust amorce en 1913, la fresque de *Jean-Christophe* que Romain Rolland achève en 1912, paraît bien conventionnelle. Un certain humanisme s'y exprime avec générosité, mais quelle différence avec la palette chargée de signes ambigus dont joue Proust ! Il n'empêche que c'est certainement plus à Romain Rolland qu'à Marcel Proust que le roman-fleuve doit sa résurrec-

tion au début du XXe siècle. Et les plumes de Roger
Martin du Gard, de Georges Duhamel et du Jules
Romains des *Hommes de bonne volonté* ne tarderont
pas à illustrer cette veine.

Mais le roman connaît un terrible coup d'arrêt avec
le début de la Grande Guerre qui va non seulement
faucher, dès les premiers jours, des écrivains comme
Péguy, Alain-Fournier ou Ernest Psichari, l'auteur
de *L'Appel des armes* (1913), mais également susciter
l'éclosion d'une littérature tricolore et aveuglément
patriotique. La censure et l'autocensure jouent un
rôle déterminant dans ce dévoiement du genre. Les
publications de Proust connaissent un temps d'arrêt
forcé, ce qui donnera à la *Recherche* une ampleur
tout autre que celle qui avait été initialement prévue.
Bien d'autres romanciers, requis par le combat ou
bouleversés par la boucherie dont ils sont les
témoins, se taisent, surtout lors des deux premières
années du conflit. En 1915, le roman qui obtient le
prix Goncourt, *Gaspard* de René Benjamin met
surtout en valeur le pittoresque argot des tranchées
mais ne pose aucunement la question du bien-fondé
de la guerre. C'est Romain Rolland qui, de Suisse,
prend courageusement la liberté de poser cette
question capitale dans les articles que recueille *Au-
dessus de la mêlée*. Mais la fiction n'est nullement
requise pour soutenir cet effort de réflexion qui
gagne de plus en plus de terrain au fil des années. De
toute façon, il n'est guère envisageable, dans la
France de 1915, qu'un écrit vienne troubler le culte
des héros morts au combat. Pourtant la guerre, dont
on avait cru qu'elle serait courte, commence à lasser
et à meurtrir des consciences chaque jour plus
nombreuses, à partir de 1916. L'attribution du prix
Goncourt 1916 au *Feu* d'Henri Barbusse est un signe.
Ce roman est une dénonciation de la guerre dans un
style lyrique et puissant, et son couronnement susci-
tera de très vives protestations à un moment où la
désillusion et le découragement gagnent de nouvelles

couches de la population, aggravées bientôt par les malheureuses opérations militaires de 1917. Les romanciers s'orientent ostensiblement vers une littérature de témoignage. Le romancier-chirurgien Georges Duhamel publie *Vie des martyrs* (1917) et *Civilisation* (prix Goncourt 1918), avant d'entamer avec *Vie et aventures de Salavin* (1920) le portrait pénétrant d'un être lucidement velléitaire, image d'une humanité meurtrie et en butte à l'absurdité. Dans la production abondante — et très justement oubliée — de l'époque, on peut retenir *Le Guerrier appliqué* (1915) de Jean Paulhan où l'auteur évoque son expérience de sergent dans les zouaves, *Pain de soldat* de Henri Poulaille, *Cabaret* (1919) d'Alexandre Arnoux et surtout *Les Croix de bois* (1919) de Roland Dorgelès qui obtint un immense succès et qui est un témoignage émouvant sur la vie des tranchées. Maurice Genevoix a, lui, donné quatre volets à sa belle évocation de *Ceux de Quatorze : Sous Verdun* (1916), *Nuits de guerre* (1917), *Au seuil des guitounes* (1918) et *La Boue* (1921). La guerre a beau s'achever en 1918, elle continue à hanter les esprits et les mémoires. Pourtant, en 1919, les jurés Goncourt ne couronnent ni *Les Croix de bois* ni une œuvre inspirée par la guerre, mais *A l'ombre des jeunes filles en fleurs* de Marcel Proust. Etonnante perspicacité — une fois n'est pas coutume ! — qui témoigne peut-être aussi de certaine lassitude à l'égard d'une littérature dénonciatrice, ainsi que d'une volonté de retour à des préoccupations esthétiques. De nombreux talents à qui la guerre avait imposé silence reprennent leurs publications : André Gide avec *La Symphonie pastorale* (1919) ou Proust qui progresse dans sa *Recherche* avec *Le Côté de Guermantes* (1920). Quant à Romain Rolland, il canalise dans la fiction romanesque (*Clérambault* et *Pierre et Luce* paraissent en 1920) les convictions pacifistes qui l'ont animé pendant les années de guerre.

Mais de nouveaux noms font leur apparition au

sortir de l'épreuve : André Maurois qui fut agent de
liaison auprès de l'armée anglaise évoque ses souvenirs dans *Les Silences du colonel Bramble* (1918) et y
fait montre d'un délicat humour dont l'époque semblait avoir perdu l'habitude ; Henry de Montherlant
publie en 1920, à compte d'auteur, un livre que lui
ont refusé onze éditeurs et qui le rend immédiatement célèbre, *La Relève du matin* — l'auteur qui a
vingt-quatre ans y salue la « mémoire d'un mort de
dix-neuf ans ». Jacques de Lacretelle publie la même
année *La Vie inquiète de Jean Hermelin*, roman semi-
autobiographique qui soumet à l'analyse une âme
adolescente. François Mauriac a déjà publié avant la
guerre deux romans qui sont passés inaperçus,
L'Enfant chargé de chaînes (1913) et *La Robe
prétexte* (1914), mais il atteint presque au chef-
d'œuvre avec *La Chair et le Sang* (1920) qui annonce
Le Baiser au lépreux (1922) et *Le Désert de l'amour*
(1925). Jean Giraudoux a, lui aussi, publié de déli-
cates nouvelles pour un public confidentiel (*Provinciales*, en 1909, *Lectures pour une ombre*, 1917), mais
son talent s'affirme dans *Simon le pathétique* (1918)
et *Adorable Clio* (1920), avant qu'il ne trouve sa voix
définitive dans le théâtre. D'autres talents s'apprê-
tent à émerger, même si Dada clame son dégoût de
toute forme de littérature et même si cette condamnation est bientôt appelée à se cristalliser, avec
André Breton, sur la seule forme romanesque. C'est
que la dialectique littéraire est, depuis des siècles,
bien rodée. Et, quoi qu'on dise, la marquise est
toujours prête à sortir à cinq heures.

CHAPITRE II

LA POÉSIE

Le Parnasse

Autour du *Parnasse contemporain*, recueil collectif publié en 1866 par l'éditeur Lemerre, une génération poétique s'était reconnue [1]. Il ne s'agissait pas d'une école, ni même d'un groupe, mais d'une convergence d'aspirations. Ce qu'ont alors en commun des poètes comme Verlaine, Mallarmé, Heredia, Coppée, Mendès, Dierx, Valade..., c'est le refus du romantisme, au bénéfice de Gautier, Banville et surtout Baudelaire. Ils ont une haute conception de l'art, vocation qui engage l'être tout entier, savoir-faire qui exige une maîtrise parfaite des techniques de l'écriture. Avec Gautier et sa préface aux *Fleurs du Mal*, avec Baudelaire commentant Edgar Poe, ils croient peu à l'inspiration et prônent le travail qui, nourri par l'imagination, permet au poète lucide et impassible d'exprimer les passions sans les éprouver. Un deuxième *Parnasse contemporain*, prêt dès l'hiver de 1869-70, ne parut en volume qu'en 1871, après la guerre et la Commune. A cette date, des divergences, des oppositions se sont déjà manifestées, qui

---

1. Voir le volume précédent p. 215-216.

donnent au Parnasse son image définitive. Mallarmé est tenu à l'écart parce qu'on ne le comprend pas, Verlaine parce qu'on le dit communard et qu'on condamne sa vie privée ; Charles Cros prend ses distances. Le troisième et dernier *Parnasse*, en 1876, consacrera cette rupture : Mallarmé, Verlaine, Cros en sont éliminés par Coppée et Anatole France, chargés de choisir les textes. En 1872, le *Petit Traité de poésie française* de Banville met l'accent sur les contraintes de la forme et contribue à affermir l'idée selon laquelle le Parnasse est avant tout attaché à la rigueur technique, au beau vers, à la rime riche. L'attachement aux structures traditionnelles, notamment à la strophe de quatre alexandrins ou au sonnet, restera effectivement un trait commun à tous ceux qu'on appelle les Parnassiens. Leur évolution, cependant, accentuera des différences déjà perceptibles à l'époque du premier *Parnasse*.

Ses *Œuvres complètes* qu'il rassemble en 1888 montrent en Léon Dierx un disciple à la fois de Leconte de Lisle et de Baudelaire, qui saura toucher les symbolistes par certaines inflexions de sa poésie, en particulier lorsqu'il chante l'île Bourbon (la Réunion) où il est né.

Artiste doué, épris de succès mondains, Catulle Mendès a touché avec une égale facilité d'adaptation à tous les genres. Il s'est attribué le beau rôle dans *La Légende du Parnasse contemporain* (1884). Wagnérien de la première heure, il sut jusqu'à sa mort brutale en 1909 rester présent sur la scène littéraire.

Armand Sully Prudhomme a, dans la première partie de son œuvre, qui s'achève avec *Les Vaines Tendresses* (1875), été le poète d'une sensibilité discrète et d'une intimité ténue. Il a ensuite glissé à une poésie morale et philosophique, influencée par le stoïcisme, Spinoza et le positivisme contemporain, qui traduit son « pessimisme plein d'amertume ». Il écrit alors de longs poèmes alourdis par la rhétorique : *La Justice* (1878), *Le Bonheur* (1888).

François Coppée, dont les premiers recueils sont d'une tendresse légèrement sensuelle (*Le Reliquaire*, 1866, *Intimités*, 1869), en vient rapidement après *Le Passant* (1869) aux petits tableaux familiers des *Humbles* (1872), où le vers rase la prose, où la sensibilité au pittoresque de Paris et de son petit peuple tombe souvent dans la sensiblerie. L'inspiration plus personnelle du *Cahier rouge* (1874) et d'*Olivier* (1876) révèle une douloureuse incapacité à l'amour et au bonheur chantée sur un mode mineur. C'est en 1893 seulement que José-Maria de Heredia publie *Les Trophées*, cent dix-huit sonnets suivis d'une petite épopée, *Les Conquérants de l'or* et de quelques poèmes en terza rima inspirés du *Romancero*. Cette *Légende des siècles* en miniature, par l'objectivité de ses évocations d'où est exclue toute intervention personnelle du poète, l'érudition scrupuleuse, la plénitude du vers sonore et rythmé, la netteté et la couleur des images, représente un achèvement de l'art parnassien.

Ni la forme ni les thèmes de la poésie parnassienne n'étaient de nature à troubler le public et à le rebuter. Aussi fut-elle bien accueillie dès le lendemain de la guerre et de la Commune. Sully Prudhomme entre à l'Académie en 1881 (et il sera en 1901 le premier prix Nobel de littérature), Coppée en 1884, Heredia en 1894, à la mort de son maître et ami Leconte de Lisle. La presse leur est largement ouverte ; les disciples abondent, contribuant à créer un poncif. Cependant, s'il est vrai que l'attachement aux valeurs parnassiennes restera vivace au moins jusqu'en 1914 dans tout un courant de la poésie française, d'autres voies s'étaient ouvertes, plus porteuses de modernité.

Les « *Poètes maudits* »

L'expression est de Verlaine, qui l'employa en 1883 à propos de Corbière, Mallarmé et Rimbaud, alors pratiquement inconnus. On peut l'élargir à d'autres, aussi bien Lautréamont que Charles Cros ou Germain Nouveau.

On sait que ni les *Poésies* d'Isidore Ducasse, publiées en 1870, ni *Les Chants de Maldoror*, en 1869 et 1874, n'eurent d'écho dans la vie littéraire. Il en fut ainsi, malgré quelques tentatives (notamment une réédition en 1890), jusqu'à la génération du surréalisme et une nouvelle édition des *Chants* et des *Poésies* en 1920. Verlaine est tenu à l'écart dès l'hiver 1871-72. Ses *Romances sans paroles*, en 1874, seront tout à fait ignorées. Et *Sagesse*, le recueil par lequel il espérait faire sa rentrée dans les lettres sept ans plus tard, sera également un échec. Quant à Rimbaud, son passage fulgurant dans les milieux parisiens à la fin de 1871 a certes laissé des souvenirs, mais il n'a rien publié et *Une saison en enfer* (1873) n'a été connu que de quelques amis. Et Mallarmé, qui s'est installé à Paris à la fin de 1871, publie *L'Après-midi d'un faune* dans l'indifférence générale en 1876.

Coup sur coup, en 1873, paraissent *Le Coffret de santal* de Charles Cros et *Les Amours jaunes* de Tristan Corbière. Esprit universel, savant en langues anciennes et modernes comme en musique, en mathématiques et en sciences, inventeur d'un procédé de photographie en couleurs (1869) et du phonographe, auteur d'une *Etude sur les moyens de communication avec les planètes* (1869), Charles Cros était un habitué du salon de Nina de Villars et avait collaboré au deuxième *Parnasse*. Son non-conformisme, son goût de la parodie (dont fut victime Coppée) l'éloignèrent de ses premières amitiés littéraires. Dans *Le Coffret de santal* voisinent poèmes en prose et vers aux mètres divers. Les huit divisions du recueil évoquent, comme le dit Louis Forestier, « les saisons de l'amour et les saisons de la vie », sur des tons variés, de la fraîcheur à l'inquiétude et au rêve ; celle qui est intitulée « Ecole buissonnière » nous entraîne dans les jeux de la fantaisie débridée (« Le Hareng saur »). Tristan Corbière, fils d'un marin auteur du roman *Le Négrier*, est mort à trente ans en 1875. Il n'avait publié qu'un seul livre, deux ans plus tôt, *Les Amours jaunes*. Une sensibilité à vif, blessée par les déceptions de la vie, s'y cache sous le sarcasme et la dérision ; d'incessantes discordances d'écriture, pratiquant le calembour, la parodie, la cocasserie, y brisent l'émotion et le lyrisme. Alors que Paris représente à ses yeux la laideur et la débauche, il retrouve un apaisement dans le spectacle de la vie bretonne et de l'Océan, la simplicité de l'existence au contact de l'harmonie tragique du grand Tout.

Germain Nouveau, ami de Verlaine et de Rimbaud, n'ignora dans ses débuts ni les *Fêtes galantes* de l'un, ni les *Illuminations* de l'autre, dispersant son talent avec des bonheurs inégaux. Une première crise religieuse aboutit, en 1879-1881 aux poèmes de *La Doctrine de l'Amour,* qui sont, selon P.-O. Walzer, « des actes de foi, d'humilité ou d'amour, et qui tendent à l'affirmation de ce qui est cru » ; le recueil ne paraîtra qu'en 1904, à l'insu de l'auteur, sous le nom de G. N. Humilis, avec le titre *Savoir aimer.* Les *Valentines,* écrites entre 1885 et 1887, qui ne paraîtront qu'en 1922, deux ans après sa mort, sont un retour à l'amour profane et sensuel, en forme de madrigaux et de blasons. En 1891, une seconde crise de délire mystique provoque un internement à Bicêtre. Puis, après une tentative de réinsertion sociale, ce sera à partir de 1897 une existence de vagabond dans la région d'Aix-en-Provence et de Pourrières, son village natal. Bien qu'il écrive encore quelques vers, il demeure alors étranger à son œuvre qui, si elle ne l'égale pas à Rimbaud, comme l'a dit Aragon, charme et trouble à la fois par le mélange de raffinements et de platitudes, d'élans mystiques et de variations amoureuses.

Ces poètes, à l'exception de Lautréamont, ont commencé à écrire dans le groupe parnassien et s'en sont écartés, surtout à partir du moment où, après 1871, ses positions se sont durcies. Ils n'étaient pas, du moins dans les débuts, absolument isolés. Aux dîners des Vilains Bonshommes dès le mois d'août 1871, puis dans la revue fondée par Emile Blémont en avril 1872, *La Renaissance littéraire et artistique,* et, avec un éclectisme plus grand dans la *Revue du monde nouveau littéraire*, *artistique*, *scientifique* de Charles Cros l'année suivante, se réunissent ceux qui se disent les « modernes » ou les « vivants », comme Raoul Ponchon, Jean Aicard, Blémont lui-même, Jean Richepin, dont *La Chanson des gueux* en 1876 marque la rupture avec le Parnasse : tous reprochent à cette école le caractère artificiel, inhumain, formel de sa poésie ; ils pensent que le poète, comme les peintres qu'on commence à appeler *impressionnistes,* doit exprimer la vie moderne au lieu de s'enfermer dans les canons d'une Beauté éternelle. Les circonstances — l'éloignement de Verlaine et de Rimbaud, l'isolement et la mort prématurée de Corbière, aussi l'absence de ces « hommes de génie » que réclamait Richepin — n'ont pas permis que ces aspirations s'épanouissent en une « modernité » dont les *Romances sans paroles* et les *Illuminations* nous laissent entrevoir l'image.

Modernité et Décadence

Elles connaissent du moins un renouveau capital avec la génération qui arrive aux lettres à partir de 1875. Le sentiment de modernité procède toujours du refus des valeurs parnassiennes au nom de la vie, de ses frémissements et de ses exaltations. Il s'accompagne désormais de l'impression qu'on est venu trop tard dans un monde trop vieux, au sein d'une civilisation épuisée, lasse de tout, à la fin d'une race exsangue. Le jeune Paul Bourget, qui publie en 1875 un recueil au titre caractéristique, *La Vie inquiète*, écrit en 1878 dans *Edel* :

> Je suis un homme né sur le tard d'une race,
> Et mon âme à la fois exaspérée et lasse,
> Sur qui tous les aïeux pèsent étrangement,
> Mêle le scepticisme et l'attendrissement ;
> L'immense obscurité de l'univers m'accable
> Et j'éprouve, à sentir la vie inexplicable,
> Une amère pitié qui me fait mieux chérir
> Les êtres délicats et beaux qui vont mourir.

Trois ans plus tard, dans sa *Théorie de la décadence*, après avoir évoqué Baudelaire, qui reste le grand modèle et qui avait lui-même attiré l'attention sur la poésie de la décadence latine, il parlera de « l'homme de la décadence, ayant conservé une incurable nostalgie des beaux rêves de ses aïeux, ayant par la précocité des abus tari en lui les sources de la vie, et jugeant d'un regard demeuré lucide l'inguérissable misère de sa destinée ». Le maître mot est prononcé, celui de « décadence ». Il avait été employé, avec des implications idéologiques et politiques, depuis le milieu du siècle et surtout après la défaite de 1870-1871, qui avait été ressentie comme une mise en question de la supériorité intellectuelle et morale de la France, héritière de la civilisation gréco-latine, par la science et la technologie allemandes. Les enfants de cette défaite s'en emparent par bravade autant que par dérision pour exprimer leur « mortelle fatigue de vivre », se reconnaissent dans le sonnet de Verlaine « Langueur » (« Je suis l'Empire à la fin de la décadence »...) qu'ils lisent dans *Le Chat noir* du 26 mai 1883.

Ils se réunissent dans des tavernes, forment des groupes aux noms irrévérencieux, Société des Hydropathes d'Emile Goudeau, Zutistes présidés par Charles Cros, Hirsutes, Jemenfoutistes... Les petites revues prolifèrent. A la fin de 1881, Rodolphe Salis fonde le cabaret littéraire et artistique du *Chat noir*, bientôt suivi d'une revue qui porte le même titre. Plusieurs ouvrages dotent l'esprit décadent sinon d'une doctrine, du moins d'arrière-plans théoriques et de références. Ce sont d'abord les *Essais de psychologie contemporaine* de Paul Bourget (1883, suivis en 1885 de *Nouveaux Essais*), qui invoquent Baudelaire (non plus le Baudelaire artiste des Parnassiens, mais le poète des sensations troubles et raffinées), Taine, Renan, Flaubert et Stendhal. Ensuite *Les Poètes maudits* (1884, après une publication en revue l'année précédente) où Verlaine, qui lui-même vient d'être découvert par les jeunes poètes, leur révèle Corbière, Mallarmé et Rimbaud. Enfin, Huysmans crée dans *A rebours* (1884) avec le personnage de des Esseintes une quintessence du héros décadent prisonnier de sa fatigue de vivre, s'enfermant dans un univers artificiel avec ses peintres (Gustave Moreau) et ses poètes (Baudelaire, Verlaine, Mallarmé) de prédilection. Il ne manquait plus aux Décadents que d'être parodiés : comme le premier Parnasse avait eu son *Parnassiculet*, ils eurent en 1885 *Les Déliquescences d'Adoré Floupette* de Henri Beauclair et Gabriel Vicaire.

L'œuvre de Jules Laforgue domine la production décadente, dans l'ensemble inférieure aux ambitions formulées. Les tentatives pour créer un impressionnisme poétique se sont réduites à de petits poèmes en prose, épars dans les revues, qui sont plus des notations pittoresques, des scènes prises sur le vif, que de véritables poèmes. Le baudelairianisme morbide, les visions cauchemardesques, la hantise de la mort trouvent leur paroxysme (« La Fièvre tourne en moi ses plus creusantes vrilles ») dans *Les Névroses* de Maurice Rollinat (1883) qui disait et chantait ses poèmes au *Chat noir* en s'accompagnant lui-même au piano. Un dernier aspect de la Décadence est donné par la vie de bohème, le non-conformisme, le goût de la mystification, l' « esprit farce », qui sont, au même titre que le pessimisme exacerbé, une forme de réaction devant l'époque : les poèmes fantaisistes de Charles Cros, ses monologues, les plaisanteries d'Alphonse Allais jalonnent cette veine.

La Décadence n'aura pas été une école ; elle nous apparaît essentiellement comme le reflet d'un certain climat moral et social, d'une « crise d'âme ». Si un Baju s'efforce de la faire revivre avec la revue *Le Décadent* en 1887-1889, qui aura pendant quelques mois le soutien de Verlaine, si un Jean Lorrain ou un Robert de Montesquiou en prolongent l'esprit jusqu'à la veille de la guerre de 1914-1918, en fait la Décadence laisse la place au symbolisme dans les années 1885-1886 ; Moréas, Vielé-Griffin, Ghil, Aurier, Paul Adam, Barrès auront été décadents avant de devenir les fondateurs de l'école symboliste.

Le symbolisme

Des conceptions nouvelles apparaissent en effet vers 1885. Certains parmi les jeunes poètes, Vielé-Griffin, Dujardin, Ghil, Henri de Régnier, ou critiques, Wyzewa, Fénéon, se sont mis à fréquenter le salon de Mallarmé (les *mardis* de la rue de Rome) et commencent à opposer à l'exemple de Verlaine les leçons du poète de *L'Après-midi d'un faune*. Avec lui, ils apprennent à aller au-delà de la pure sensation, des raffinements, des relations complexes avec le monde pour découvrir que la poésie a une signification métaphysique, qu'elle est la valeur suprême des activités humaines, l'exercice spirituel par excellence, réservé aux rares élus. Avec, aussi, Villiers de l'Isle-Adam, ils s'initient à l'idéalisme allemand (ou du moins à ce qui en est alors connu en France) : l'univers où nous vivons est un rêve ; sa seule réalité est constituée par les reflets de notre Moi que nous y projetons.

Une doctrine, ou plutôt une pensée commune s'élabore. Dujardin, qui a fondé en 1885 la *Revue wagnérienne*, convertit Mallarmé à la musique et aux théories du maître de Bayreuth : l'idée que la poésie doit tendre vers la musique, rivaliser avec elle, sinon lui reprendre son bien, se fait jour et se développe. On parle partout de la « suggestion dans l'art », de l' « art suggestif ». En 1886 paraît le *Traité du Verbe* de René Ghil, où, précisément, la poésie est définie par la musique et la suggestion et où apparaît le mot de « symbole ». L' « Avant-dire » de Mallarmé qui lui sert de préface insiste sur la fonction du langage comme truchement de la vie à l'idée :

> Je dis : une fleur ! et, hors de l'oubli où ma voix relègue aucun contour, en tant que quelque chose d'autre que les calices sus, musicalement se lève, idée rieuse ou altière, l'absente de tous bouquets.

Le 18 septembre de la même année, Moréas publie dans le supplément littéraire du *Figaro* un article intitulé « Le Symbolisme » qui fut reçu comme le manifeste d'une nouvelle école. Le moins qu'on puisse en dire est qu'il manque de précision et de rigueur de pensée. Baudelaire, Mallarmé, Verlaine, Banville sont donnés comme précurseurs du mouvement. De la poésie symboliste, il est dit qu'elle est ennemie de « l'enseignement, la déclamation, la fausse sensibilité, la description objective », qu'elle cherche « à vêtir l'Idée d'une forme sensible qui, néanmoins, ne serait pas son but à elle-même, mais qui, tout en servant à exprimer l'Idée, demeurerait sujette ». Mais de cette « forme sensible », pas plus que de la notion de symbole, il ne sera question. Quant à la langue, elle utilisera « d'impollués vocables » — entendons, des mots rares — et « tout trope hardi et multiforme ». Le rythme avivera l'ancienne métrique, aura recours à « un désordre savamment ordonné », variera les coupes de l'alexandrin, emploiera « certains nombres impairs » : programme assez timide, au fond, où le vers libre n'est même pas mentionné. Cet article, en dépit de ses évidentes faiblesses, eut le mérite de provoquer des polémiques et de cristalliser les tendances nouvelles. Il existe désormais une école symboliste, fondée moins sur une doctrine que sur une communauté d'aspirations et d'admirations. Les poètes qui s'en réclament se reconnaissent les mêmes adversaires : le rationalisme et le scientisme, l'esprit décadent ou ce qui en subsiste, les Parnassiens, les naturalistes. Ils s'opposent aussi entre eux, en même temps que s'affine une théorie de l'art. René Ghil, en 1888, se sépare de Mallarmé et élabore l'instrumentation verbale, qui veut établir des relations précises, presque scientifiques entre les sons des voyelles, ceux que donnent les instruments de musique et les couleurs. En 1891 Moréas lui-même s'éloigne de ses amis pour participer à l'école romane. Simultanément se développe une réflexion constructive. L'année 1889 voit paraître *Les Premières Armes du symbolisme*, réunion d'articles de Moréas, *La Littérature de tout-à-l'heure* de Charles Morice, *L'Art symboliste* de Georges Vanor. Deux ans plus tard, l'enquête de Jules Huret sur l'évolution littéraire, sans être spécialement tournée vers le symbolisme, ne cesse de le mettre en valeur par opposition au naturalisme. Enfin, tandis qu'Albert Aurier dans ses articles du *Mercure de France* marque la différence entre la peinture impressionniste et celle de Gauguin et de Van Gogh, qu'il appelle idéique ou symboliste, Remy de Gourmont donne en 1892 avec *L'Idéalisme*, plus nettement qu'on ne l'avait fait avant lui, des fondements philosophiques au symbolisme. Il le représente en effet comme la formulation esthétique de l'idéalisme, « vérité, évangélique et merveilleuse, libératrice et rénovatrice », qui réside dans « le principe de l'idéalité du monde » : « Par rapport à l'homme, sujet pensant, le monde, tout ce qui est extérieur au Moi, n'existe que selon l'idée qu'il s'en fait ». Mise au point *a posteriori,* car la vague symboliste est alors en train de passer, mais n'en est-il pas ainsi de la plupart des arts poétiques ?

La poésie selon les symbolistes est moyen de connaissance, le seul qui mène à l'absolu. Mais les chemins sont divers et suscitent des attitudes variées. Pour certains, le symbolisme est un dépassement du pur impressionnisme, un prolongement de la sensation par l'intuition, une interrogation sur les choses (le « Qu'est-ce que cela veut dire ? » de Mallarmé devant le paysage de Valvins). Cette interrogation conduit d'autres poètes à demander à l'occultisme une explication du monde par un système de correspondances entre tous les ordres du visible et entre le visible et l'invisible. D'autres se tournent vers des univers imaginaires qui, faute d'une véritable plongée dans l'onirisme, s'investissent dans la légende et particulièrement dans les mythes wagnériens. Selon une formule qui se répand surtout après 1890, le symbolisme, c'est en poésie « le Rêve et l'Idée ». Le grand débat entre l'art et l'action qui a traversé le siècle depuis le romantisme ne se pose plus. Leur opposition est acceptée comme une évidence. Ce qui ne signifie pas que les symbolistes se désintéressent de la chose publique ; Stuart Merrill estime que l'artiste doit s'intéresser à la politique, mais non s'en inspirer. Gustave Kahn considère comme deux déviations également néfastes le repli des partisans de l'art pour l'art dans leur tour d'ivoire et l'engagement de ceux qui préconisent un art social. Les symbolistes seront nombreux à manifester leurs sympathies pour le mouvement anarchiste (comme, plus tard, à prendre parti pour Dreyfus) ; mais ils n'écriront pas de poèmes d'inspiration anarchiste.

Dans le domaine du langage poétique, une double

révolution s'est accomplie. D'une part, la leçon de Mallarmé a été entendue. L'obscurité est une nécessité de l'expression poétique, d'où la prédilection pour le mot rare, les tours syntaxiques complexes, les images allusives ou ambiguës. De l'autre, une forme nouvelle est apparue, le vers libre. Les Décadents s'étaient accommodés de la prosodie classique (et ils ne dédaignaient pas le sonnet, par exemple) et avaient une prédilection pour le petit poème en prose. Certains symbolistes, en cela fidèles à Verlaine et à Mallarmé, utilisent le vers traditionnel, libéré des exigences parnassiennes de la rime riche, des sonorités fortes, de la formule. D'autres élaborent le vers libre, qui fait son apparition en 1886. Peu importe qui, de Laforgue, Kahn, Moréas, Dujardin, a été le premier à l'employer. L'essentiel est qu'il acquiert rapidement droit de cité. Sa justification est qu'il doit correspondre à une unité de signification. Comme le dit Gustave Kahn :

> Qu'est-ce qu'un vers ? — C'est un arrêt simultané de la pensée et de la forme de la pensée. — Qu'est-ce qu'une strophe ? — C'est le développement par une phrase en vers d'un point complet de l'idée. — Qu'est-ce qu'un poème ? — C'est la mise en situation par ses facettes prismatiques, qui sont les strophes, de l'idée tout entière qu'on a voulu évoquer.

Le « beau vers » cher aux Parnassiens, qui se suffit à lui-même laisse ainsi la place au vers qui n'a de sens que dans un tout qui l'englobe.

Figures symbolistes

Si une doctrine s'élabore au fil des années, si Mallarmé reste le maître vénéré (« On écoutait sa parole comme un oracle. Vraiment, c'était bien une sorte de Dieu », dira Remy de Gourmont), ceux qui

s'étaient reconnus en 1886 dans la sensibilité symboliste poursuivent des voies différentes, sinon diver-
gentes. Certains ne se sentent pas éloignés d'une
certaine frange du Parnasse, de tendance élégiaque,
qui cherchait la formule d'un *lied* français. Ephraïm
Mikhaël a pu être dit « plastique comme un Parnassien, évocateur comme un symboliste ». Surtout
Albert Samain, qui avec *Au jardin de l'infante* (1893)
a connu le plus grand succès poétique de l'époque,
Louis Le Cardonnel, qui débuta au *Chat noir,*
fréquenta Mallarmé et Verlaine et fut ordonné prêtre
en 1896 (*Poèmes,* 1904, *Carmina sacra,* 1912), représentent cette voie moyenne.

Gustave Kahn, fondateur avec Moréas et Paul
Adam de la revue *Le Symboliste* en 1886, a été un des
initiateurs du vers libre avec *Les Palais nomades*
(1887) où se manifeste l'influence de Baudelaire et de
la sensibilité décadente. Il exprime en images cha-
toyantes un lyrisme intime, tout un univers mental
aux subtiles variations ; puis sa poésie s'élargit à
l'inspiration populaire et à la vie du terroir (*Le Livre
d'images,* 1897), tandis que *L'Esthétique de la rue*
(1902) propose une analyse de ces thèmes nouveaux.
Après la guerre de 1914-1918 et jusqu'à sa mort en
1936 il se consacrera essentiellement à la critique et à
l'évocation du monde juif (*Contes juifs,* 1926). Stuart
Merrill, Américain élevé en France, d'abord
influencé par les théories de René Ghil, se livre dans
Les Gammes (1887) à des recherches de sonorités
qu'il poursuit avec plus de souplesse dans *Les Fastes*
(1891). Il est du côté de Nerval et de Verlaine plutôt
que de celui de Mallarmé. Avec les *Petits Poèmes
d'automne* (1895), puis *Les Quatre Saisons* (1900), il
se tourne vers une poésie familière, proche de la
nature, avant de s'élargir avec *Une voix dans la foule*
(1909) à un souffle qu'il voudrait whitmanien.
Comme lui Américain de formation et de culture
française, Francis Vielé-Griffin reste peu de temps
fidèle au pessimisme et à l'évasion hors du réel de ses

premiers recueils *Cueille d'avril* (1886) et *Les Cygnes* (1887). Il chante la vie (« la Vie [...] belle de bel espoir ») dès *Joies* (1889), puis dans *La Clarté de vie* (1897), ce qui donne à ce maître du vers libre une place à part dans le symbolisme. Il a aussi cherché à s'exprimer dans des poèmes dramatiques inspirés par diverses mythologies. C'est enfin dans la lumière méditerranéenne et la civilisation grecque que s'épanouira sa joie avec *La Lumière de la Grèce* (1912), qu'apprécia la jeune équipe de la *N.R.F.*, et *Voix d'Ionie* (1924).

Henri de Régnier est un symboliste modéré, admirateur du XVIIIᵉ siècle autant que de Baudelaire et de Mallarmé. D'abord sensible à l'esthétique parnassienne, il gardera sa poésie de tout excès, chantant l'amour, la nature, l'art avec une mélancolie et une nostalgie voluptueuses, dans un vers libre qui prend des allures de vers régulier et une langue qui répugne à l'obscurité (*Poèmes anciens et romanesques*, 1890 ; *Tel qu'en songe*, 1892 ; *Les Jeux rustiques et divins*, 1897). Il tend ensuite, avec *Les Médailles d'argile* (1900) qu'il dédie à la mémoire de Chénier, avec les sonnets de *La Cité des eaux* consacrés à Versailles (1902) et *La Sandale ailée* (1906), à un néoclassicisme où s'impose un penchant à la description et à l'expression directe des sentiments. Ses contes et ses romans (*La Canne de jaspe*, 1897 ; *Les Rencontres de M. de Bréot*, 1904 ; etc.) sont à l'image de sa poésie : des œuvres de fantaisie nonchalante qui se plaisent, non sans quelque préciosité, dans l'évocation des charmes du passé. Il avait épousé une des filles de Heredia, qui fit une carrière littéraire sous le pseudonyme de Gérard d'Houville. Son élection à l'Académie française en 1911, alors que Sully Prudhomme était mort en 1907, Coppée en 1908 et Mendès en 1911, apparut comme la consécration du symbolisme, après le Parnasse, dans la tradition de la poésie française.

Si leur évolution a fait d'eux des « symbolistes

infidèles », ces poètes n'ont en tout cas jamais rompu avec leurs origines. Il n'en va pas de même avec René Ghil et l'auteur même du manifeste, Jean Moréas. Nous avons vu que Ghil, peu de temps après avoir publié le *Traité du Verbe*, s'était opposé à Mallarmé et avait élaboré la théorie, trop rigide à force de prétentions scientifiques, de l'instrumentation verbale. A partir de 1889 il entreprend *L'Œuvre*, dont les trois parties, *Dire du mieux*, *Dire des sangs* et *Dire de la loi*, composent une épopée cosmique sur le thème de l'évolution, dans la perspective d'une synthèse (il use sans cesse de ce mot) entre les différentes formes d'art d'un côté, entre toutes les manifestations de la pensée et de l'activité humaines de l'autre. Cette grande ambition est malheureusement desservie par une langue et une versification d'une obscurité rebutante.

Quant au Grec Jean Moréas, il avait publié des poèmes dans sa langue maternelle avant de s'installer à Paris à l'âge de vingt-cinq ans. L'année même où le manifeste faisait de lui un père fondateur du symbolisme, en 1886, l'influence de Baudelaire, Verlaine et Mallarmé s'accompagnait, dans son recueil *Les Cantilènes*, d'un penchant vers le Moyen Age et les légendes populaires. Au début de 1891, un numéro de la revue *La Plume* est consacré au « Symbolisme de Moréas », un banquet présidé par Mallarmé célèbre la publication du *Pèlerin passionné*. Mais le contenu du recueil confirmait les tendances déjà sensibles dans *Les Cantilènes* : le poète se tourne délibérément vers le Moyen Age et le XVI⁰ siècle, cultive l'archaïsme. Il ne tardera pas à affirmer : « Le symbolisme, qui n'a eu que l'intérêt d'un phénomène de transition, est mort. » Il rejoint pour quelque temps l'école romane, avec Maurice Du Plessys, Raymond de La Tailhède, Ernest Raynaud et Charles Maurras dans l'idéal d'un retour à la tradition française, celle du XVI⁰ siècle et du classicisme, que le XIX⁰ siècle et particulièrement le symbolisme aurait rompue. Il ne se satisfait cependant pas de ces tentatives pour ressusciter le passé. A la suite d'un voyage en Grèce en 1898, véritable retour aux sources, il trouve l'équilibre d'une poésie où le romantisme est dominé jusqu'à atteindre à l'impersonnalité dans la plénitude d'une forme maîtrisée : ce seront les six livres de *Stances*. Il a, jusqu'à sa mort, exercé un fort rayonnement sur ceux qui le fréquentaient : André Salmon, Apollinaire furent de ceux-là.

Les poètes belges et le symbolisme

La période de la Décadence et du symbolisme correspond à l'éveil et au rapide développement de la littérature de langue française en Belgique. Tandis que s'opposent les partisans de l'art pour l'art réunis à *La Jeune Belgique,* revue fondée en 1881 par Max Waller, et ceux d'un art social que le socialiste Edmond Picard regroupe à la revue *L'Art moderne,* Albert Mockel fonde en 1886 *La Wallonie* et associe Henri de Régnier à sa direction. Pendant les six ans de son existence. *La Wallonie* sera un terrain de rencontre pour les poètes français et belges.

L'œuvre poétique de Mockel évolue du raffinement délicat de *Chantefable un peu naïve* (1890) à une inspiration ouverte à la vie contemporaine dans *Clartés* (1902). Il a été, notamment avec *Propos de littérature* (1894) et *Stéphane Mallarmé, un héros* (1899), un des critiques les plus perspicaces du symbolisme. Mais ceux qu'on rattache communément au symbolisme, qui, pour certains, ont participé aux débats et aux polémiques sur le vers libre, la musique du vers, la nature de l'image et du symbole, etc., qui sont en constante relation avec la France (quand ils ne s'y installent pas, comme le fait Rodenbach), ne constituent pas plus un groupe autonome qu'une extension du mouvement français.

Charles van Lerberghe est le plus fidèle à l'idéal

symboliste. Sa *Chanson d'Eve* (1904) est un grand poème en vers libres, d'une musicalité diaphane touchant à l'indicible, dont le thème, l'éveil à la vie et au monde d'une sensibilité vierge, préfigure celui de *La Jeune Parque.*

Avec Georges Rodenbach, d'abord influencé par Coppée et les Goncourt, s'expriment en demi-teinte, sans éclats, un ennui, une morosité de tonalité décadente (*Les Vies encloses,* 1896). Mais c'est surtout dans le roman de *Bruges-la-morte* (1892) qu'il a, en les liant à l'atmosphère de la ville, décrit ces états d'âme.

C'est aussi à la Décadence que font penser les poèmes de *Serres chaudes* (1889) : Maeterlinck y crée un climat d'angoisse fiévreuse, d'étouffement, de difficulté d'être, en ayant recours à un vocabulaire concret, dans des strophes de quatre vers octosyllabiques ou des vers libres qui ne s'inscrivent pas dans la ligne mélodique d'une strophe, mais sont rocailleux, prosaïques et constituent une unité, syntaxique ou sémantique. Les *Quinze Chansons* au contraire sont construites sur une imagerie où l'atmosphère de légende crée le symbole, dans des strophes brèves aux vers fluides. L'œuvre poétique de Maeterlinck se réduit pratiquement à ces deux titres. On n'oubliera pas qu'il a d'autre part donné au symbolisme son théâtre et qu'il s'est orienté, à partir du *Trésor des humbles* (1896), vers des essais où le moraliste cherche le secret de la sagesse dans l'acceptation des lois cosmiques et la vie de l'âme.

Emile Verhaeren est, des poètes belges de cette génération, celui qui a eu le plus grand rayonnement. Ses premiers poèmes, d'inspiration romantique et parnassienne, laissent éclater un tempérament truculent (*Les Flamandes,* 1883 ; *Les Moines,* 1886). Après être passé par une dure crise physique et morale, dont *Les Soirs* (1888), *Les Débâcles* (1888), *Les Flambeaux noirs* (1891) marquent les étapes, avec leurs visions hallucinatoires et délirantes exprimées en vers libres sans musicalité, il s'ouvre à l'exaltation de la vie et à la force lyrique que représente le monde contemporain. Son engagement dans le socialisme à partir de 1892 ne fera qu'accentuer cette orientation. A partir de 1895 (*Les Villes tentaculaires*) son art exalte la vie moderne dans une forme d'art social. Ainsi, à la différence de ce qui se produit en France, où la référence à la vie devient une manifestation antisymboliste, Verhaeren ouvre la voie non à une synthèse, mais à un élargissement, une transmutation du rêve symboliste. On comprend alors que ses grandes œuvres, *Les Forces tumultueuses* (1902), *La Multiple Splendeur* (1906), *Les Rythmes souverains* (1910), avec leurs évocations puissantes du monde industriel et de la force et de l'espoir des hommes, leurs paroxysmes, aient exercé une influence considérable sur ceux qui, au début de ce siècle, cherchaient à donner sa poésie à la civilisation des temps nouveaux : « Ce royaume, ce domaine qu'il fait sien, est proprement celui même de la vie de notre époque » dira Valéry en 1927.

Métamorphoses et divergences

Aux environs de 1890, le symbolisme semble avoir atteint son équilibre. Une doctrine s'est peu à peu élaborée, nous l'avons vu. De nouvelles revues apparaissent, plus stables que celles qui les ont précédées. *La Plume* vivra de 1889 à 1905, *La Revue blanche* de 1889 à 1903, *L'Ermitage* de 1890 à 1908 (et quelques-uns de ses animateurs se retrouveront en 1909 à *La Nouvelle Revue française*), le *Mercure de France* résistera aux deux guerres mondiales. De jeunes écrivains, André Gide, Paul Valéry, Paul Claudel rejoignent le mouvement. La désagrégation était cependant proche. Les symbolistes de la première heure évoluent chacun selon sa propre pente — sans toutefois renier leur passé, comme Moréas en 1891. Pour la nouvelle génération, qu'on a parfois désignée comme la seconde génération symboliste, elle ne tardera pas à ressentir comme déprimant le modèle de rigueur et de perfection donné par Mallarmé ; elle aura l'impression que l'atmosphère symboliste, avec son goût pour l'abstraction et l'obscurité, est comme raréfiée. Valéry, après des débuts brillants qui le font considérer comme le symboliste de l'avenir, renonce brutalement à la poésie en 1892 à la suite d'une crise personnelle, mais aussi parce qu'il lui semble vain de répéter Mallarmé. Gide, fasciné par l'idéalisme symboliste, comme le montre son *Traité du Narcisse*, ne tarde pas, dès la fin de 1892 avec *Le Voyage d'Urien*, à prendre ses distances avec un univers où il a l'impression d'étouffer. *Les Nourritures terrestres* en 1897, l'éloge de la sensation et de la jouissance immédiate, l'exaltation de la vie que professe ce petit livre marquent définitivement son éloignement.

Paul Fort, jeune fondateur en 1890 — il a alors dix-neuf ans — du symboliste Théâtre d'Art, ne tarde pas, après quelques plaquettes, à mettre au point en 1895-1896 la formule de sa « ballade », qu'il pratiquera jusqu'à sa mort en 1960. Il ne s'agit pas de la ballade canonique en trois strophes et un envoi se terminant par le même vers, mais d'une conciliation entre poème en prose et prosodie traditionnelle, chaque texte se présentant dans la disposition typographique de la prose, mais les paragraphes étant séparés comme des strophes et le rythme du vers, notamment le vers de six syllabes, étant le plus souvent maintenu. Les innovations de Paul Fort ne concernaient pas seulement la forme. Avec une bonhomie amusée, il chante les joies et les peines de l'amour, la beauté familière de la campagne, les légendes populaires, retrouvant un lyrisme de la simplicité et de la spontanéité proche de la chanson. L'essentiel de son œuvre est réuni dans les nombreux volumes de *Ballades françaises*.

Ami de l'un et de l'autre, Francis Jammes, né en

1868, restera toute sa vie un poète provincial, attaché à son terroir béarnais. Ses premiers vers frappèrent par leur naturel. Etranger aux coteries et aux querelles d'écoles, il se contentait, selon sa propre formule, de dire sa vérité : la vérité d'une sensibilité toujours en éveil, nourrie de la campagne et de la nature, goûtant les choses humbles de la vie, jouant aussi, avec le plus grand raffinement, d'une naïveté plus ou moins feinte. Son vers, tout en prenant comme base une mesure canonique, comme celle de l'alexandrin, a une allure claudicante, néglige parfois la rime, s'adapte volontiers au langage parlé. *De l'angelus de l'aube à l'angelus du soir* (1898) rassemble tous ces aspects. Parmi ses recueils suivants, *Le Deuil des primevères* (1901) porte la marque d'une déception amoureuse, *Le Triomphe de la vie* (1902) révèle un équilibre reconquis dans une robuste sensualité. En 1905, sous l'influence de Claudel, il revient à la foi catholique, qui désormais inspirera la plus grande partie de son œuvre : *Clairières dans le ciel* (1906), *L'Eglise habillée de feuilles* (1906), *Les Géorgiques chrétiennes* (1911-1912), *La Vierge et les sonnets* (1919), etc. Sa production restera abondante jusqu'à sa mort en 1938 (*Livres des quatrains*, 1923-1925 ; *Ma France poétique* 1926).

Saint-Pol-Roux avait vingt-cinq ans lorsque Moréas publia le Manifeste du symbolisme. Il participa au mouvement, fréquenta Mallarmé, contribua à la fondation de la revue *La Pléiade*, d'où sortit le *Mercure de France*. Mais, dès 1890, il rejetait à la fois l'idéalisme symboliste et le matérialisme dont on créditait les naturalistes. La poésie, répond-il à Jules Huret qui fait une enquête sur l'évolution littéraire, « corporise l'idéalité, idéalise la réalité » ; elle est un « idéo-réalisme ». Loin de s'opposer, l'Idée et la Vie sont une même réalité. Dans la préface de 1895 à son drame *La Dame à la faulx*, il parle de l'« universelle exaltation d'idée pure et de vie » qu'est la fonction du poète, rival de Dieu dans sa création. Son œuvre capitale comprend les trois volumes de poèmes en prose des *Reposoirs de la procession* (1901, 1904, 1907). Il avait quitté Paris en 1895 et, après quelques années passées dans les Ardennes belges, s'était installé en Bretagne dans un isolement hautain qui ne fut rompu que par l'hommage rendu en 1925 par les surréalistes à celui qu'ils considéraient comme un étonnant créateur d'images. Il a laissé de nombreux inédits (*La Ré-poétique*).

Ruptures

Les voies ouvertes par ces écrivains, aussi bien que l'évolution des symbolistes, portaient les germes d'une évolution analogue à celle qui se produisait en Belgique. Ce ne fut pas le cas. Après René Ghil, dont les disciples tirent à boulets rouges en 1890-1892 sur les symbolistes, après Moréas abandonnant ses amis en 1891, c'est Adolphe Retté qui, après *Thulé des brumes* (1891) et *Une belle dame passa* (1893), renonce à condamner les « barbaries du Vivre » et renie les leçons de Mallarmé auquel il adresse les plus violentes critiques. Il se tourne alors vers un lyrisme de la nature qui renoue avec la tradition romantique (*L'Archipel en fleurs*, 1895 ; *La Forêt bruissante*, 1896, etc.).

Mais surtout, une nouvelle génération s'élève à partir de 1895 contre l'esthétique et la morale symbolistes avec une agressivité pleine d'ardeur. En province d'abord, où les revues se multiplient, on refuse ce qu'on appelle l'hégémonie parisienne, le raffinement stérile de cénacles où le poète a perdu tout contact avec la vie et la nature et s'enferme dans son obscurité. Dans ces groupes, on se dit volontiers « barbare » en opposition au « byzantinisme » de la capitale. Un des plus actifs est celui qu'ont fondé à Toulouse les deux frères André et Maurice Magre autour de leur revue *L'Effort*. Une nouvelle école semble devoir donner forme à ces aspirations : le naturisme, fondé en 1895, alors qu'ils ont à peine vingt ans, par Saint-Georges de Bouhélier et Maurice Le Blond, bientôt rejoints par Albert Fleury et Eugène Montfort. Leurs critiques reprennent dans leur contenu et la violence de leur expression celles de Retté. Ils reprochent à Mallarmé le caractère artificiel et obscur de sa poésie. Ils admirent à la fois Verlaine et Zola ; seul parmi les symbolistes, Vielé-Griffin trouve grâce à leurs yeux. Saint-Georges de Bouhélier développe une théorie de l'art comme fête et acte religieux : le poète est un « christ ingénu » qui célèbre les noces de l'homme avec la Terre et connaît la gravité des choses humbles. Le naturisme n'était pas seulement une doctrine esthétique ; il impliquait que toute conception de l'art suppose une conception de la vie et de la société. On put croire en 1896 et 1897 que le naturisme allait être le lieu de rencontre de ceux qui se détachaient du symbolisme, Gide, Paul Fort, Jammes..., des provinciaux et de la nouvelle génération. Mais l'attitude polémique des naturistes indisposa leurs interlocuteurs et bientôt ils se trouvèrent isolés, tandis que leurs idées triomphaient : *Les Nourritures terrestres*, qui paraissent alors que Gide vient de rompre avec Bouhélier, alors que Jammes et Paul Fort ont pris leurs distances, en sont la preuve.

Ce qui manqua surtout au naturisme, ce fut une grande œuvre avec sa force exemplaire, plus décisive que tout manifeste. Il en alla de même de l'Humanisme fondé par Fernand Gregh ou de l'éphémère Ecole française.

Les « bacchantes »

C'est d'ailleurs que vint en 1900 un accent nouveau : de femmes poètes que leur sincérité, leur sensibilité — certains diront leur impudeur —, leur indifférence à toute formule d'école firent appeler des « bacchantes » par Charles Maurras, qui voyait en elles l'extrême achèvement du romantisme. *Le Cœur innombrable* d'Anna de Noailles surprit ses lecteurs de 1901 par l'ivresse des sensations, la familiarité vibrante avec la nature, la transfiguration des objets les plus communs. L'année suivante, *L'Ombre des jours* était une griserie devant le spectacle du monde, les paysages et l'art français, les souvenirs de ses origines romaines et, prétendait-elle, grecques. Après l'échec de deux romans, elle revint à la poésie avec *Les Eblouissements* et, en 1913, *Les Vivants et les Morts*, recueil qui s'ouvre à une méditation sur la mort et la condition humaine. Ses derniers livres, après la guerre de 1914-1918, exprimeront le tourment d'une femme aux prises avec l'angoisse de l'âge. Avec elle, Lucie Delarue-Mardrus et ses élans de passion éperdue où la chair et l'âme dialoguent dans un climat baudelairien (*Occident*, 1900), Renée Vivien, dont les ardeurs saphiques s'expriment dans une forme parnassienne (*Etudes et Préludes*, 1901; *Cendres et Poussières*, 1902, etc.), Marie Dauguet, qui chante avec une robuste santé les joies de la vie rustique (*A travers le voile*, 1904; *L'Essor victorieux*, 1911), illustrent l'originalité de ces femmes dont la « suprême vertu », comme l'écrivit Marie Dauguet, « c'est d'avoir osé vivre ».

Poètes de la modernité

Un esprit nouveau apparaît avec la génération qui a vingt ans entre 1900 et 1905. Pour elle, les querelles entre le rêve et la vie, l'évasion et la présence au monde, l'obscurité et la clarté, les débats sur les formes de l'expression poétique sont affaires du passé; elle aborde le champ littéraire sans les refus et les préjugés de ses aînés.

Un premier lieu de rencontre sera en 1903 et 1904 les soirées de la revue *La Plume* où Apollinaire et André Salmon nouent amitié, font la connaissance de

Jarry, de Paul Fort. Un autre se situera à Montmartre, particulièrement au Bateau lavoir, où poètes et peintres se rencontrent. Apollinaire y entre en relation avec Max Jacob, qui le conduit à Picasso. Un petit groupe se forme ainsi, qui se retrouve au *Festin d'Esope*, la revue qu'Apollinaire anime de novembre 1903 à août 1904. Ce que ses membres ont en commun, c'est la confiance dans la liberté créatrice de l'imagination, l'acceptation du réel sur lequel on jette un regard neuf, l'indépendance à l'égard de toutes les théories de la métrique, auxquelles se substitue la logique même du texte en fabrication. Ainsi André Salmon, qui publie *Poèmes* en 1905, *Les Féeries* en 1907 et *Le Calumet* en 1911, crée un enchantement surgi du quotidien, une « féerie » qui s'offre aux yeux de qui sait regarder et rêver, où l'exotisme, la fantaisie, le souvenir, la vie actuelle s'accordent et s'entremêlent. Sa prosodie s'accommode aussi bien des formes classiques que du vers libre. Il donne par là l'exemple d'une liberté créatrice qui trouve en elle-même sa propre fin.

Le groupe de l'Abbaye est tout différent. René Arcos, Charles Vildrac, Alexandre Mercereau (qui signe alors Eshmer-Valdor) Henri-Martin Barzun (Henri Martin), Georges Duhamel, avaient imaginé de vivre en communauté dans un domaine de Créteil que la fortune de Barzun leur avait permis d'acquérir, en subvenant à leurs besoins par des travaux d'édition. L'expérience dura à peine quatorze mois, de la fin de 1906 au début de 1908, mais elle fut extrêmement féconde. Elle était d'abord une mise en pratique de cette idée d'une liaison nécessaire entre une esthétique et une éthique. Elle permit aussi, du point de vue de la poésie, à ses adhérents de prendre conscience de ce qui les unissait et d'apparaître aux yeux de la critique comme un groupement nouveau. Ces « hommes de 1900 », animés d'un puissant « enthousiasme » (c'est un de leurs maîtres mots) croient à l'avenir de l'humanité dans la science et l'amour, au progrès qui fera de chaque homme un dieu dans le devenir universel : vision cosmique qui se traduit dans de grands poèmes épiques, *La Tragédie des espaces* d'Arcos (1906), *La Terrestre tragédie* de Henri Martin (1906), *L'Homme en tête* de Duhamel (1907), tandis que Vildrac, dans ses *Poèmes 1905* (1906) et *Images et Mirages* (1908), donne les fragments d'un grand poème sur les rêves et l'expérience de l'Abbaye. Les uns et les autres professent que le poème secrète sa propre forme, sa propre prosodie et que la liberté du créateur est totale en ce domaine.

Il ne faut pas confondre l'Abbaye et l'Unanimisme. Si Jules Romains a fréquenté l'Abbaye, il n'en a été qu' « adhérent externe » et son Unanimisme est très différent de la pensée poétique de l'Abbaye. [1]Mais il est vrai qu'après 1909 un rapprochement s'établit, que d'autres poètes comme Luc Durtain (*Pégase*, 1908) et Pierre Jean Jouve (*Présences*, 1912 ; *Parler*, 1913) rejoignent le mouvement : l'arrivée de Georges Duhamel au *Mercure de France* où il tint la chronique des poèmes de 1912 à 1914 put alors passer pour le signe de l'importance prise par ces écrivains.

En 1908 parut un volume de *Poèmes par un riche amateur* attribués à A. O. Barnabooth. L'auteur en était Valery Larbaud, qui, nourri de Rimbaud, de Laforgue et de Whitman, rêvait d'un poète « fantaisiste sensible à la diversité des races, des peuples, des pays, pour qui tout serait exotique ou pour qui rien ne serait exotique ». Le « grand patriote cosmopolite » qu'il a imaginé et dans lequel il a projeté sa propre sensibilité, promène sa solitude et son ennui de millionnaire de sleeping en hôtel de luxe sans rien trouver d'autre que « L'irremplaçable Vide/L'inconquérable Rien ». Larbaud traduit ce besoin de changement, nostalgie qui n'engendre que désenchantement, dans un langage impressionniste — des « bor-

---

1. Voir p. 307 le chapitre qui lui est consacré.

borygmes », dira-t-il — et un vers libre au rythme incertain, proche de la prose. L'ouvrage, qui ne suscita que peu d'écho en 1908, fut mieux accueilli lorsqu'il fut réédité, augmenté d'une nouvelle et d'un « Journal de Barnabooth », en 1913 : on fut alors plus sensible au lyrisme de la possession du monde (« O vie réelle, sans art et sans métaphores, sois à moi ») et à son expression. Mais Larbaud avait déjà abandonné la poésie pour la prose, le récit et la critique.

Accomplissements

Lituanien, arrivé en France à l'âge de douze ans, Oscar-Vladislas de Lubicz-Milosz y passa la plus grande partie de sa vie. Son pessimisme, son rêve d'absolu, la nostalgie de son enfance trouvèrent leur écho dans la sensibilité décadente et symboliste. Le *Poème des décadences* (1899), influencé par Baudelaire et par Verlaine, contient déjà tous les aspects de son paysage mental : landes brumeuses, « vieux soleils », « cieux défunts », difficulté de vivre avec les autres comme avec soi-même. *Les Sept Solitudes* (1906), *Les Eléments* (1911) sont une quête de l'Amour qui, seule, permettra d'atteindre à l'Idéal. Un roman, *L'Amoureuse Initiation*, deux pièces de théâtre, *Miguel Mañara*, *Méphiboseth* (une troisième, *Saul de Tarse*, est restée longtemps inédite) répondront que cet Amour ne peut être que l' « amour immense, ténébreux et doux » de Dieu. Son œuvre s'oriente dès lors vers un ésotérisme d'inspiration chrétienne avec le *Cantique de la connaissance* (1920), *Ars magna* (1924), *Les Arcanes* (1927) et des travaux d'exégèse biblique. Dans une perspective qui n'est pas sans analogie avec celle de Claudel, le poète devient un élu qui nomme les choses et par les sortilèges du langage les restitue à leur vérité orginelle.

Victor Segalen est le contemporain d'Apollinaire :

il est né deux ans avant lui, mort six mois après. De formation médicale, il s'était d'abord intéressé aux phénomènes de l'audition colorée dans un article, « Les Synesthésies et l'école symboliste », qui devait d'abord être un chapitre de sa thèse *L'Observation médicale chez les écrivains naturalistes*. Il allait trouver en Océanie et surtout en Chine son univers esthétique et spirituel. Un jeu subtil entre le réel et l'imaginaire, l'exotisme vécu et l'ailleurs spirituel anime aussi bien ses romans (*René Leys,* tentative vaine pour pénétrer la cité interdite de Pékin) que les déchiffrements précis de *Stèles*, les descriptions de *Peintures*, le carnet de route d'*Equipée* — étapes dans une quête poétique de l'unité du monde. Cette œuvre, qui ne commença à être connue qu'après 1920, contenait de nombreux inédits, qui n'ont pas encore été tous publiés.

Un « classicisme moderne » ?

Depuis le début du siècle, des esprits modérés comme Gide et ses amis s'interrogeaient sur ce que pourrait être le classicisme des temps modernes, qui assimilerait les apports du symbolisme et prendrait en charge les aspects nouveaux du monde. Ils s'intéressaient à des œuvres naissantes comme celles d'Apollinaire ou de Jules Romains. Ils avaient aussi le souci de renouer avec ceux qui, dans les années 90, leur semblaient avoir amorcé une telle évolution. Lorsque *La Nouvelle Revue française* fut fondée en 1909, Gide se tourna vers des amis de longue date, Léon-Paul Fargue, Valéry, Claudel, ainsi que Verhaeren et Vielé-Griffin, puis, parmi ceux qui n'ont pas encore publié, Saint-Léger Léger, qui ne signe pas encore Saint-John Perse (*Eloges*, 1911). Une poésie issue du symbolisme ouvrait ainsi les voies à quelques grands accomplissements poétiques du demi-siècle. Cette question d'un nouveau classicisme et de la postérité du symbolisme est alors d'actualité et la *N.R.F.* vient en son temps. D'un côté, Jean Royère se fait le défenseur de la tradition mallarméenne la plus pure, prétendant écrire une poésie « obscure comme un lis ». De l'autre se développe à partir de 1908 sous l'influence de Charles Maurras un néo-classicisme qui prétend, par-delà ce qu'il considère être les aberrations du xixᵉ siècle, la république, l'individualisme, le romantisme, renouer avec la tradition française de la Pléiade et du xviiᵉ siècle. Tel est Jean-Marc Bernard (*Sub tegmine fagi, Amours, Bergeries et Jeux*, 1913), qui devait être tué au début de la guerre.

Le Groupe fantaisiste

Quelques jeunes poètes que leurs affinités avaient rapprochés en 1908 et 1909 et qui devaient être désignés à partir de 1912 comme l'école fantaisiste, l'ont considéré comme étant des leurs : Francis Carco, animateur du groupe (1886-1958), Jean Pellerin (1885-1921), Léon Vérane (1885-1953), Tristan Derème (pseudonyme de Philippe Huc, 1889-1941), Claudien (pseudonyme de Robert de La Vaissière, 1880-1937), qui ont trouvé un maître en leur aîné Paul-Jean Toulet (1867-1920). Ils ont en commun une défiance à l'égard des entraînements de la passion romantique et des innovations prosodiques de la fin du xixᵉ siècle, le sentiment de la vanité de toutes choses, de l'inutilité de la révolte. Le seul recours est la pudeur, l'ironie souriante, voire la moquerie, le jeu — y compris le jeu du langage et de la prosodie. Tout élan, tout appel d'un grand thème lyrique sont désamorcés par le refus d'être dupe, qui se fixe dans la drôlerie d'un mot, d'une coupe, d'une rime. Loin d'être refusé, le monde contemporain fait partie de ce jeu, avec les charges nouvelles de pittoresque et de désillusion qu'il contient.

Les Contrerimes de Toulet ne parurent qu'au début de 1921, quelques mois après sa mort. Mais la plupart de ces poèmes, dont certains avaient été écrits vingt ans plus tôt, étaient connus depuis longtemps. Toulet avait adopté une strophe rarement utilisée, la contrerime, composée de quatre vers de huit, six, huit, six syllabes rimés en *a b b a*, « à contre-longueur » selon sa propre expression. Dans ce cadre raffiné de poèmes qui ont rarement plus de trois strophes, il insère un univers de désenchantement et d'enjouement un peu crispé, de désinvolture feinte qui atténue les grandes émotions, que relèvent la vivacité d'une impression, l'impromptu d'un mot familier, la pointe d'une érudition qui se moque d'elle-même.

Avant de connaître un grand succès dans le roman (*Jésus-la-Caille*, 1914) et de se faire le chroniqueur des bas-fonds et des mauvais garçons, Francis Carco avait été le poète en prose d'*Instincts* (1911), d'*Au vent crispé du matin* (1913), l'auteur des romances de *La Bohème et mon cœur* (1912) et des *Chansons aigres-douces* (1913), inspiré tantôt par la vie urbaine des bars, des cafés-concerts, des rues, tantôt par une mélancolie qui n'a oublié ni Verlaine ni Laforgue. Tristan Derème (*Les Ironies sentimentales*, 1909) est un sentimental qui échappe à l'élégie, un poète de goût classique qui échappe à l'imitation ; la pirouette, la cocasserie, le paradoxe sont l'expression même de son art de vivre et d'écrire. Jusqu'à sa mort en 1941 il écrira une œuvre abondante où se mêlent poèmes et réflexions piquantes sur la poésie (*Le Poisson rouge*, 1934 ; *L'Escargot bleu*, 1936 ; etc.). Jean Pellerin, mort des suites de la guerre en 1921, le plus proche peut-être de Toulet, a le sens de la caricature, de la drôlerie, qui n'excluent pas le désenchantement, ni une certaine peine à vivre, comme dans *La Romance du retour* (1921), poème du soldat démobilisé.

Avec Léon Vérane, la fantaisie touche à la tradition archaïsante de l'école romane, avec Jean-Marc Bernard et sa revue *Les Guêpes* au néo-classicisme des disciples de Maurras, tandis que les poèmes en prose de Claudien, par leur caractère onirique et hallucinant, ne sont pas sans annoncer certaines manifestations du surréalisme. Dans le numéro de *Vers et Prose* consacré aux « Poètes fantaisistes » en octobre-novembre-décembre 1913, Francis Carco peut incorporer Salmon, Apollinaire, Fagus, Deubel... De son côté, Henri Martineau ouvre largement sa revue *Le Divan*, fondée en 1909, à Toulet et à ses amis. Loin d'être un groupe refermé sur lui-même, l'école fantaisiste a, finalement, pour les contemporains, des contours flous. Elle exerce une forte attraction dans les années 1912-1913 : c'est qu'elle apporte un accent nouveau dans le domaine du traditionalisme en même temps qu'elle propose une réponse, à la fois souple et rigoureuse, à la question du classicisme moderne toujours débattue.

Naissance d'une avant-garde

Certains pensent aussi que la poésie ne s'adaptera aux temps nouveaux que par une révolution : à partir de 1910 l'esprit d'avant-garde se fait jour.

Dès février 1909, Marinetti avait lancé, d'abord à Paris en français, puis en Italie, son *Manifeste du futurisme.* Il y préconisait une rupture totale avec la tradition et l'avènement d'une esthétique de la vitesse et de l'énergie, à l'image de la machine (« une automobile rugissante [...] est plus belle que la Victoire de Samothrace »), et de la violence, semblable aux grands conflits modernes, grèves et guerres. Ce programme fut accueilli avec ironie en France. On prêta plus d'attention, mais surtout pour la discuter, à sa théorie de l'« Imagination sans fils » et des « Mots en liberté » (1913) où il prétendait substituer à l'ordre syntaxique l'explosion verbale typographiquement matérialisée.

Une impulsion déterminante vint de la peinture, de l'exemple des cubistes dont les premières manifestations groupées sont de 1911, des futuristes, qui exposent à Paris en 1912, d'indépendants comme Robert et Sonia Delaunay ou Chagall. Ce n'est pas seulement au Bateau lavoir que peintres et poètes se rencontrent, c'est à Montparnasse où les artistes commencent à affluer. L'exemple donné par la peinture est double : d'une part, l'art est création, non imitation du réel ; de l'autre, des techniques nouvelles doivent être inventées pour traduire les réalités du monde moderne, notamment la vitesse. Les recherches se multiplient dans une atmosphère de rivalités et de polémiques. L'ancien membre de l'Abbaye, Henri-Martin Barzun crée en 1912 le « Dramatisme », par lequel il veut exprimer des « présences poétiques simultanées » et manifester les multiples conflits entre l'individuel et l'universel. Sébastien Voirol, Fernand Divoire le suivent dans une tentative pour disposer (et faire lire) le poème comme une partition d'orchestre. Canudo fait dans sa revue *Montjoie !* la théorie de l' « art cérébriste ». Apollinaire invente le « poème conversation », le « poème simultané », l' « idéogramme lyrique » (qu'il appellera ensuite « calligramme ») [1].

Blaise Cendrars entre dans la vie littéraire française à la fin de 1912. Les poèmes qu'il publie en 1913 dans *Séquences* sont d'une sensualité teintée de mysticisme où l'influence de Baudelaire (complétée par celle de Remy de Gourmont) va parfois jusqu'au pastiche. Plus original était le poème des *Pâques*, publié à l'automne de 1912, qui, dans le dépouillement et la monotonie de ses distiques, nous dit que la poésie est fonction vitale, halètement même de la vie.

Tout autre est, à la fin de 1913, la *Prose du Transsibérien*, « premier livre simultané ». Simultané, parce que les compositions colorées de Sonia Delaunay-Terck font corps avec le texte du poète, et aussi parce que la présentation du livre sous la forme

---

1. Voir p. 319 le chapitre qui lui est consacré.

d'un dépliant de deux mètres de long incite à une lecture analogue à celle qu'on fait d'une affiche. Le vers devient un simple découpage qui isole une sensation, une image, une idée, la rime disparaît au profit de rappels de sonorités et de répétitions de mots. Le même souffle (mais sans la collaboration d'un peintre) anime *Le Panama ou les Aventures de mes sept oncles*, achevé avant la guerre, publié en 1918 seulement. Mais où Cendrars atteint aux frontières de l'expression poétique, c'est dans les *Dix-neuf poèmes élastiques*, « nés à l'occasion d'une rencontre, d'une amitié, d'un tableau, d'une polémique ou d'une lecture », également écrits avant la guerre, publiés en 1919 : la poésie y glisse de l'évocation d'un univers pictural, celui de Chagall, par exemple, à la pure et simple transcription d'un fait divers lu dans le journal — « poésie brute » ou « ready made » à la manière de Marcel Duchamp.

Les poètes et la guerre

La mobilisation générale en août 1914 s'accompagna d'un vaste mouvement d'engagements volontaires auquel participèrent les étrangers : le Suisse Cendrars et l'Italien Canudo prirent l'initiative d'un appel aux artistes et écrivains étrangers qui fut couronné de succès. La vie littéraire fut brutalement interrompue, surtout dans les milieux cosmopolites de l'avant-garde. Il fallut des semaines pour que la poésie reprenne une place dans une société que les circonstances avaient bouleversée. On passera sur la littérature cocardière qui sévit particulièrement dans la première moitié de la guerre. Les poètes y prirent leur part. Henry Bataille, Edmond Rostand, Paul Fort, Fernand Gregh, Saint-Georges de Bouhélier, Anna de Noailles rivalisèrent d'héroïsme verbal. Rares furent ceux qui exprimèrent un rêve de paix, ou simplement un besoin de lucidité : André Spire, dont *Et j'ai voulu la paix* ne put paraître qu'en

Angleterre (1916), Jouve, Eluard (*Poèmes pour la paix*, 1918). Parmi les combattants, la prière de Jean-Marc Bernard (*De profundis*, 1915), le déchirement d'un Arcos (*Le Sang des autres*, 1916) ou d'un Vildrac (*Les Chants du désespéré*, 1920), l'amertume contenue de *La Guerre au Luxembourg* de Cendrars (1916) sont les rares éclats de sensibilités poétiques confrontées à la réalité de la guerre. Une place à part doit être faite à Apollinaire, qui trouva dans la vie de la caserne, puis du front, une inspiration nouvelle [1].

Cependant, les activités littéraires reprenaient à Paris en 1915. En 1917, Valéry publie *La Jeune Parque*, qui marque son retour à la poésie après un silence presque total de vingt-cinq ans. Apollinaire, après sa blessure, fait dès l'automne de 1916 figure de chef de file d'une nouvelle avant-garde. C'est vers lui que se tournent Pierre Albert-Birot, fondateur en 1916 de la revue *SIC* (Sons, Idées, Couleurs), où il défend le « nunisme » (nun = *maintenant*, en grec), l'art du présent qui laissera « le vieux avec le vieux », et Pierre Reverdy, lorsque, en 1917, il fonde la revue *Nord-Sud*. Il n'est pas un chef d'école, mais plutôt l'initiateur, l'inspirateur par qui passe tout ce qui se fait de neuf en poésie. Un « esprit nouveau », selon son expression, se forge alors. Il affirme que tout art est créateur de réalité, que la poésie se donne sa propre forme, indépendamment de tout code, avec comme règle unique l'expression immédiate de l'émotion : point d'organisation rhétorique, mais une suite d'images et de propositions, un découpage du vers, une disposition typographique choisis pour leur efficacité, donnant au poème une existence graphique.

Max Jacob fréquentait la bohème littéraire et artistique depuis près de vingt ans quand il publia en 1917 les poèmes en prose du *Cornet à dés*. Ils venaient à leur temps. Chacun de ces courts poèmes

1. Voir p. 319 le chapitre qui lui est consacré.

est un petit monde de fantaisie fermé sur lui-même, tirant de lui-même sa raison d'être, pur, du moins en apparence, de tout artifice dans sa concision. « Le poème est un objet construit et non la devanture d'un bijoutier », écrit Max Jacob dans sa préface ; et, faisant allusion aux *Illuminations*, il ajoute : « Rimbaud, c'est la devanture du bijoutier, ce n'est pas le bijou : le poème en prose est le bijou. » Si, pour Max Jacob, la poésie est un « rêve inventé », la vie du poète est pour Pierre Reverdy « un rêve perpétuel ». L'acte poétique est « cette tentative téméraire de transformer les choses du monde extérieur, qui telles qu'elles sont nous demeureraient étrangères, en choses plus complètement assimilables et que nous puissions, le plus intimement possible, intégrer ». Ami des peintres, Reverdy a beaucoup réfléchi sur l'expérience cubiste, en particulier la structuration de l'espace plastique et l'économie des moyens qui s'y manifestent. A leur exemple, il lui suffit d'un vocabulaire sans obscurité et peu abondant, d'une syntaxe simple, d'un poème en prose souvent bref, aux arêtes dures ou d'un vers libre qui est l'organisation visuelle, constitutive du poème. *Poèmes en prose* en 1915, *La Lucarne ovale, Les Ardoises du toit, La Guitare endormie* les années suivantes signifient la cohérence rigoureuse d'une œuvre que ponctuent les notes critiques de *Self Defence* (1920).

Pierre Albert-Birot, tard venu à la littérature (il est né en 1876), publie en 1917 son premier recueil, *Trente et un poèmes de poche*. La poésie est pour lui fixation immédiate d'une impression, d'un événement, d'une chose imaginée ou rêvée, alliant l'instantané du temps présent à « tout le temps de la Terre ». Elle est un « grand déballage lyrique », selon l'heureuse expression de Jean Follain, qui utilise toutes les formes de vers — jusqu'à dix-huit syllabes —, le calligramme, invente le « poème-affiche » et le « poème-pancarte », et va jusqu'à se réduire à l'onomatopée dans les « Poèmes à crier et à danser » de 1916.

Jean Cocteau, au contraire, s'était laissé prendre aux pièges de la précocité. En 1912, à vingt-trois ans, il avait déjà publié trois recueils, *La Lampe d'Aladin, Le Prince frivole, La Danse de Sophocle*, où il imitait jusqu'au mimétisme Catulle Mendès, Rostand ou la comtesse de Noailles. Une crise morale, l'influence de Stravinski, le jugement de certains critiques le conduisent à découvrir, après « l'échelle des valeurs officielles », « l'échelle des valeurs secrètes ». *Le Potomak*, commencé alors, publié en 1919, illustre cette mutation. En 1917, la représentation par les Ballets russes de *Parade*, dont il avait écrit l'argument, sur une musique d'Erik Satie, dans des décors et des costumes de Picasso, fut reçue par le public comme une provocation de l'avant-garde. Mais Cocteau était aussi l'auteur, pendant ces années, de deux grands poèmes : *Le Cap de Bonne-Espérance*, où le thème du vol en avion représente la tentative d'évasion, l'invitation à la mort, dans une prosodie aux vers désarticulés, qui utilise les collages, les citations, les techniques de l'affiche ; *Discours du grand sommeil*, méditation sur la solitude et la mort, qui renonce à toutes les prouesses techniques du *Cap* pour une densité haletante qui ne craint pas de raser la prose.

S'attachent encore à Apollinaire de jeunes poètes qui ont à peine vingt ans, Philippe Soupault (*Aquarium*, 1917), André Breton, bientôt Aragon. Des rapprochements et une relève semblaient ainsi se préparer dans un large mouvement ouvert à la variété des températures et des expériences. Mais Apollinaire meurt le 9 novembre 1918. La guerre s'achève. Breton, Soupault, Aragon, auxquels se joint bientôt Eluard, séduits par le radicalisme révolutionnaire de Tristan Tzara, se lancent dans l'aventure du Dadaïsme. *Nord-Sud* cesse de paraître à la fin de 1918, *SIC* un an plus tard. Reverdy, Pierre Albert-Birot, Cendrars, Cocteau, Max Jacob tracent leur propre itinéraire. Le « siècle Apollinaire » dont parlera ce dernier sera un siècle éclaté.

Chapitre III

LE THÉÂTRE

L ES conditions techniques de la représentation théâtrale subissent de profondes modifications. Elles ne concernent pas tellement la structure de la salle de spectacle. De l'Opéra achevé par Garnier en 1875 au Théâtre des Champs-Elysées, œuvre de Perret, en 1913, la grande différence réside dans les conceptions architecturales et l'emploi ici de la pierre, là du béton ; la disposition des lieux est la même, avec la scène à l'italienne qui sépare les spectateurs de l'action. C'est seulement avec la fondation du Théâtre du Vieux-Colombier (saison 1913-1914) et quelques années plus tard les théories de Pierre Albert-Birot ou d'Apollinaire sur un théâtre en rond que se développeront, quant aux relations des assistants aux comédiens, des idées qui avaient déjà trouvé leur application à l'étranger.

La plus grande transformation viendra de l'électricité. Son introduction progressive à la fin du XIXᵉ siècle dans l'éclairage scénique a permis non seulement une lumière plus forte et plus régulière que la rampe à gaz, mais un renouvellement du décor et de la mise en scène grâce aux facilités avec lesquelles l'obscurité ou au contraire l'intensité lumineuse peuvent être obtenues. Un exemple déterminant fut donné par une danseuse d'origine américaine, Loïe Fuller, qui conquit le public parisien dès ses premières représentations en 1892 et mettait ses évolutions en valeur par des projections colorées. En facilitant la tâche des machinistes, l'énergie électrique rendit aussi les changements de décor plus rapides et, répondant aux vœux des spectateurs qui réclamaient plus de vérité, contribua à la disparition des toiles peintes conventionnelles.

Cette rénovation du lieu scénique s'accompagne d'une rénovation dans le jeu des acteurs et d'un répertoire nouveau. Mais les mutations se font lentement au théâtre et l'invention ne cesse d'y coexister avec la tradition.

La tradition

Entre 1869 et 1920, alors que les formules naturaliste et symboliste vont successivement tenter de s'imposer puis vont céder devant la poussée revigorante des avant-gardes, le théâtre français n'aura de cesse de recourir aux recettes éprouvées de la tradition. Le succès populaire et financier de certains drames ou mélodrames confirmera un immobilisme qui affecte aussi bien les intrigues que le décor. Les noms que l'on trouve le plus communément à l'affiche des théâtres parisiens vers 1900 ne manquent pas d'un certain prestige : ce sont ceux d'auteurs entrés jeunes à l'Académie française, mais leurs œuvres, elles, ont vieilli avant l'âge. Rares sont les auteurs susceptibles de retenir encore l'attention. Citons cependant Georges de Porto-Riche (1849-1930) dont la pièce *Amoureuse* (1894) met l'accent sur l'incompréhension des sexes, et Henry Bernstein (1876-1953), le meilleur représentant de ce qu'on pourrait appeler le « théâtre d'amour ». Avec un art consommé des « ficelles », il sait mêler habilement problèmes sentimentaux et conflits d'argent dans une œuvre comme *La Griffe* (1906) où un homme politique se ruine par amour.

Eugène Brieux (1858-1932) donne, lui, plutôt dans la sentimentalité mièvre où sombrent souvent les pièces de Henry Bataille (d'ailleurs poète de valeur), très prisées du public. Ce public, amateur d'émotions fortes et de dénouements moraux, recourt également aux plaisirs de la comédie et de la satire où triomphent gentiment un Alfred Capus et un Maurice Donnay, tandis que des tandems éprouvés comme Robert de Flers et Caillavet ou bien Meilhac et Halévy perpétuent les recettes de la comédie second Empire. Mais la veine comique ne confirme pas toujours les valeurs de la bourgeoisie. Avec la percée du théâtre naturaliste va éclore un genre nouveau, la comédie « rosse » où le bourgeois est pris pour cible, comme sous la plume de Georges Ancey, auteur de *La Dupe* et de *L'Ecole des veufs*. Georges Courteline (1858-1929) n'hésite pas à recourir à la farce et à la pochade, avec une gauloiserie de bon aloi. Ses piécettes ont été regroupées en 1903 sous le titre *Marionnettes de la vie*. *Boubouroche* (1893) et *Les Gaîtés de l'escadron* (1899) montrent que Courteline est capable de réussir aussi bien dans le comique sentimental que dans le comique troupier.

D'autres succès comiques ponctuent la vie théâtrale à l'intersection des deux siècles, comme *Les Pieds Nickelés* de Tristan Bernard, monté au Théâtre de l'Œuvre en 1895, ou l'adaptation à la scène du célèbre *Poil de carotte* de Jules Renard, à mi-chemin entre le sourire et les larmes. Quant au *Madame Sans-Gêne* de Victorien Sardou, succès de l'année 1893, il n'est qu'une habile réutilisation des recettes de la comédie second Empire, alors qu'un auteur comme Georges Feydeau (1862-1921) apporte au théâtre un sens virevoltant des situations les plus folles. La psychologie s'efface au profit d'une construction savante où l'imbroglio est roi. Le vaudeville trouve en Feydeau son auteur le plus génial, et si son époque ne l'a pas toujours perçu ainsi, les mises en scène de Jean-Louis Barrault en ont aujourd'hui apporté l'éclatante illustration. *Un fil à la patte* (1894), *La Dame de chez Maxim* (1899), *La Puce à l'oreille* (1907) et *Occupe-toi d'Amélie* (1908) sont un régal d'intelligence où la corde systématique n'a jamais été aussi bien tendue et tirée.

Mais le grand — l'immense — succès théâtral de la fin du siècle, c'est le *Cyrano de Bergerac* d'Edmond Rostand (1868-1918). Montée le 28 décembre 1897, cette comédie « héroïque » en cinq actes et en vers s'inscrit à la fois dans la lignée du drame romantique (Antoine la considérera comme « un accident tertiaire du romantisme ») et dans la tradition de François Coppée (*Le Passant*, 1869), de Jean Richepin (*Par le glaive*, 1892, *Le Chemineau*, 1897, *Le Martyre*, 1898), ou de Catulle Mendès (*Médée*, 1898 ; *Sainte Thérèse*, 1905), des auteurs souvent servis par la grande comédienne de l'époque, Sarah Bernhardt. Edmond Rostand restitue bien tout le pittoresque de la Fronde dans une ambiance de guerre en dentelles où les mousquetaires assouvissent leur goût des duels et où l'héroïsme s'assortit de panache. Cyrano sacrifie finalement son bonheur personnel au bonheur des autres et la grandeur de son geste (« c'est bien plus beau, dit-il, lorsque c'est inutile ») va faire les délices d'une génération humiliée — celle de 1870 — qui se sentira vengée par les prouesses et l'abnégation de Cyrano, ce Don Quichotte français. *L'Aiglon* connaîtra en 1900 un succès égal, mais, dix ans plus tard, *Chantecler* rencontrera l'échec. En rompant avec l'inspiration héroïque et en tentant de donner voix à des animaux, Edmond Rostand ne répondait plus à l'attente d'un public avant tout soucieux de voir flattée sa fibre patriotique. Il n'empêche que *Cyrano de Bergerac* demeure une pièce que le temps n'a pas trop ternie, où la noblesse des sentiments amoureux est chantée dans un langage brillant aux rimes aussi acrobatiques que les prouesses du héros au long nez.

Sacha Guitry apporte lui aussi une note singulière au théâtre français de l'époque. Des succès comme

Faisons un rêve (1912) ou *Mon père avait raison* (1919) allient la drôlerie, le brio de jeux de mots incessants, et un air de vécu renforcé par la présence sur scène de Sacha Guitry, savant ordonnateur, dans sa vie comme dans son œuvre, de créatures féminines mélancoliquement promises à l'éphémère.

Mais ce n'est évidemment pas du côté du théâtre de la tradition qu'il faut chercher les innovations qui ont touché aussi bien la mise en scène que le décor, à la fin du siècle.

Le théâtre naturaliste. Antoine

Le public de la fin du xixᵉ siècle aime la profusion décorative à laquelle plusieurs décennies de théâtre romantique ou réaliste l'ont accoutumé. Les naturalistes ne vont pas aller à l'encontre de ce goût, mais bien plutôt l'appuyer et y trouver un support dans leur quête d'exactitude sociologique.

Dans *Le Naturalisme au théâtre*, Emile Zola déclare d'emblée : « J'attends qu'on plante debout au théâtre des hommes en chair et en os, pris dans la réalité et analysés scientifiquement, sans un mensonge. » La scène doit accueillir une « tranche de vie » comparable à celle des romans, et la recherche du détail vrai s'imposera comme une nécessité. La mythologie du « vrai » tend alors à supplanter celle du « vraisemblable » précédemment adoptée.

Lorsque André Antoine, modeste employé de la Compagnie du gaz, crée en 1887 le Théâtre libre, Emile Zola peut avoir le sentiment que son rêve de théâtre naturaliste se réalise, et ce, au moment même où les conquêtes du symbolisme triomphent. En effet, Antoine inscrit aussitôt à son répertoire des pièces d'auteurs naturalistes comme Céard et Hennique. Il joue aussi du Zola, mais ce dernier confie à d'autres le soin d'adapter à la scène ses romans. C'est là une façon d'affirmer la primauté du roman sur le théâtre, tout en laissant à l'homme de théâtre la possibilité d'exercer un pouvoir essentiel. Antoine aura le génie de saisir cette chance, et il n'est guère étonnant que cet autodidacte passionné soit désormais considéré comme le premier metteur en scène français. Antoine ne se contente pas de signer ses mises en scène, il théorise, il exige de ses comédiens qu'ils impriment à ce qu'ils jouent une vérité plus singulière que générale.

De plus, Antoine apporte un grand soin au décor : il refuse la toile peinte et le trompe-l'œil pour miser sur le « vrai ». Introduisant l'électricité sur la scène, il vise à un éclairage atmosphérique qui corresponde à l'heure réelle de l'action et au degré d'intensité de l'intrigue. Antoine, soucieux de donner à la théâtralité toute sa violence, n'hésite pas à accueillir les objets les plus réels : en 1888, de véritables quartiers de bœuf seront accrochés sur la scène, dans *Les Bouchers* de F. Icres. Metteur en scène, Antoine impose ses conceptions au décorateur qui perd dès lors son autonomie. La pièce est aux mains d'un seul homme qui a la charge d'une équipe et la responsabilité d'un répertoire. Antoine entend d'abord ouvrir sa scène à tous les refusés de l'art dramatique, et d'abord aux naturalistes. Dès 1887, il monte *Jacques Damour* tiré d'une nouvelle de Zola, puis ce sera *Sœur Philomène* des Goncourt, *Les Résignés* de Céard, *Ménages d'artistes* d'Eugène Brieux. Il ne néglige pas les drames de François de Curel dont les personnages restent déchirés entre leur animalité et leur intelligence, ou les pièces de Henri Lavedan, plus dramatiques encore. Il fait place au comique de Georges Courteline.

Mais le véritable inspirateur d'Antoine, « le vrai rénovateur du théâtre contemporain » selon lui, est Henri Becque (1837-1899) qui a l'art de camper des personnages au caractère odieux et de faire peser sur ses pièces un pessimisme accablant, propice à l'éclosion cruelle de la vérité. Il avait connu ses premiers succès avec deux drames solides, *Michel Pauper,* en

1870, et *L'Enlèvement*, en 1871, qui font de lui le meilleur auteur du théâtre naturaliste, même s'il n'a jamais revendiqué une telle étiquette. Dans *Le Théâtre du XIXe siècle*, il expose qu'après une période d'imagination (le drame romantique) et une période d'esprit (Dumas fils, Augier, Sardou), le théâtre en est venu à une période de vérité : il est une « peinture », une « représentation ». Tels sont ses chefs-d'œuvre, souvent repris depuis leur création : *Les Corbeaux* (1882), peinture féroce des gens d'affaires qui ruinent une famille et d'un monde uniquement guidé par l'appât de l'argent, *La Parisienne* (1885), « comédie rosse », tout entière dans le dialogue nerveux, où chaque mot porte, d'une femme brillante avec ses deux amants.

Enfin, Antoine fait découvrir au public parisien le répertoire étranger, avec *La Puissance des ténèbres* de Tolstoï, *Les Revenants* et *Le Canard Sauvage* d'Ibsen. Les secrets de l'âme russe et de l'âme scandinave ont l'avantage de se distinguer des « tranches de vie » dont Antoine a bien conscience que le public s'est lassé rapidement. Mais Antoine ne saisit pas sa chance lorsque, en août 1890, Octave Mirbeau et Henry Bauër lui proposent de monter du Maeterlinck. Il refuse la proposition où il voit la négation de ce qu'il a toujours cherché. Mais son refus n'est pas exempt d'une certaine mauvaise conscience : Antoine sent bien que le symbolisme a le vent en poupe, et il prône alors l'union du réel et du symbole. Mais en rejetant Maeterlinck dans la catégorie de l'irréalisme, il se prive du poumon qui eût pu assurer au Théâtre libre un second souffle. Et c'est le Théâtre d'Art qui profitera du refus d'Antoine pour voir le jour et monter sans tarder les pièces de Maeterlinck.

L'aventure du Théâtre libre se perpétuera cependant jusqu'en 1895. Antoine tâtonne alors, croit de moins en moins à la formule naturaliste et songe à un théâtre idéal. La mort de Henri Becque en 1899 précipite le déclin du Théâtre libre, et Antoine ne se remettra pas de l'inachèvement des *Polichinelles* dont il avait passé commande à Becque.

Après la fermeture du Théâtre libre, Antoine deviendra animateur d'un théâtre portant son nom, entre 1897 et 1905, puis directeur du théâtre de l'Odéon, de 1906 à 1914.

Si l'aventure qui s'achève avec lui contribue à sonner le glas du naturalisme auquel le roman fut mieux à même d'offrir des formules solides et durables, elle marque en revanche l'avènement d'un personnage-clé : le metteur en scène qui imprime sa marque aux pièces qu'il décide de monter. Une révolution capitale s'amorce : le texte perd sa primauté au bénéfice de la dramaturgie.

Le théâtre symboliste. Lugné-Poe

Le naturalisme au théâtre n'a pas conquis des positions aussi solides que dans le domaine romanesque, et sa supplantation par le symbolisme s'accomplira sans lutte véritable. Lorsque dans ses *Souvenirs* Paul Fort affirme : « Je dressai devant le théâtre puissant, Théâtre libre, théâtre naturaliste, mon Théâtre d'Art, théâtre idéaliste », il dramatise outrancièrement la situation réelle. La réaction idéaliste est dans l'air depuis quelque temps et trouve des supports dans la vogue du wagnérisme et dans le culte nouveau de la suggestion en art, préconisé par Mallarmé. Alors que le naturalisme s'assimilait à une phénoménologie des comportements, les symbolistes veulent recentrer la représentation théâtrale sur le texte. On assiste soudain à une sorte de « textocentrisme » qui entend supplanter, non sans risques, la dramaturgie. C'est un peu la revanche des poètes, et il n'est pas étonnant que ce soit ce jeune poète, Paul Fort, qui fonde en novembre 1890 le Théâtre d'Art où, devant un public de cénacle, on va s'attacher à jouer des textes poétiques, bref de l'injouable : des

Cenci de Shelley au *Guignon* de Mallarmé, de *Les Uns et les Autres* de Verlaine au *Concile féerique* de Laforgue. Une pièce comme *Madame la Mort* de Rachilde, où, au second acte, un irréel jardin figure un cerveau, n'a cependant rien de très symboliste, tandis que *La Fille aux mains coupées* de Pierre Quillard est une sorte de transposition théâtrale de l'Hérodiade mallarméenne. C'est dire que le répertoire du Théâtre d'Art est quelque peu hétéroclite sous la direction d'un Paul Fort qui, à vingt ans, n'a ni autorité, ni goût véritable. Du moins le poète a-t-il un don de rassembleur et une propension à attirer des concours prestigieux dans son entreprise (Vuillard et Bonnard réalisent des décors, les acteurs Paul Mounet et Marguerite Moreno figurent à l'affiche). De l'activité désordonnée du Théâtre d'Art, ressortent surtout le goût d'un jeu désincarné, le souci d'un décor épuré qui ne servent que de prétexte au rêve, et la recherche de modes de diction artificielle et musicale où le silence met en valeur les mots évocateurs. Maurice Maeterlinck est incontestablement le meilleur représentant du théâtre symboliste. Sa pièce *La Princesse Maleine,* montée en 1890, a été très remarquée et a bénéficié du soutien enthousiaste d'Octave Mirbeau — futur auteur d'une impitoyable dénonciation du monde de l'argent, avec *Les Affaires sont les affaires* (1903) — qui n'hésite pas à affirmer que l'œuvre de Maeterlinck est « supérieure à ce qu'il y a de plus beau dans Shakespeare ». Le Théâtre d'Art inscrit en 1891 deux pièces de Maeterlinck à son répertoire : *L'Intruse* où des rencontres étranges suscitent une confrontation avec des forces occultes, et *Les Aveugles* dont le statisme aspire à une dimension métaphysique : douze aveugles se retrouvent seuls dans une forêt après la mort du prêtre qui les guidait, et incarnent la plus éprouvante solitude existentielle. Mais c'est à regret que Maeterlinck a confié *Les Aveugles* au Théâtre d'Art dont il pressent le déclin et qui meurt en effet trois ans après sa fondation.

C'est un comédien de la troupe, Lugné-Poe, qui, après avoir été régisseur chez Antoine, va reprendre un projet que Paul Fort n'a pu mener à terme : la mise en scène du *Pelléas et Mélisande* de Maeterlinck, ce drame épuré de la passion secrète et de la jalousie que la musique de Debussy immortalisera bientôt. Lugné-Poe réussit à monter ce poème déclaré publiquement injouable, et, fort de son succès, il fonde en octobre 1893 sa propre entreprise, le Théâtre de l'Œuvre, qui se perpétuera jusqu'en 1899. L'enthousiasme de Lugné-Poe n'est pas exempt de roublardise et même de méchanceté — notamment à l'égard de Paul Fort qu'il supplante sans ménagement. Mais son dynamisme manque surtout de rigueur et de détermination esthétique. Lugné-Poe défend d'abord le courant symboliste et monte des pièces de Henri de Régnier (*La Gardienne*), de Jean Lorrain (*Brocéliande*), d'Oscar Wilde (*Salomé*), voire d'Edouard Dujardin (auteur d'une très mallarméenne *Légende d'Antonia*) ou de Joséphin Péladan (*Le Fils des étoiles*, *Babylone*). C'est l'époque où Larochelle crée le Théâtre de la Rive gauche et monte, en février 1894, l'*Axël* de Villiers de l'Isle-Adam, vif mais éphémère succès du théâtre symboliste. Lugné-Poe qui, dans la foulée d'Antoine, s'est spécialisé dans le répertoire scandinave (Ibsen, Strindberg), contribue à la découverte d'autres auteurs étrangers, et notamment anglo-irlandais comme Synge et Bernard Shaw. Parallèlement, Lugné-Poe se lasse de la formule symboliste et s'en libère à la fois par le recours à la provocation (il monte en 1896 le célèbre *Ubu roi* d'Alfred Jarry) et par une alliance avec Saint-Georges de Bouhélier, auteur en janvier 1897 d'un manifeste du « Naturisme » qui en appelle à un retour au naturel et à la simplicité.

Soucieux de s'ouvrir à des courants différents de la pensée contemporaine, Lugné-Poe sollicite Romain Rolland qui n'a pas une grande affection pour le

Théâtre de l'Œuvre mais qui accepte que l'on y monte ses pièces : *Aërt* et *Les Loups* en 1898, *Le Triomphe de la raison* en 1899. Romain Rolland tourne radicalement le dos à la formule floue et suggestive du symbolisme et s'oriente vers un « théâtre du peuple » qui se rattache à la grande tradition démocratique des philosophes du xviiie siècle. Il reconnaîtra en Maurice Pottecher, fondateur en 1892 du Théâtre de Bussang, un précurseur de cet « art du peuple » dont la perspective le requerra durablement et qu'il définira en 1903 dans *Le Théâtre du peuple, essai d'esthétique d'un théâtre nouveau* — un théâtre qui doit être selon lui à la fois délassement, incitation à l'action révolutionnaire, et « source d'énergie ». Mais ce n'est assurément pas là le souci majeur du public théâtral de la fin du siècle qui ne jure bientôt plus que par le *Cyrano de Bergerac* d'Edouard Rostand et par ses tirades héroïques. Lugné-Poe, dont la ligne directrice n'a jamais été très nette, sombre sous la poussée du retour en force du théâtre le plus traditionnel, et l'aventure de l'Œuvre s'achève en 1899, laissant le terrain libre à une autre poussée en germe, celle des avant-gardes. Du moins Lugné-Poe peut-il se flatter d'avoir été, par son dynamisme multiforme, mais hélas sans réflexion véritable sur la mise en scène, le découvreur de Jarry et de Crommelynck en même temps que celui qui a accueilli les premières pièces d'un des plus grands auteurs dramatiques du xxe siècle, Paul Claudel.

Vers un nouveau théâtre

Les nouveautés essentielles ne viendront pas de ces deux grands initiateurs que furent Antoine et Lugné-Poe. Ni de ceux qui s'efforcèrent de créer un théâtre populaire, dans des expériences aussi différentes que celle de Pottecher à Bussang ou celle des organisateurs des « chorégies » au théâtre antique d'Orange : on voulut y révéler la tragédie grecque à un large public, notamment dans des adaptations de Péladan, dont la mise en scène et l'interprétation n'échappaient guère à la tradition, voire à l'académisme.

Si les travaux d'Appia ou de Gordon Craig (*L'Art du théâtre*, 1905) sont assez peu connus en France, une réflexion s'y développe à l'écart des réalisations scéniques, particulièrement dans la revue *L'Ermitage*. En 1900 et 1901, Henri Ghéon y donne des « Notes sur une Renaissance dramatique » — qui, selon lui, procédera d'un « néo-classicisme ». En 1904, Gide y publie une conférence qu'il vient de prononcer, « De l'évolution du théâtre », où il souligne que la nouveauté se trouve dans le théâtre écrit et non sur les planches : il pense au *Théâtre* de Claudel, édité en 1900, et aussi à *L'Eau-de-vie* de Ghéon et à *L'Echange*, de Claudel encore, qui ont figuré au sommaire de la revue (deux pièces que Copeau montera dix ans plus tard au Vieux-Colombier) [1]. Toujours dans *L'Ermitage*, Jacques Copeau prend en 1904 la rubrique des spectacles où il succède à Maurice de Faramond, lui-même auteur de *La Noblesse de la terre*, qui, représenté à l'Œuvre en 1899, avait l'estime de Gide et de ses amis.

C'est en 1910 qu'il faut situer le tournant vers une dramaturgie nouvelle : si *Chantecler* de Rostand, longtemps attendu, déçoit la critique, Sacha Guitry donne dès ses débuts un air de rajeunissement au répertoire du Boulevard ; surtout, Jacques Rouché publie *L'Art théâtral moderne* et prend pour trois ans la direction du Théâtre des Arts (actuellement théâtre Hébertot). Il habitua un public que la mise en scène colorée et fastueuse des Ballets russes avait

---

1. En 1912 encore, Sauvebois écrit : « C'est par une mystérieuse volonté des choses que des poètes qui savent ne jamais devoir être joués donnent à leurs œuvres la forme dramatique, ainsi *La Dame à la faulx* de Saint-Pol-Roux, *Phocas le jardinier* de Francis Vielé-Griffin, *Les Cuirs de bœuf* de G. Polti, *Le Roi Candaule* d'André Gide, et surtout l'œuvre entière de Paul Claudel. »

séduit en 1909, à un véritable art de la scène auquel il convie les peintres. Dans le manifeste qu'il publie pour l'ouverture de la première saison, il écrit :

> Une école nouvelle est née succédant à l'école réaliste et pittoresque qui a eu en France, grâce au merveilleux talent de nos illustres metteurs en scène, l'admirable essor que l'on connaît.
>
> [...]
>
> Mettre le décor au service exclusif du drame, c'est-à-dire lui imposer pour rôle de resserrer l'action, de caractériser son milieu, de l'unifier par le style au poème ; de donner du relief aux personnages, de situer dans l'espace ces personnages en réduisant ou en augmentant les proportions de la scène, et en luttant contre l'importance que les décorateurs attachent à leurs accessoires, à ce faux et superflu pittoresque qui ne fait pas corps avec l'action, qui ne l'épouse ni ne l'exalte.
>
> [...]
>
> Simplifier et synthétiser le décor en l'adaptant étroitement aux situations, choisir chacun des éléments indispensables à chaque scène et les disposer de la manière la plus suggestive. Styliser le décor par des recherches de rythme et d'effets plastiques.

Rouché s'efforça de donner des pièces qui, comme *Le Carnaval des enfants* de Saint-Georges de Bouhélier (son premier spectacle), répondaient à la recherche d'un tragique moderne, et de faire connaître des pièces étrangères : en 1911 une adaptation des *Frères Karamazov* due à Jacques Copeau et à Jean Croué, en 1912, *La Profession de Madame Warren* de Shaw, *Marie-Madeleine* de Hebbel, en 1913, de Shaw encore, *On ne peut jamais dire*.

En 1911, Jules Romains fait ses débuts au théâtre

avec *L'Armée dans la ville*, joué à l'Odéon alors dirigé par Antoine. Le théâtre doit être, selon Romains, « jouable, destiné à la scène », « simple de structure », « moderne quant au sujet, mais doué de la plus haute généralité » ; l'action sera, comme dans la tragédie classique, « ramassée en une crise » ; elle mettra en œuvre des groupes ; enfin, « le grand art dramatique exige le vers » — un vers qui, dans le cas présent, n'est ni le vers traditionnel ni le vers libre proprement dit. La pièce, qui raconte l'occupation d'une ville par une armée ennemie et l'échec de la révolte fomentée par la population, reçut un accueil mitigé : elle était représentée dans une période de polémiques peu favorable.

Plus importante est l'apparition à la scène de l'œuvre de Claudel. Ses pièces publiées, jusqu'à *L'Otage* (1911), avaient suscité l'admiration dans les milieux littéraires les plus divers. En 1912, il publie *L'Annonce faite à Marie*, remaniement de *La Jeune fille Violaine* (dont la première version était de 1892), qui sera joué à la fin de l'année par les soins de Lugné-Poe à l'Œuvre. En 1914, à la veille de la guerre, au même théâtre sera donné *L'Otage*, tandis qu'en janvier *L'Echange* avait été monté par Copeau au Vieux-Colombier. Claudel a alors conquis un public ; sa réputation s'étend au-delà des cercles littéraires, jusque dans la presse quotidienne. C'est qu'il répond à une attente, celle que définissait Ghéon en 1911 dans *Nos directions* lorsqu'il énonçait « deux ou trois problèmes qui nous apparaissent comme les plus urgents de ces temps-ci : le problème du " classicisme ", celui d'une renaissance lyrique du théâtre, celui des rythmes dans la poésie ». Ce n'est pas un hasard si ce succès est contemporain de la création du théâtre du Vieux-Colombier par Jacques Copeau. Celui-ci (1879-1949) était naturellement passé de *L'Ermitage* à *La Nouvelle Revue française* où il avait publié non seulement des articles de critique, mais des études comme « L'Art théâtral moderne » en décembre 1910. La première représentation du nouveau théâtre annoncée dans la *N.R.F.* de septembre 1913 par un manifeste intitulé « Un essai de rénovation dramatique : le Théâtre du Vieux-Colombier », faisait connaître une troupe qui comprenait Charles Dullin, Valentine Tessier, Blanche Albane (qui avait épousé en 1909 Duhamel), Suzanne Bing, Louis Jouvet. Plus qu'une réforme formelle, c'était une philosophie du théâtre que proposait Copeau. Il prétendait le restituer à sa pureté et à sa gravité premières d'abord en le libérant autant qu'il était possible de toute spéculation financière. Il entendait ensuite rendre à l'auteur, donc au texte, la première place. Les acteurs ne devaient plus, comme il était courant, servir de faire-valoir à une vedette, mais constituer une équipe soudée qui, idéalement, serait anonyme ; à la gestuelle excessive, à la déclamation, ils substitueront un jeu simple, fondé sur la connaissance du corps (par conséquent sur un entraînement physique continu) et sur une diction fidèle à la nature du personnage et à l'unité esthétique de la mise en scène. Le décor sera réduit au minimum pour tendre au dépouillement primitif du « tréteau nu » ; à la limite, des pancartes suffiront à indiquer les lieux. Pour le répertoire, Copeau est d'abord allé aux grands dramaturges, Shakespeare *(La Nuit des rois)*, Molière *(L'Avare*, avec Dullin dans le rôle d'Harpagon, *L'Amour médecin*, *La Jalousie du barbouillé)*, ainsi que Musset *(Barberine)*. Outre *L'Echange* de Claudel, déjà cité, il donna aussi des œuvres de membres du groupe de la *N.R.F.*, *Les Fils Louverné* de Jean Schlumberger, *Le Testament du père Leleu* de Martin du Gard, *L'Eau-de-vie* de Ghéon, et de plus des pièces de Courteline, Tristan Bernard et Jules Renard. Au total, dix-sept titres en une saison. L'entreprise, marquée par la réconciliation de la littérature et du théâtre et par le dépouillement et l'austérité, fut interrompue par la guerre — comme d'ailleurs toute activité dramatique de qualité. Elle fut pour le théâtre de l'entre-deux-guerres d'une grande fécondité : si Copeau lui-même dut renoncer au Vieux-Colombier après une expérience de cinq ans, de 1919 à 1924, Jouvet, Dullin se sont formés dans son sillage et, dans les générations suivantes, plus d'un réalisateur, de Barsacq à Gignoux ou de Chancerel à Raymond Rouleau, fut de ses élèves.

Moins ambitieux, le Théâtre idéaliste de Carlos Larronde a joué son rôle dans la recherche d'un nouveau répertoire. A l'origine est la Société des poètes girondins, animée en 1911 par le jeune poète bordelais Carlos Larronde, fondateur aussi de la revue *Marches du Sud-Ouest* qui défendit le cubisme. Claudel, Gourmont y furent évoqués ; à la fin de 1912 fut donnée une lecture-spectacle de *L'Otage*. A Paris, après avoir proposé en 1913 un spectacle orienté vers le symbolisme, avec des œuvres de Vielé-Griffin, Maeterlinck et Saint-Pol-Roux, le Théâtre idéaliste fit connaître la pièce de Milosz *Miguel Mañara*, qui venait de paraître : cette quête de « l'amour immense, ténébreux et doux » par Don Juan, de la débauche à l'abandon à Dieu en passant par la passion humaine, se présente en « tableaux » sans action, qui sont comme des arrêts entre un avant et un après qui ne sont pas mis en scène, le dernier seul introduisant un élément dramatique, le miracle accompli par Miguel — comme si la parole, au lieu de tracer l'avenir en s'étayant sur le passé, devenait acte fondamental. Le Théâtre idéaliste donna plus tard, en 1917, la seconde pièce de Milosz, *Méphiboseth*. Il avait en effet, modestement d'abord, poursuivi ses activités pendant la guerre. Mais son répertoire s'était élargi, s'ouvrant aux œuvres de technique simultanéiste. Le 16 mars 1918, Carlos Larronde fait une conférence sur « le théâtre contemporain et ses formes nouvelles », qui sont selon lui « l'idéo-réalisme, la psychologie collective, la tragédie moderne, l'art orphique ou simultané » — points qui tracent l'évolution qu'il a suivie de Saint-Pol-Roux à Barzun et à Voirol. L'itinéraire du Théâtre idéaliste, en effet, parti du symbolisme, aboutit à l'avant-garde qu'illustrera le groupe Art et Liberté dont il sera question plus loin. On peut dire même qu'à partir de 1917, s'il n'y a pas de fusion, il y a constante interpénétration entre les activités de ces deux organismes.

Voies de l'avant-garde

La portée d'*Ubu roi* et des commentaires dont Jarry a accompagné sa pièce n'a pas été immédiatement perçue. Cependant, son article : « De l'inutilité du théâtre au théâtre », paru dans le *Mercure de France* de septembre 1896, jetait les bases d'une révolution dans l'art dramatique. Jarry estime que, au moins pour les « bons esprits » que ne satisfait pas le théâtre du Boulevard, le décor est inutile ; il n'est qu'une catégorie d'accessoire, et peut être apporté sur scène (éventuellement sous la forme d'un écriteau) « comme une table ou un flambeau ». L'acteur doit s'effacer derrière le personnage, s'en « faire la tête » au moyen d'un masque, avoir une voix spéciale, « la voix du rôle », « comme si la cavité de la bouche du masque ne pouvait émettre que ce que dirait le masque ». Il se fera aussi « le corps du rôle », s'animera comme une marionnette. Toute forme de réalisme est ainsi rejetée, au profit d'un « nulle part », qui est « partout », et de « fantoches », qui nous ressemblent.

Il faut attendre une dizaine d'années pour voir reparaître au théâtre une mise en cause des conditions, des structures et du contenu de l'œuvre dramatique. *Les Mécréants*, « mystère laïc », unique dans l'abondante production de Henri Hertz, a été publié en 1909, mais non représenté. Et pour cause : le dernier acte met en action des objets (la pendule), des meubles, même des abstractions, pour s'achever dans une sorte de pantomime cosmique, ouvrant la scène à l'univers.

Si cette pièce fut sans lendemain, il n'en est pas de même du théâtre de Marinetti (1876-1944). On sait qu'au moins jusqu'en 1914 le fondateur du futurisme publia son œuvre en français et que c'est à Paris que furent représentées ses premières réalisations. *Le Roi Bombance*, publié en revue en 1905, monté par Lugné-Poe au théâtre de L'Œuvre en 1909, est une « tragédie satirique » plus rabelaisienne que jarryque ; la répression d'une révolte y est traitée en métaphore digestive, le chef des révolutionnaires s'appelant « Estomacreux » et le défenseur de l'ordre « Béchamel ». Le comique un peu laborieux cache parfois ce que le projet de donner vie à des images pouvait avoir d'original. La deuxième pièce de Marinetti, *Les Poupées électriques* (1909), est influencée par Ibsen. La grande innovation consiste à avoir dédoublé les personnages par des robots qui donnent forme à tout ce qui, dans leur existence, est automatisme, mécanisme : procédé de multiplication de l'individu qui ne cessera de se répéter dans l'avant-garde.

Cette année 1909 est aussi celle du Manifeste du futurisme. Il sera suivi en 1911 d'un Manifeste des auteurs dramatiques futuristes, qui repousse tous les aspects du théâtre contemporain pour une « synthèse grisante de la vie dans ses lignes significatives et typiques », puis en 1913 du manifeste sur le music-hall considéré comme l'école du théâtre nouveau. Un véritable théâtre futuriste n'apparaîtra que plus tard et sera strictement italien.

L'avant-garde poétique française des années 1912-1914 tourne autour du théâtre sans l'aborder franchement. Barzun parle de l'« ère du drame » et annonce que le poème de l'avenir sera un « chant dramatique », Fernand Divoire pense que le poème « simultané » doit être dit plutôt que lu, mais point d'œuvres ne sortent de ces considérations. Son *Exhortation à la victoire,* composé en 1913 pour Isadora Duncan qui venait de perdre ses deux enfants, est un chœur parlé qui ne fut donné que quelques années plus tard.

C'est pendant la guerre, à la faveur du renouveau poétique autour d'Apollinaire, que se développera une véritable recherche en matière de théâtre. Dès les premiers numéros de *SIC,* au début de 1916, Pierre Albert-Birot aborde la question : le réalisme ne suffit pas, le théâtre, comme tout art, doit être création ; la révolution se fera donc par les auteurs, non par les acteurs et la mise en scène. Dans le numéro d'août-septembre-octobre, il imagine un théâtre sans unité de lieu ni de temps, sans autre décor que la lumière, présentant simultanément des actions multiples grâce aux moyens d'expression les plus variés, acrobaties, chants, clowneries, cinéma..., « un grand tout simultané, contenant tous les moyens et toutes les émotions capables de communiquer une vie intense et enivrante aux spectateurs ». La salle où se déroulera un tel spectacle sera un cirque, dont le public occupera le centre : il sera ainsi investi par l'action. Sa première pièce, *Larountala,* datée de 1917-1918, met en œuvre ces principes. « Polydrame en deux parties », elle compte une cinquantaine de personnages, dont des êtres collectifs et des doubles (comme « lui bleu » et « lui rouge »), des animaux, un arbre... Elle se déroule sur deux scènes, l'une contenant l'autre. Les personnages parlent en prose, en vers, par onomatopées. Tout le spectacle est fait de surprises, de surgissements, d'interpellations, de conflits, jusqu'à l'apparition de Larountala, gigantes- que incarnation des destins obscurs de l'humanité. Pierre Albert-Birot écrira d'autres pièces, *Matoum et Tévibar,* les « drames comiques » *Le Bondieu, L'Homme coupé en morceaux, Les Femmes pliantes* ; mais, si savoureuse que soit l'invention qui les inspire, elles n'ont pas la luxuriance baroque de la première.

Les conceptions qu'Apollinaire exprime dans le

prologue des *Mamelles de Tirésias* sont proches de
celles de Pierre Albert-Birot :

Vous trouverez ici des actions
Qui s'ajoutent au drame principal et l'ornent
Les changements de ton du pathétique au burlesque
Et l'usage raisonnable des invraisemblances
Ainsi que des acteurs collectifs ou non
Qui ne sont pas forcément extraits de l'humanité
Mais de l'univers entier
[...]
Car la pièce doit être un univers complet
Avec son créateur
C'est-à-dire la nature même
[...]

La longue polémique qui suivit la représentation
de cette pièce le 24 juin 1917[1] est un signe de l'intérêt
qui se porte alors sur le théâtre et sur les mouvements
d'avant-garde.

Le succès du groupe « Art et Liberté » en est un
autre. Cette « association pour l'affirmation et la
défense d'œuvres modernes », à l'origine plus tournée vers la peinture cubiste et la simultanéité poétique à la manière de Barzun, s'est particulièrement
ouverte au théâtre avec, en janvier 1917, l'entrée à
son comité de Louise Lara, sociétaire de la Comédie-
Française, attirée par la poésie et par des auteurs
dramatiques comme Claudel ou Crommelynck,
épouse d'Edouard Autant, architecte non-confor-
miste, préoccupé de la synthèse des arts. De juin
1917 au printemps 1919, les activités se multipliè-
rent : d'abord des séances de poésie, musique et
parfois danse, ensuite des mises en scène de deux
types. Dès le 3 juin 1917 sont données à la Comédie

1. Voir p. 325.

des Champs-Elysées trois œuvres « simultanées »,
La Montagne de Barzun, *Exhortation à la victoire* de
Fernand Divoire et *Le Sacre du printemps* de Sébastien Voirol ; puis, entre autres, dans ce type de
recherche, *Le Dit des jeux du monde* de l'écrivain
belge Paul Méral. D'autre part, Art et Action
introduisit en France le théâtre futuriste qui s'était
développé en Italie depuis 1914. La séance qui lui est
consacrée le 17 février 1918 a la valeur d'un choix
déterminé pour les formes les plus provocatrices de
l'avant-garde : elle était composée de pièces brèves,
« surprises théâtrales » et « synthèses théâtrales »,
utilisant les unes et les autres le raccourci, l'inat-
tendu, la fragmentation du temps. Outre ces deux
grandes tendances, Art et Action afficha dans la
saison 1918-1919 *Couleur du temps* d'Apollinaire [1],
dont la représentation quelques semaines après la
mort du poète provoqua une polémique, un « miracle en douze vitraux écrit à la gloire du siècle Treize »
de Georges Polti, *Cuirs de bœuf*, une *Danse macabre*
du xve siècle transcrite par Carlos Larronde, une
pièce de Marcel Lherbier, *L'Enfantement du mort*,
qui était un retour à l'esthétisme symboliste et,
malgré une brillante distribution (Louise Lara, Eve
Francis, Jean Hervé), fut un cruel échec. Une crise
s'ensuivit, d'où sortit en 1919 le Laboratoire de
théâtre Art et Action, qui subsista jusqu'en 1927.
Son premier spectacle fut, à la fin de l'année, une
réalisation polyphonique à dix voix du *Coup de dés*
de Mallarmé, qu'Autant, son créateur, voulait fidèle
aux intentions du poète.

Dans les premières années de l'après-guerre,
Copeau doit renoncer à la direction du Vieux-
Colombier ; du côté de l'avant-garde, les pochades de
Cocteau pour le Bœuf sur le toit, les interventions
dadaïstes et surréalistes à la scène ouvrent des voies
nouvelles. Cependant on est loin d'une rupture avec

1. Voir p. 325.

la période qui vient de s'achever. Des pièces aussi différentes que *Les Corbeaux*, *La Parisienne*, *Cyrano de Bergerac*, les comédies de Courteline, les drames de Claudel sont entrées dans le répertoire de nos théâtres. Artaud se réclame de Jarry. Parmi les quatre grands metteurs en scène comédiens qui formeront en 1927 le Cartel, deux, Jouvet et Dullin, sont d'anciens collaborateurs de Copeau. La continuité est plus forte que les ruptures : le théâtre du XXe siècle s'est nourri de tout ce qui s'était fait des premières expériences d'Antoine aux recherches d'Edouard Autant et Louise Lara.

CHAPITRE IV

LA CRITIQUE

S AINTE-BEUVE meurt en 1869. S'il n'a pas fait
école, sa méthode critique du moins a suffisamment marqué l'époque pour que ses
contemporains et ses successeurs ne cessent, explicitement ou non, de la prendre en compte.

Maintenances

La critique dogmatique et polémique, favorisée
par les institutions de l'Empire autoritaire, n'a pas
disparu avec l'instauration de la République. Louis
Veuillot poursuit inlassablement jusqu'à sa mort en
1883 ses attaques vigoureuses contre une littérature
qui, depuis le début du XVIIIe siècle, est selon lui
contaminée par le protestantisme, le paganisme, et
leurs séquelles, le scepticisme, l'immoralité. Armand
de Pontmartin, rival de Sainte-Beuve avec ses *Cause-
ries du samedi* qui paraissent jusqu'en 1880, s'en
prend à ceux qu'il appelle les « fétiches littéraires »
— essentiellement les philosophes du XVIIIe siècle et
les romantiques — et aux critiques qui manquent à
leur mission. Barbey d'Aurevilly, s'il reconnaît la
valeur de Balzac, de Stendhal, de Baudelaire, exerce
au nom du catholicisme, sans lequel « il n'y a ni
philosophie, ni poésie », une critique rude, sans

complaisance, pleine d'une fougue savoureuse, pour-
fendant positivistes, réalistes et naturalistes, poètes
parnassiens. Ses articles ont été réunis dans *Les
Œuvres et les Hommes* et *Théâtre contemporain.*

D'autres sont moins intransigeants, tout en restant
profondément attachés à la tradition. Montégut, qui
collabora à la *Revue des Deux Mondes* de 1847 à
1890, combat le réalisme et le naturalisme, mais il
rêve d'une critique qui, par l'imagination, participe à
la vie créatrice. Scherer, qui peut faire figure de
disciple de Sainte-Beuve (auquel il succéda d'ailleurs
au *Temps* de 1870 à sa mort en 1889), repousse
également l'idéalisme et le réalisme, condamne Flaubert et Zola.

Les conceptions de Taine et de Renan, qui, par des
voies différentes, aboutissent à la notion d'une critique scientifique fondée sur la recherche du vrai,
n'ont pas fait école ; mais leur influence a été
considérable, et on peut dire que c'est par rapport à
elles que se sont affirmées et définies plusieurs
générations de penseurs et de critiques, qu'on s'en
inspire ou qu'on s'y oppose. La tentative d'un Emile
Hennequin pour démontrer scientifiquement,
contrairement à Taine, que c'est le génie qui crée le
milieu, peut notamment être retenue (*Critique scientifique*, 1888, *Ecrivains francisés*, 1889, *Quelques
écrivains français*, 1890).

Ni le dogmatisme ni les ambitions scientifiques
n'ont réduit une critique du goût et du plaisir. C'est,
au théâtre, celle de Francisque Sarcey qui tient la
critique dramatique au *Temps* de 1867 à 1899 et
prétend exprimer le bon sens du public, ou de Paul
de Saint-Victor, qui meurt en 1881 après avoir tenu
pendant neuf ans la chronique du théâtre au *Moni-
teur*. Banville, qui publie en 1872 son *Petit Traité de
versification française* et en 1874 une *Histoire du
romantisme*, défend de 1869 à 1881 au *National* un
théâtre de l'idéal où le langage est roi. Bien qu'il soit
plus jeune (il est né en 1844 comme Verlaine), c'est

ici le lieu de citer Anatole France. D'abord séduit par le rationalisme de Taine et de Renan, il évolue rapidement vers une critique épicurienne, qui formule le bonheur de la lecture. Chroniqueur au *Temps* de 1875 à 1893 (ses articles ont été en partie réunis dans *La Vie littéraire*), il fait partager à ses lecteurs ses penchants pour un art mesuré, de goût classique, pour le XVIIIe siècle français et son scepticisme, alors que le romantisme le rebute, plus encore le naturalisme, qui lui semble grossier, et qu'il ne comprend pas le symbolisme.

Critique des créateurs

Naturalistes et symbolistes ont eu une grande activité théorique et critique. L'indifférence ou l'hostilité auxquelles ils se heurtent dans la presse et les grandes revues les y a sans doute incités. Les années 80 connaissent un fourmillement de petites revues, souvent éphémères, qui n'ont parfois que quelques pages, où se développent théories et polémiques. C'est dans *L'Hydropathe, La Nouvelle Rive gauche, Tout Paris, Lutèce, Le Chat noir, Les Taches d'encre* que le jeune Barrès rédige seul, d'autres encore, qu'il faut aller à la découverte de l'esprit décadent ; c'est la *Revue wagnérienne, La Vogue,* la *Revue indépendante, Le Symboliste* qu'il faut consulter pour définir les positions du premier symbolisme. Des ouvrages, originaux ou composés d'articles, donnent à ces idées une audience plus large. C'est ainsi que Zola, dans *Le Roman expérimental* et *Les Romanciers naturalistes* (1881), précise ses conceptions. En 1884, Louis Desprez publie *L'Evolution naturaliste* ; poursuivi pour un roman écrit en collaboration avec Henry Fèvre, *Autour d'un clocher,* et condamné, il mourut peu après être sorti de prison, l'année suivante.

Verlaine avait, avec ses *Poètes maudits,* révélé Corbière, Mallarmé, Rimbaud. Une seconde série, en 1888, est consacrée à Marceline Desbordes-

Valmore, à Villiers de l'Isle-Adam et... à lui-même. Si *La Musique et les Lettres* de Mallarmé ne paraît qu'en 1895, si ses *Divagations* ne sortent qu'en 1897 après sa mort, les articles qui composent ces livres étaient pour la plupart depuis longtemps connus. Mais d'autres textes contribuent à l'élaboration, sinon d'une doctrine, au moins d'un système de valeurs symbolistes : *Les Premières Armes du symbolisme* de Moréas (1889), *Demain, questions d'esthétique* (1888), *La Littérature de tout à l'heure* (1889), *Du sens religieux de la poésie* (1893), de Charles Morice, *L'Art symboliste* (1889) de Georges Vanor, surtout *Propos de littérature* (1894) d'Albert Mockel.

Félix Fénéon n'a publié qu'une plaquette d'une quarantaine de pages, *Les Impressionnistes en 1886*, et collaboré avec Paul Adam, Oscar Méténier et Jean Moréas au *Petit Bottin des lettres et des arts* publié anonymement en 1886. Mais ses nombreux articles, tant sur la peinture que sur la littérature, notamment dans la *Revue indépendante* et *La Vogue*, son rôle comme éditeur de Rimbaud et de Laforgue lui donnent une place éminente dans la critique symboliste.

Paul Bourget, avec ses *Essais de psychologie contemporaine* (1883 et 1885), avait exprimé les tendances et les admirations d'une génération et leur avait donné une unité. Mais il devait rapidement après 1885 s'écarter d'une méthode psychologique inspirée de Taine pour attribuer à la critique une fonction morale, jusqu'à écrire en 1896 : « Après avoir analysé les maladies morales, il est du devoir de l'écrivain d'indiquer le remède ; et, d'après moi, il n'y a pas de remède à ces maladies morales hors de Dieu. » Il avait ainsi rejoint ceux qui, par attachement à la tradition, se montrèrent hostiles aux formes nouvelles de la littérature.

Tradition et critique

Tel Brunetière qui, dès ses débuts à la *Revue des Deux Mondes* en 1875, attaque violemment le naturalisme comme, plus tard, il critiquera « l'incompréhensibilité » de Mallarmé, Verlaine ou Rimbaud. Il croit cependant à une critique objective qui puisse juger les œuvres au nom de la vérité. Mais son goût est classique et il attache une grande importance à la portée morale d'une œuvre, inséparable pour lui de sa valeur esthétique. Sensible aux théories évolutionnistes, il a voulu montrer comment les genres se transformaient, à la manière des êtres vivants (*L'Evolution des genres,* 1890 ; *L'Evolution de la poésie lyrique en France au xixe siècle,* 1894) : une transformation qui, pour ceux qui ont atteint à la « perfection » — ce qui est le cas des grands genres classiques au xviie siècle —, ne peut être que dégénérescence. D'autre part, aussi bien dans ses condamnations de Zola que dans la polémique qui l'oppose à Anatole France en 1889 à propos du *Disciple* de Bourget, il dénonce le caractère malsain, dangereux de certaines œuvres.

D'un conservatisme plus modéré, Emile Faguet assigne comme but à la critique de montrer le beau et de le faire aimer : le beau qui, étant désintéressé, n'ayant rien à enseigner, « est un agent de moralité d'une puissance énorme ». Ses monographies, réunies notamment dans les quatre séries d'*Etudes littéraires*, s'attachant à l'analyse de l'œuvre seule, font la part belle au classicisme.

Aucun dogmatisme critique chez Jules Lemaitre, mais un impressionnisme qu'on pourrait rapprocher de celui d'Anatole France ; en cela il s'oppose à Brunetière, avec qui il polémique. Il le rejoint toutefois dans les limites d'un goût qui l'écarte des grandes œuvres de son temps. Comme lui, il trouve que le naturalisme est faux, le symbolisme obscur, le pessimisme littéraire néfaste. Ses volumes des *Contemporains*, d'*Impressions de théâtre*, son *Racine* témoignent de la finesse et de la sensibilité d'un écrivain qui connut de grands succès mondains.

Perspectives nouvelles

Avec les revues qui apparaissent en 1889 et 1890, *La Plume*, le *Mercure de France*, *L'Ermitage*, et en 1891, *La Revue blanche*, un nouveau style de critique s'affirme, qui préfère l'essai au feuilleton ou au traité.

Remy de Gourmont, né en 1858, avait découvert le symbolisme en 1886 et donné avec *Sixtine* (1890) et *Lilith* (1892), un roman et une œuvre dramatique, deux textes significatifs de la thématique et de l'écriture symbolistes. On a vu aussi qu'il avait écrit en 1892 dans *L'Idéalisme* une pertinente synthèse théorique [1]. Critique, il repousse également le dogmatisme à la Brunetière et l'impressionnisme d'Anatole France ou de Lemaitre pour constater qu'il y a autant d'esthétiques que de créateurs et qu'on ne peut prétendre qu'à être un intermédiaire entre chacun d'eux et le lecteur. Tels sont ses deux *Livres des masques* (1896 et 1898), portraits de symbolistes, ou ses *Promenades littéraires* et ses *Epilogues*. Après 1900, il élargit le champ de ses réflexions, s'intéresse au fonctionnement de l'esprit (*Dissociations*), à la vie de l'instinct (*Physique de l'amour*), aux problèmes d'actualité (*Dialogues des amateurs*), tout en consacrant plusieurs ouvrages aux questions que pose la création littéraire : *L'Esthétique de la langue française* (1899), *La Culture des idées* (1900), *Le Chemin de velours* (1902), *Le Problème du style* (1902). Esprit encyclopédique, il a marqué de son empreinte le *Mercure* jusqu'à sa mort en 1915 et exercé une influence qu'on mesure mal aujourd'hui. Il fut la bête

1. Voir p. 120.

noire de Gide, que nous retrouverons plus loin[1], collaborateur de *L'Ermitage* avec ses « Lettres à Angèle » et, pendant un an de février 1900 à mars 1901, à *La Revue blanche,* où il succède à Léon Blum dans une chronique tenue par ce dernier depuis 1896. Léon Blum assignait au critique un rôle de découvreur de talents nouveaux plus que de juge. Il a réuni ses articles dans les *Nouvelles Conversations de Goethe avec Eckermann* en 1901.

Avec *Eleusis*, Camille Mauclair avait en 1894 apporté sa contribution à la recherche d'un « au-delà » du symbolisme en s'efforçant de définir un « idéoréalisme », l'artiste étant un « médiateur » entre la perception du monde extérieur et l'univers des idées. C'est une ouverture également que propose Robert de Souza dans *La Poésie populaire et le lyrisme sentimental* (1899) en suggérant un rapprochement entre l'inspiration et la forme de la poésie populaire d'une part et, de l'autre, une ligne de poètes de l' « émotion directe » : Verlaine, Laforgue, Kahn, Elskamp, Maeterlinck, Vielé-Griffin entre autres. Maeterlinck cependant s'éloignait de la poésie et, en 1896, commençait avec *Le Trésor des humbles* une suite d'essais sur le thème de la vie secrète et familière de l'âme et des choses.

Interrogations sur le symbolisme

Les premières années du xxᵉ siècle sont celles d'un bilan. L'anthologie de Van Bever et Léautaud, *Poètes d'aujourd'hui,* en 1900, *La Poésie nouvelle* d'André Beaunier en 1902, dont le but est de montrer l'unité du mouvement symboliste, y incitaient, autant que le rapport sur *Le Mouvement poétique français de 1867 à 1900* de Catulle Mendès (1902), malgré ses injustices.

Gustave Kahn publie ses souvenirs, *Symbolistes et*

Décadents (1902), ainsi que Retté, *Le Symbolisme, anecdotes et souvenirs* (1903), tandis que Stuart Merrill n'achève pas ceux qu'il avait commencé à donner à *La Plume* en 1903 et 1904.

On pouvait penser que le symbolisme appartenait désormais à l'histoire — André Barre lui consacrera une thèse de doctorat soutenue en 1911 —, un renouveau de réflexion critique devait pourtant se produire après 1905.

Dans *Où nous en sommes* en 1906, Robert de Souza reprend le débat ouvert une dizaine d'années plus tôt et affirme que rien ne s'est produit depuis en poésie, sinon dans la lignée symboliste.

Deux ans auparavant, l' « Essai sur le symbolisme » placé par Tancrède de Visan au début de son recueil de poèmes *Paysages introspectifs* demande à la philosophie de Bergson, notamment à sa théorie de l'intuition, une justification du symbolisme. Ce point de vue, élargi, étayé de monographies, fut repris dans *L'Attitude du lyrisme contemporain* en 1911. Tancrède de Visan invitait lui aussi à voir dans le symbolisme la seule poésie vivante, comme le faisait à la même époque Jean Royère dans sa revue *La Phalange*.

Mais n'était-ce pas un combat d'arrière-garde ? Paul-Napoléon Roinard, Victor-Emile Michelet et Guillaume Apollinaire donnant en trois conférences de 1908 réunies en un volume, *La Poésie symboliste*, une image de l'évolution qui s'est produite des « maîtres » à « la phalange nouvelle », ont une vue plus pertinente du mouvement poétique et de son devenir.

La critique universitaire et les indignations de Péguy

Brunetière avait enseigné à l'Ecole normale supérieure de 1886 à 1904. Faguet était professeur à la Sorbonne. Mais, même si la notion d'évolution des genres développée par le premier a pu avoir quelque influence, c'est surtout avec Gustave Lanson que s'est organisée à partir de 1890 l'histoire littéraire moderne. D'autres travaillaient dans le même sens, comme Georges Renard qui, en 1900, publie sa *Méthode scientifique de l'histoire littéraire.* Il appartint à Lanson de progresser lentement et prudemment dans l'élaboration d'une méthode dont ce qu'on appelle le lansonisme n'est qu'une réduction caricaturale. Elle consiste à rechercher scientifiquement tous les faits qui environnent l'œuvre, historiques, sociaux, culturels, biographiques, linguistiques..., pour en définir la particularité, dans une première démarche ; mais « l'érudition n'est pas un but, c'est un moyen » et il reste, quand on a épuisé toutes ses ressources, à faire parler le tempérament, le goût, le talent, pour approcher au plus près, sans jamais l'épuiser, le mystère du texte. Loin d'enfermer l'œuvre dans un réseau de données objectives, son propos est d'assurer toutes les conditions d'un jugement éclairé.

Lanson a certes mal saisi l'évolution de la littérature française après 1850, particulièrement en poésie : les derniers chapitres de son *Histoire de la littérature française* parue en 1894 le montrent. Toutefois il ne la condamnait pas comme Brunetière. En 1913, il préfaça une *Anthologie des poètes nouveaux* où figuraient entre autres Apollinaire et Marinetti.

Lorsque Péguy se déchaîne contre le « parti intellectuel »[1], il unit dans une seule condamnation la classe politique, la « nouvelle Sorbonne », celle de Lanson et de l'historien Lavisse, et la critique officielle d'un René Doumic, par exemple, successeur de Brunetière à la direction de la *Revue des Deux Mondes* et l'héritier de ses intransigeances. Ce qu'il leur reproche, c'est de négliger l'esprit créateur et, en matière de littérature, d'écraser les œuvres sous le

1. Voir p. 291.

poids des commentaires et d'un système causal qui vise à « l'épuisement indéfini du détail » et n'atteint pas à l'essentiel. « Celui qui comprend le mieux *le Cid* », dira-t-il, « c'est celui qui prend *le Cid* au ras du texte », ajoutant même avec un peu de provocation : « et surtout celui qui *ne sait pas* l'histoire du théâtre français ». Anti-intellectualisme, donc, qui n'oppose pas un système à un autre système, mais éclate dans ses enthousiasmes pour Corneille, Beaumarchais ou Hugo.

Le néo-classicisme et la critique

La méthode historique et la critique universitaire furent également mises en cause par Charles Maurras et ses disciples qui, vers 1910, se réclamaient d'un « néo-classicisme ». Pour Maurras, la critique ne pouvait se contenter d'une simple description de l'œuvre. Elle se doit d'en dire le bon et le mauvais, en fonction non de préférences personnelles, subjectives, mais d'un goût universel et éternel, dont le classicisme donne l'image. Le romantisme, avec l'exaltation de l'individualisme, la primauté du sentiment et de la passion sur la raison, le mélange des genres, ainsi que ses séquelles, le naturalisme et le symbolisme, a corrompu le goût français. Il faut, par-delà ce XIX^c siècle que Léon Daudet dira « stupide », restaurer la saine tradition française, en littérature comme en politique.

A cette doctrine, qu'illustre en 1902 un livre consacré à un modèle de la passion romantique, les amours de Musset et George Sand, *Les Amants de Venise*, Pierre Lasserre apporte en 1907 l'appui d'une thèse de doctorat, *Le Romantisme français — Essai sur la révolution dans les sentiments et les idées au XIXe siècle* : le romantisme y est représenté comme un processus de décomposition, auquel ne manque même pas l'influence néfaste de l'Allemagne. Quelques années plus tard, en 1912, dans *La Doctrine* *officielle de l'Université*, il s'en prendra à Lanson, fondateur selon lui d'une méthode qui élimine la notion d'art et de goût. Cette attitude critique fut défendue dans deux revues, les agressives *Guêpes* de Jean-Marc Bernard et *La Revue critique des idées et des livres*. Un collaborateur de cette dernière, Henri Clouard, publie en 1912 *Les Disciplines — Nécessité littéraire et sociale d'une renaissance classique*, qui n'ajoute rien au débat, mais le relance dans une période où discussions et polémiques sont nombreuses autour des idées de classicisme et de discipline.

La N.R.F. *et la question du « classicisme moderne »*

Depuis une dizaine d'années, en effet, se fait jour la question de savoir ce que sera la littérature du siècle nouveau et quel équilibre pourra s'instaurer entre la tradition française et les apports du xixᵉ.

Adrien Mithouard avait près de quarante ans quand, à la fin de 1901, il fonda la revue *L'Occident*, dont les thèmes se retrouvent dans ses livres *Le Tourment de l'Unité* (1901), *Traité de l'Occident* (1904), *Les Marches de l'Occident* (1910). Pour ce traditionaliste, les valeurs du passé n'ont de sens que si elles s'incarnent dans le présent et constituent une vivante continuité : le Moyen Age ne s'oppose pas à l'ère classique, ni celle-ci au romantisme, cathédrales gothiques et peintures impressionnistes se répondent. Dans l'unité spirituelle d'une civilisation et dans ses formes d'art l'homme peut satisfaire son besoin fondamental d'Unité. Mithouard donnait ainsi l'exemple d'un sens de la tradition qui n'était pas refus, mais, au contraire, nécessaire intégration du présent.

Eugène Montfort, lui, avait participé au mouvement naturiste. De la fin de 1903 au début de 1908, il publia et rédigea seul la revue *Les Marges* où il s'efforce de définir un lyrisme moderne de la « vie intense », que représentent Nerval, Barrès, Moréas et surtout Claudel. A la même époque, Christian Beck manifeste dans la revue belge *Antée* une égale admiration pour Claudel, aussi présent dans *L'Occident.*

Mais c'est surtout à la revue *L'Ermitage* que, autour de Gide, se débat cette question. Lui-même réunit dans *Prétextes* (1903) un ensemble d'articles d'où se dégage une doctrine : également hostile au dogmatisme moralisateur des traditionalistes, mais aussi de ceux qui confondent l'art et la vie, et au laxisme de ceux qui sont incapables de maîtriser la langue et les formes, il se réclame d'une conception de l'œuvre d'art que ne repousserait pas un classique. Il y ajoute un accueil aux littératures étrangères, à Nietzsche, à Dostoïevski, à qui il consacre un livre, à Dickens. Avec lui, Henri Ghéon, Jacques Copeau poursuivent une réflexion analogue. *L'Ermitage*, disparu à la fin de 1906, laissa la place à *La Nouvelle Revue française* qui, après l'échec d'une collaboration avec Montfort, prit son véritable départ en 1909. Les positions restent les mêmes : nécessité d'une discipline, sans laquelle il n'y a pas d'art, nécessité non moins grande d'une modernité, comme garantie d'une création authentique. La grande force de la *N.R.F.* fut, sous l'influence de Gide, de susciter des œuvres plus que des théories, de faire appel à Claudel et à Jammes, à Valéry, à Léon-Paul Fargue et, parmi les jeunes, d'accueillir Saint-John Perse, Alain-Fournier, Valery Larbaud, Jules Romains.

Critiques de la N.R.F.

Les critiques de qualité n'y manquent cependant pas. Les *Nouveaux Prétextes* de Gide (1911), *Nos directions* de Ghéon, la même année, précisaient les positions. Avec André Suarès, venu de *La Grande Revue*, la *N.R.F.* accueillait un essayiste qu'on éga-

lait alors aux plus réputés des écrivains de sa génération, Maeterlinck, Gide ou Claudel. Passionné d'art
et de grandeur, il avait écrit, lorsqu'il y entra en 1912,
des ouvrages sur Tolstoï (1899 et 1911), Wagner
(1899), Ibsen (1909), Pascal (1909), Dostoïevski
(1911), des réflexions sur l'homme et son destin
(*Voici l'homme,* 1906), des recueils de poèmes, ainsi
que le premier tome du *Voyage du condottiere,* plein
de son enthousiasme pour l'Italie. Après la guerre de
1914-1918 et jusqu'à sa mort en 1948 il poursuivra
dans la solitude une œuvre abondante, mais d'une
forte unité. Le critique est à ses yeux créateur : « La
même loi gouverne le talent du critique et le génie du
poète tragique » (le poète tragique, représentation
pour lui du grand créateur). On ne s'étonnera pas
qu'il condamne Taine et ses disciples et donne
comme modèles de critiques Montaigne ou Stendhal.

Jacques Rivière fut en 1912 à vingt-sept ans le
secrétaire général de la revue, puis de 1919 à sa
disparition en 1925, son directeur. Il avait réuni ses
premiers articles dans *Etudes* en 1911. La musique y
a la place la plus importante (Rameau, Bach, Franck,
Wagner, Moussorgsky, Debussy), avant la peinture
(Ingres, Cézanne, Gauguin) et la littérature (Baudelaire, Claudel, Gide) : paysage mental et esthétique
d'une quête de soi, dont la correspondance avec
Alain-Fournier forme le contrepoint. En 1914, il
donna dans la *N.R.F.* des fragments d'un *Rimbaud*
qui ne devait paraître qu'en 1930. Sa démarche
critique est intuition, imprégnation, conduisant à
l'intelligence et à la possession. Quelques-uns de ses
articles, « Introduction à la métaphysique du rêve »,
« Le Roman d'aventure », et, après la guerre, « Le
Parti de l'intelligence », « Reconnaissance à Dada »,
« Lettre ouverte sur les bons et les mauvais sentiments » à Henri Massis, apportent sur l'évolution
littéraire et artistique des points de vue d'une perti-
nence rare.

Quant à Albert Thibaudet, venu, lui, de *La*

Phalange, il apporte dans la critique une donnée fondamentale du bergsonisme, la durée ; il veut saisir, chez un écrivain comme dans une période de l'histoire littéraire, la continuité d'un mouvement créateur — Bergson dit : l'élan — qui permette de les comprendre. *La Poésie de Stéphane Mallarmé*, en 1912, est une étape importante, à la fois pour l'image que la postérité se fait du poète et pour l'élaboration de la méthode de Thibaudet. Plus tard, il la mettra en œuvre dans son *Flaubert* (1922) et entreprendra dans les trois volumes de *Trente ans de vie française* la recherche d'une cohérence dans la pensée française contemporaine : *Les Idées de Charles Maurras, La Vie de Maurice Barrès, Le Bergsonisme*. Professeur et critique patenté de la *N.R.F.*, homme de goût et de savoir, Thibaudet occupait une position stratégique que, de plus en plus, il sacrifia à une virtuosité et une facilité souvent prolixes.

Georges Duhamel, Paul Léautaud au Mercure de France

Depuis 1905, le *Mercure de France* publiait dans chacun de ses numéros bi-mensuels une importante *Revue de la Quinzaine* aux rubriques inégales. Nous y avons déjà signalé la présence de Remy de Gourmont. La chronique des romans, tenue par Rachilde, pénétrante lorsqu'elle s'applique à quelques grandes œuvres, est souvent purement énumérative. Celle des poèmes, par le symboliste Pierre Quillard, d'un éclectisme prudent et avisé. Quand il meurt, au début de 1912, il est remplacé par Georges Duhamel, qui tiendra la rubrique jusqu'à la guerre. Duhamel n'était pas un débutant en critique littéraire. Déjà à *La Plume* en 1905, mais surtout à *Vers et Prose* il avait publié divers articles. Il en avait rassemblé en 1911 dans *Propos critiques*, où il prétendait ne laisser parler qu'un sentiment d'admiration. Avec Charles Vildrac, il avait écrit des *Notes sur la technique poétique*, qui préconisent le vers libre, insistent sur les libertés nécessaires, le rôle du rythme et des sonorités, mais condamnent tout excès, du côté de la licence comme de celui des règles. Il donnera en 1913 un *Paul Claudel* en qui l'écrivain de l'Abbaye qu'il est resté reconnaît un maître. Ses articles du *Mercure*, recueillis pour 1912 et 1913 dans *Les Poètes et la Poésie* (1914), constituent une critique de combat, « d'une partialité complète », nous dit-il. Partialité à l'égard de la médiocrité, des formes désuètes, de la sincérité considérée comme valeur poétique, mais aussi en faveur de ses amis de l'Abbaye et de l'Unanimisme, ce qui le conduit à quelques injustices, notamment à propos d'Apollinaire et d'*Alcools*.

Paul Léautaud (1872-1956), auteur, avec Van Bever, de l'anthologie des *Poètes d'aujourd'hui* en 1900, rééditée et augmentée en 1908, fut de 1907 à 1920 critique dramatique au *Mercure*, sous le pseudonyme de Maurice Boissard. Critique d'humeur, qui parle de ce qui le touche avec excès, qui se lance dans d'incessantes digressions, qui proclame ses admirations : au théâtre, Molière et Shakespeare, en littérature les moralistes plutôt que les poètes, La Rochefoucauld et Stendhal. Il déteste la déclamation, le grand style, au nom de la vie et de la simplicité, est impitoyable pour ce qu'il estime être l'esthétisme de Gide, Claudel ou Valéry. Ce misanthrope qui avait reporté son amour sur les animaux et recueilli de nombreux chats et chiens dans le pavillon de Fontenay-aux-Roses où il s'était installé en 1908, a confié à son *Journal* un tableau cruel, non sans mesquineries, de la vie littéraire quotidienne.

Tendances de l'avant-garde

Les futuristes, à l'imitation de Marinetti, ont fait du manifeste une œuvre littéraire, souvent publiée en français en même temps qu'en italien. Après le manifeste inaugural, qui parut dans *Le Figaro* du 20 février 1909, Marinetti en donna trois, en 1912 et 1913, qui constituent un art poétique : *Manifeste technique de la littérature futuriste, Supplément au manifeste technique* et *Imagination sans fils — Mots en liberté.*

L'avant-garde française de ces années et de celles de la guerre est peu théoricienne. C'est dans les polémiques, les mises au point, les notes critiques de la presse et des revues, *Les Soirées de Paris, Montjoie !* l'allemand *Der Sturm*, l'italien *Lacerba, Paris-Journal*, puis *SIC, Nord-Sud*, qu'il faut chercher les éléments d'une doctrine.

On citera cependant *L'Ere du drame*, « essai de synthèse poétique moderne », où Henri-Martin Barzun en 1912 tenta de définir la poésie de l'avenir comme le drame polyphonique des conflits entre voix et présences simultanées d'une part, entre l'individuel et l'universel de l'autre — une poésie qui ne peut s'exprimer que par les techniques de la simultanéité. Mais le Dramatisme, vivement discuté, sans le soutien d'une grande œuvre, fut sans lendemain. Il faut attendre la dernière année de la guerre et 1919 pour voir paraître *Le Coq et l'Arlequin* de Cocteau, *Self Defence* de Reverdy, *Peintres* de Cendrars ; s'il s'agit de recueils d'articles antérieurement publiés, c'est néanmoins, avec ces textes, l'après-guerre qui s'annonce.

La belle époque des enquêtes

Le demi-siècle qui s'achève en 1920 a vu se développer la critique littéraire dans les quotidiens et les revues de grande information, apparaître les rubriques d' « échos » (où brillera Apollinaire), prospérer les enquêtes. Jules Huret avait ouvert la voie avec, en 1891 à *L'Echo de Paris*, une *Enquête sur l'évolution littéraire*, publiée en volume la même année : elle fit date, car elle consacra le succès du

symbolisme et le recul du naturalisme. Parmi celles
qui suivirent, on retiendra *La Littérature contemporaine, 1905* de Georges Le Cardonnel et Charles
Vellay (1906), l'*Enquête internationale sur le vers
libre* menée par Marinetti (1909), *Les Tendances
présentes de la littérature française* de Jean Muller et
Gaston Picard (1913), *A quoi rêvent les jeunes gens*
d'Emile Henriot (1913), *Les Jeunes Gens d'aujour-
d'hui* d'Agathon — c'est-à-dire Henri Massis et
Alfred de Tarde (1913), *La Jeune poésie française* de
Frédéric Lefèvre (1917).

Bien qu'il ne s'agisse pas exactement d'enquêtes
journalistiques, on en rapprochera trois ouvrages :
La Nouvelle Littérature 1895-1905 de Georges
Casella et Ernest Gaubert (1906), *La Littérature et les
idées nouvelles* d'Alexandre Mercereau (1912) et
l'*Histoire contemporaine des lettres françaises de 1885
à 1914* de Florian-Parmentier (1914). Un nouveau
type de critique a ainsi fait son apparition, critique à
chaud, donnant comme une coupe transversale du
mouvement littéraire en un moment déterminé.

TROISIÈME PARTIE

LES GRANDS AUTEURS

Chapitre I

ÉMILE ZOLA

L E nom et la gloire d'Emile Zola sont certes associés à une œuvre littéraire fort importante qui fut le fer de lance de l'école naturaliste, mais également à une crise essentielle de la vie politique française : l'affaire Dreyfus. Zola décidera, en effet, d'intervenir, en 1897, dans cette affaire et contribuera au premier chef à renverser le cours de l'Histoire en hâtant la recherche de la vérité. Ce geste généreux et courageux rejaillit encore aujourd'hui sur l'auteur des *Rougon-Macquart* dont l'œuvre est toujours l'une des plus lues dans le monde.

Emile Zola est né à Aix-en-Provence le 2 avril 1840. Son père, un Vénitien devenu ingénieur, meurt en 1847 et laisse sa famille dans la gêne. Les années passées au collège d'Aix sont pour Zola des « années de larmes », mais l'amitié de Paul Cézanne viendra ensuite effacer les pénibles souvenirs d'une ville qui le voit échouer au baccalauréat. A vingt ans, Zola est à Paris où la misère ne l'empêche pas d'écrire des milliers de vers inspirés de Lamartine et de Musset. En 1862, il est commis chez Hachette avant d'accéder à la direction du service de presse, puis de se lancer dans le journalisme dont il pourra bientôt vivre. Au cours de l'hiver 1860-1861, Zola a connu dans l'hôtel sordide de la rue Soufflot où il loge, une prostituée qui lui fait découvrir la sexualité. Romantique, Zola se propose de sauver la fille publique qui décline les propositions de ce naïf sans-le-sou. Cette cruelle expérience, sur laquelle le critique Henri Guillemin a cru bon d'insister, n'est peut-être pas sans incidences sur l'entrée en littérature d'Emile Zola. Son œuvre première, les *Contes à Ninon* (1864), s'apparente à des « leçons de charité et de sagesse », mais l'œuvre suivante, *La Confession de Claude* (1865) ne peut durablement masquer le traumatisme de l'expérience de la rue Soufflot qu'elle transpose en la sublimant. Dans ce texte, le narrateur voudrait préserver les « espérances du rêve » tout en sachant que la vie impose cet « âpre besoin du réel » auquel le romancier sera désormais fidèle. Dès 1867, Zola donne *Thérèse Raquin* où les abysses de la sexualité sont mis à jour avec ce qui n'est déjà plus du « réalisme » mais s'impose déjà comme du « naturalisme ». Pour le jeune romancier, ce sont en effet les nécessités biologiques qui poussent les êtres, et le destin n'est guère que le fruit de notre nature profonde, de nos pulsions irrépressibles. *Madeleine Férat*, en 1868, va dans le même sens, avec les mêmes outrances.

Mais commence à se dessiner dans l'esprit de Zola un projet analogue à celui de *La Comédie humaine* : brosser le tableau de la société moderne, avec l'hérédité comme fil conducteur et substitut de la fatalité antique. Dès 1868, Zola trace le plan d'ensemble du cycle des *Rougon-Macquart*. Il en commence la rédaction en 1870 et progressera désormais au rythme moyen d'un roman par an. Les vingt livres de cette « histoire naturelle et sociale d'une famille sous le Second Empire » seront achevés en 1893. De *La Fortune des Rougon*, publié en feuilletons dans *Le Siècle* en 1870, au *Docteur Pascal*, Zola aura mené une entreprise-fleuve, avec le secret espoir de détrôner des précurseurs comme Balzac et Hugo. La fresque sociale s'oriente cependant ici vers ce qu'Armand Lanoux a appelé « une épopée du

sexe ». Dans leur *Journal*, les Goncourt racontent
que, le 14 décembre 1868, Zola leur aurait déclaré :
« Les caractères de nos personnages sont déterminés
par les organes génitaux. C'est du Darwin ! La
littérature, c'est ça ! » Zola n'aura d'ailleurs de cesse
de le répéter : « L'homme métaphysique est mort,
tout notre terrain se transforme avec l'homme physiologique. »

Le cycle des *Rougon-Macquart* devait initialement
s'intituler *Les Origines*, et il est bien vrai que, dans
La Fortune des Rougon, le romancier s'attache à
montrer les ravages causés dans sa descendance par
la névrose d'une certaine Adélaïde mariée à son
domestique Rougon et qui a pris, après la mort de
celui-ci, un ivrogne du nom de Macquart pour amant.
A travers cinq générations successives, Zola va suivre
« le travail secret qui donne aux enfants d'un même
père des passions et des caractères différents à la
suite des croisements et des façons particulières de
vivre ». C'est seulement en 1878 que Zola donne,
dans *Une page d'amour,* l'arbre généalogique des
Rougon et des Macquart, conscient soudain qu'il lui
faut très explicitement revenir au cycle annoncé,
après avoir publié plusieurs ouvrages qui se signa-
laient davantage par leur autonomie que par leur
solidarité avec l'ensemble. C'était le cas de *La Curée*
(1872), du *Ventre de Paris* (1873), sorte de grande
nature morte sur les Halles, de *La Conquête de
Plassans* (1875) qui montre comment l'Empire s'ap-
puie sur le clergé pour anéantir les milieux d'opposition, et même de *La Faute de l'abbé Mouret* (1875).
En 1876, *Son Excellence Eugène Rougon* était certes
venu se réinscrire dans le dessein général du cycle,
mais Zola avait déjà bien pris conscience que ses
romans plus autonomes étaient les mieux reçus.

L'Assommoir qui est publié en 1877 est, lui
encore, un roman clos qui peint « la déchéance fatale
d'une famille ouvrière, dans le milieu empesté de nos
faubourgs ». Cette « œuvre de vérité » où Zola

voyait « le premier roman sur le peuple, qui ne mente pas et qui ait l'odeur du peuple », est, en effet, au-delà de la terrible tragédie où sombrent Coupeau et Gervaise, la condamnation implicite d'une société qui sécrète l'alcoolisme. Mais *L'Assommoir* est également un livre où Zola — il le dit dans sa préface — a eu « la curiosité littéraire de ramasser et de couler dans un moule très travaillé la langue du peuple », ouvrant ainsi une direction novatrice qu'emprunteront des écrivains comme Céline ou Queneau. Le roman, qui fera scandale, assure la célébrité à Zola qui en profite aussitôt pour lancer le mot « naturalisme » et publier plusieurs ouvrages destinés à en exposer ou à en préciser la doctrine. D'autres romans du cycle des *Rougon-Macquart* vont connaître le succès, notamment *Nana* (1880), histoire d'une cocotte qui ruine par le vice les puissants qu'elle méprise, et surtout *Germinal* (1885), cette grande épopée de la mine. On y voit le fils de Gervaise Macquart, Etienne Lantier, adepte des idées socialistes et mû par un idéal anarchiste, inciter les mineurs à la grève. Mais ceux-ci, affamés, échapperont bientôt à son contrôle et formeront une masse furieuse et destructrice dont les forces de police viendront finalement à bout. Zola s'impose alors comme le peintre magistral des foules en mouvement — nouveau registre de la littérature.

Avant Zola, les romanciers ont plutôt pris l'habitude de ne considérer que l'individu et ses méandres psychologiques. Avec Zola, la foule, soudée par la révolte et les revendications sociales, prend consistance et force. Zola ne se contente pas de montrer la diversité des vêtements ou des attitudes, il brosse le portrait d'une âme collective. Quand les mineurs de *Germinal* lancent le grand cri : « Du pain ! du pain ! du pain ! », c'est « comme une force de la nature » qui s'élève et qui balaie le monde d'un vent terrible. Le romancier se double d'un visionnaire, en de tels moments. « C'était la vision rouge de la révolution qui les emporterait tous, fatalement, par une soirée sanglante de cette fin de siècle », écrit-il dans *Germinal*. Zola rejoint là le grand souffle épique et romantique de Victor Hugo, mais son originalité est de savoir infuser dans ses œuvres cette « intensité de mélancolie » que Huysmans releva à la lecture de *Germinal*, tout en construisant, d'un bloc et sans tâtonnements, des scènes inoubliables. Zola ne recourt pourtant jamais aux effets de style tout extérieurs ; il se contente de privilégier « la nature vue à travers un tempérament », pour reprendre la définition la plus claire qu'il donne de son naturalisme. C'est ce « tempérament », cette pulsion du dedans qui transforment tout naturellement les romans de Zola en chants épiques. Maupassant dira que « ce sont des poèmes sans poésies voulues, [...] des poèmes où les choses, quelles qu'elles soient, surgissent égales dans leur réalité, et se reflètent élargies, jamais déformées, répugnantes ou séduisantes, laides ou belles indifféremment, dans ce miroir grossissant mais toujours fidèle et probe que l'écrivain porte en lui ». Par ce biais, Zola se hausse au rang de véritable poète.

Pot-Bouille (1882) — que Zola appelait son « *Education sentimentale* » — *Au Bonheur des dames* (1883) et *La Joie de vivre* (1884) où, par antiphrase, l'auteur raconte la vie étonnante d'un maniaque qui s'imagine tout faire pour la dernière fois, ont précédé *Germinal*. Pourtant l'audace avec laquelle Zola semble avoir embrassé l'idéal socialiste dans *Germinal* va se trouver quelque peu démentie dans les derniers romans du cycle. Les socialistes qui gravitent dans *La Terre* (1887) et dans *La Débâcle* (1892) sont en effet campés comme des personnages hideux. *L'Œuvre* (1886), *Le Rêve* (1888), l'extraordinaire *Bête humaine* (1890) — et son inoubliable locomotive castratrice — complètent le cycle qui s'achève avec *Le Docteur Pascal* (1893), portrait significatif d'un médecin hanté par les lois de l'hérédité dont lc chef-d'œuvre de Zola a plus ou moins maladroitement voulu exploiter le postulat.

Ce cycle à peine terminé, Emile Zola va en entamer un second, plus modeste il est vrai, et axé sur *Trois Villes : Lourdes* (1894), *Rome* (1896) et *Paris* (1897). Cette trilogie décrit l'itinéraire d'un prêtre qui perd la foi en raison du désir passionné de justice qui le brûle. Le ressort sexuel n'est plus de mise ici, et Zola semble enfin faire l'objet d'une admiration unanime après les tumultueuses querelles du naturalisme. Ce consensus va être de très courte durée puisque Zola s'apprête à accomplir un acte imprévisible appelé à remettre en question son statut d'écrivain arrivé. Le 13 janvier 1893, Zola publie, en effet, dans *L'Aurore* un article intitulé « J'accuse » où il désigne nommément, comme coupables ou complices d'une erreur judiciaire, les plus hauts dignitaires de l'Armée française. Persuadé, par la lecture de certains documents, que le capitaine Dreyfus a été injustement envoyé au bagne et qu'Esterhazy, que le Conseil de guerre vient d'acquitter le 11 janvier, est le véritable auteur du « bordereau » où des secrets militaires étaient livrés à l'Allemagne, Emile Zola n'hésite pas à prendre tous les risques d'une condamnation à laquelle il n'échappera d'ailleurs pas. Grâce à son opération spectaculaire, la vérité va peu à peu sortir de l'ombre savamment ménagée. Mais le romancier n'assistera pas à la lointaine réhabilitation de Dreyfus. De plus, les honneurs auxquels il était en droit de s'attendre au terme de sa carrière littéraire, lui seront refusés. Au retour d'un exil forcé en Angleterre, Emile Zola entreprend une dernière somme. Il s'agit des *Quatre Evangiles,* ponctués par *Fécondité* en 1899, *Travail* en 1901 et *Vérité* en 1902 ; le dernier pan de l'ensemble, qui devait s'intituler *Justice,* demeurera inachevé. Zola meurt en effet en 1902, victime d'une asphyxie dont les circonstances restent énigmatiques. Les *Quatre Evangiles* cherchaient en tout cas à s'apparenter à des « cantiques de bonté et de tendresse », mais le souffle manque et l'inspiration est courte. Les bons sentiments ne sont pas, on le sait, les garants de la meilleure littérature ! Disparu le style à l'emporte-pièce où la fougue de l'auteur des *Rougon-Macquart* s'exprimait si bien et où le dompteur des foules savait se doubler d'un savant architecte. Le raisonneur a soudain perdu les dons du poète qui avait insufflé aux *Rougon-Macquart* leur véritable unité. La critique contemporaine a très opportunément montré qu'une lecture des *Rougon* ne doit pas être forcément prisonnière des thèmes psychologiques ou sociologiques, mais qu'elle s'enrichirait beaucoup en percevant dans le texte de Zola les jeux d'alliances ou d'oppositions de formes et de couleurs qui lui assurent — sémiotique seconde — sa cohérence. Zola est certes le romancier qui a su ne point dissocier les destinées individuelles des autres pour mieux percevoir le monde comme un microcosme dont les dimensions varient. Zola est, en ce sens, un grand peintre d'ensembles. Mais le romancier qui, consciemment, croyait aux forces dominantes de l'hérédité et du milieu, est, de façon beaucoup moins consciente et presque instinctive, dominé par le sens des contrastes signifiants ou des correspondances sensibles. Des mythes fondamentaux animent ainsi l'œuvre qui baigne d'autre part dans quelques couleurs dominantes et symboliques, comme le jaune de *La Curée,* signe de l'opulence. Zola a pu écrire en 1882 : « Il est certain que je suis un poète et que mes œuvres sont bâties comme des grandes symphonies musicales », mais c'est plutôt un sens pictural et architectural qui semble caractériser ses compositions. Le puissant univers qui surgit de pages à la forte carrure ne vise jamais à l'envolée spirituelle ou mystique (les prêtres sont tout au plus pourvus, chez Zola, d'un sens social, jamais d'un sens transcendant) ; le romancier répudie les fadeurs romantiques au profit d'un matérialisme harmoniquement structuré. Les lois de l'hérédité auxquelles Emile Zola a cru devoir se référer avec quelque lourdeur sont fort heureusement éclipsées dans ses textes par les lois innées d'une harmonie qui puise sa vraie légèreté dans « la force première » où, comme le dit l'écrivain Sandoz dans *L'Œuvre*, « toutes les choses s'animent du souffle de tous les êtres ! »

Cette coloration tellurique n'est pas le moindre charme de la création de Zola sous ses masques les plus divers. Ces masques sont ceux-là mêmes dont est victime le peintre Claude Lantier, le héros de *L'Œuvre*, ce roman assurément le plus personnel des *Rougon-Macquart*. Amoureux, Claude épouse Christine, mais il n'a d'yeux, le jour de leur mariage, que pour une *Baigneuse* de Mahoudeau ! Cercle inextricable : l'amoureux est supplanté par l'artiste, mais celui-ci, « impuissant à finir », court droit à l'échec et au suicide. Seul le refoulement sexuel eût permis la sublimation artistique dont l'écrivain Sandoz se veut le héraut. A la sortie du cimetière où vient d'être enterré son ami Claude, Sandoz n'a que ce mot : « Allons travailler ». Il entame ainsi un « travail du deuil » qui est la condition même de la vraie création qui doit toujours savoir se préserver des dangers du désir. S'ouvre alors un terrible enfer où les damnés de l'art semblent rejoindre les vaincus de *Germinal*. Mais Zola a un art secret de rompre avec les stéréotypes stérilisants de sa propre mythologie, et il parvient « par la mise à distance du drame » à faire, comme le souligne Roger Ripoll, de *L'Œuvre* « un anti-*Germinal* ». Pour écrire, Sandoz ferme sa porte au monde et à ses désirs. Le « travail dévorateur » lui vole l'existence mais lui ouvre « autre chose ». Comme le dit d'ailleurs Sandoz : « Nous ne sommes pas une fin, mais une transition, un commencement d'autre chose ». Zola n'aura cessé d'explorer ce territoire intermédiaire et inconfortable où les masques se jouent de l'homme pour que celui-ci parvienne un jour à en jouer.

CHAPITRE II

GUY DE MAUPASSANT

D ES légendes assez tenaces continuent d'escorter Guy de Maupassant et son œuvre. Il y a d'abord l'image de l'homme couvert de femmes, amateur de maisons closes et dont la puissante santé avait besoin de s'extérioriser dans la pratique du canotage. Et il y a aussi celle de l'écrivain qu'une peu saine hérédité et de mauvaises maladies ont conduit à sombrer dans la folie. Les récits fantastiques de Maupassant n'ont été que trop longtemps considérés comme l'expression de sa dérive vers la folie. Or, ces récits, nombreux au début de son œuvre, se raréfient à partir de 1886, alors que Maupassant aborde les quatre dernières années de son activité créatrice. Il convient donc de ne pas établir de liaisons automatiques entre le fantastique de l'œuvre et la folie de l'homme, ni même entre cette folie et la vie déréglée d'un homme dont elle serait le juste châtiment. Le schéma serait par trop simpliste. Il appartient à Marie-Claire Bancquart d'avoir très pertinemment souligné que « le fantastique chez Maupassant n'est pas un entraînement de la folie. C'est le paroxysme d'une cruauté, d'une inflexibilité du destin qui apparaît constamment, comme le tout-venant de notre vie ». Le fantastique ne s'inscrit pas dans un halo d'exception, il naît du quotidien le plus ordinaire dont il explore et exploite les failles inattendues. Tout l'art de l'écrivain est là, qui part du réalisme pour le hausser au niveau d'une vérité intérieure. Maupassant ne l'a-t-il pas indiqué dans l'article qui sert d'introduction à son roman *Pierre et Jean* : « Le romancier qui prétend nous donner une image exacte de la vie, doit éviter avec soin tout enchaînement d'événements qui paraîtrait exceptionnel. Son but n'est point de nous raconter une histoire, de nous amuser ou de nous attendrir, mais de nous forcer à penser, à comprendre le sens profond et caché des événements. A force d'avoir vu et médité il regarde l'univers, les choses, les faits et les hommes d'une certaine façon qui lui est propre et qui résulte de l'ensemble de ses observations réfléchies. C'est cette vision personnelle du monde qu'il cherche à nous communiquer en la reproduisant dans un livre. »

Il ne faudrait donc pas réduire Maupassant à l'image d'un auteur qui aurait d'abord subi l'influence conjuguée de Flaubert et des naturalistes et qui se serait contenté d'une approche tout extérieure du monde, avant d'être peu à peu gagné par une folie qui lui aurait ouvert les sentiers d'une vérité intérieure et quasi surréelle. Non, Maupassant est lui-même, tout entier, dès ses premiers contes. Ses recueils sont d'ailleurs à l'image de sa personnalité cyclothymique, mêlant le rire et la douleur, la bonté et la satire, la Normandie et le Midi, le réalisme et le fantastique. Inaugurés par *Boule-de-Suif*, les contes de Maupassant se présentent volontiers comme une dénonciation vigoureuse et risible de la société bourgeoise, de sa sottise, de sa cupidité, de sa lâcheté, de sa cruauté. Mais cette dénonciation ne laisse entrevoir aucune lueur d'espoir ; la société ne saurait évoluer vers un avenir meilleur ni retrouver quelque état idyllique passé. L'homme est englué dans un présent sans issue, soumis à une terrible fatalité biologique. L'amour se réduit à une fonction purement physique qui, loin d'ouvrir aux plages du plaisir, se réduit aux spasmes de la violence, de la maladie, de la jalousie ou du lucre. Terrible univers empreint d'un pessimisme hérité certes de Schopenhauer dont Maupassant disait qu'il était « le plus grand saccageur de rêves qui ait passé sur la terre », mais aussi des savants Darwin et Spencer dont les certitudes s'inscrivent dans un monde sans Dieu. Les pages du dernier roman que Maupassant a commencé en 1891 et qu'il a laissé inachevé, *L'Angélus*, disent la « sorte de bagne pour les âmes tourmentées de savoir » que représente un monde où Dieu n'a de cesse de détruire ce qu'il a construit. Maupassant n'aura fait que reprendre à son compte cette vision d'une création absurde. Là est toute sa modernité.

L'auteur est né en 1850, soit à Fécamp, soit au château tout proche de Miromesnil — et cette indécision sur le lieu de sa naissance n'est peut-être pas sans expliquer le fantasme de l'impossible coïncidence qui parcourt son œuvre. Troublé par un climat familial de désunion (la mère névrosée domine un père frivole), Maupassant prend le parti maternel quand ses parents se séparent en 1862. Il connaît en Normandie la vie d' « un poulain échappé », enchanté par la campagne et la mer qui l'entourent et dont il saura rendre l'âpre poésie. En 1868, il est interne au lycée de Rouen où son correspondant en ville est le poète Louis Bouilhet qui va l'introduire auprès de Gustave Flaubert ; rencontre déterminante qui fortifie Maupassant dans sa vocation littéraire. Après avoir assisté à la débâcle de 1870, Maupassant va mener pendant dix ans la vie d'un obscur employé de ministère à Paris. Du moins fait-il parallèlement l'apprentissage de la création littéraire sous la férule exigeante de Flaubert qui meurt l'année même où paraît *Boule-de-Suif* (1880) dont le succès assure à Maupassant la possibilité de se consacrer complètement à la littérature. Cette histoire froidement ironique où l'on voit une prostituée accepter de se livrer à un Prussien pour sauver la liberté d'honnêtes gens qui ensuite la repoussent cruellement, est publiée dans *Les Soirées de Médan*, recueil collectif de nouvelles confectionné par le groupe naturaliste. Orphelin de Flaubert, Maupassant aurait-il immédiatement trouvé refuge auprès de Zola? Aucunement, car les prétentions scientifiques du groupe ne l'intéressent guère. Maupassant ne négligera certes jamais la peinture de milieux détachés de l'ensemble du corps social, mais, chez lui, tout a le don de se parer d'une légèreté qui ne se soucie ni de trancher, ni de conclure. La thèse n'effleure pas l'esprit de Maupassant pour qui le monde est un chaos impénétrable. La vie n'a ni but ni sens; l'amour est un leurre, et le progrès une chimère. Un très fort désenchantement habite l'œuvre, qui s'accorde aux tendances dépressives de l'auteur. Celui-ci est atteint de la manie déambulatoire qui affecte les êtres mal dans leur peau. Il court de Paris en Normandie, de la Bretagne à la Côte d'Azur. Mais c'est dans le travail qu'il trouve son véritable équilibre. Il donne une cinquantaine de contes par an entre 1881 et 1884. Publiés d'abord dans des quotidiens, ils sont rassemblés dans des recueils qui confirment la notoriété de Maupassant : *La Maison Tellier* (1881) ; *Mademoiselle Fifi* (1882) ; *Les Contes de la Bécasse* (1883) ; *Les Sœurs Rondoli*, *Yvette* et *Miss Harriett* (1884). D'autres volumes de la même veine suivront : *Monsieur Parent* et les *Contes du jour et de la nuit* (1885) ; *La Petite Roque* et *Toine* (1886) ; *Le Horla* (1887) ; *Le Rosier de Madame Husson* (1888). Maupassant peint les paysans normands aussi bien que l'univers des maisons closes ; il ressuscite des épisodes de la débâcle de 1870 sans négliger de banales histoires de pêche ou de chasse. Des incidents imprévus surviennent cependant toujours à point pour faire basculer le conte dans la tragédie — une tragédie dont on rit amèrement après avoir subi la tenaillante angoisse de son approche. Maupassant a le don d'extraire l'étrange qui émane de la réalité même. Le thème du double et la tentation suicidaire forment alors la ligne de crête d'une création qui se risque dans les mystères de l'inconscient. Mais la plume du conteur récuse tout lyrisme, seulement attentive à la désillusion qui circonvient toute action humaine. La fin de la vie de Maupassant a certes vu s'ajouter à des névralgies très tôt apparues des hallucinations visuelles et l'impression délirante d'une présence hostile et mystérieuse, mais l'auteur les a moins utilisées qu'il n'a cherché à les exorciser. Interné en 1891 à la maison de santé du docteur Blanche, Maupassant y meurt le 6 juillet 1893 « des suites d'une syphilis à marche neurotrope ». Il laisse un ensemble publié de quelque trois cents contes, auxquels il convient d'ajouter six romans.

On a certes raison de saluer l'extraordinaire — et fécond — conteur que fut Guy de Maupassant, mais ce serait le trahir que de considérer comme secondaire le massif romanesque qui accompagne les nombreux recueils de contes. Ces romans, ont, à partir de 1883, alterné avec les contes. *Une vie* (1883) décrit les rêves d'une jeune fille romantique, Jeanne le Perthuis des Vauds, avant de s'attacher au désenchantement et aux désillusions de son mariage et de sa maternité. Une noire fatalité broie la vie de cette femme si semblable à d'autres femmes, et ce n'est pas la conclusion de sa vieille servante Rosalie (« La vie, voyez-vous, ça n'est jamais si bon ni si mauvais qu'on croit ») qui peut contribuer à minimiser la tragédie de son parcours personnel.

Alors qu'*Une vie* a demandé à Maupassant sept années de gestation, *Bel-Ami* (1885) est écrit d'une traite, en quelques mois. Aux lenteurs flaubertiennes de son premier roman, Maupassant substitue une ampleur digne des romans de Zola. Maupassant fait d'abord la peinture d'un milieu, celui du journalisme qu'il connaît bien et dont il est une des plumes les mieux payées. Il n'hésite pas, par ailleurs, à recourir à des allusions à une actualité récente. Mais Maupassant rompt avec le naturalisme par sa légèreté et son peu de goût pour les preuves. Cette fresque fort bien composée où l'on voit un journaliste sans talent, Duroy, franchir allégrement les degrés de l'échelle sociale, est une magistrale illustration du pouvoir de l'Eros qui mène moins le monde qu'il ne le menace. En effet, Duroy ne fait que répondre à la séduction féminine par une séduction orientée vers la fortune. Il a le génie de transformer les femmes en louis d'or, mais son triomphe n'est qu'un rêve, un bel entracte dans la production de Maupassant où le principe de réalité bat toujours en brèche le principe de plaisir.

Le troisième roman, *Mont-Oriol* (1887) serait presque un chant d'amour si la femme, objet de désir, ne se transformait soudain en objet de répulsion dès lors qu'elle devient mère. Schopenhauer n'a jamais caché sa condamnation de l'instinct génésique, et Maupassant adopte totalement sa position. La même année 1887 voit la publication du *Horla* et la préparation du roman *Pierre et Jean* qui paraît en 1888. Le conte révèle la hantise d'un double fantasmatique que le roman, très court (il confine à la nouvelle), recouvre d'une apparente cohérence naturaliste. Mais le thème de la filiation contaminée par l'adultère (pourquoi Jean hérite-t-il d'un vieil ami de sa mère, alors que Pierre n'a rien ?) entraîne Maupassant à user d'un clavier fantasmatique troublant. Un vertige saisit le texte, et Pierre, l'enfant légitime, est contraint à l'exil, tandis que le fils illégitime, Jean, épouse une jolie veuve et déplace sur elle un désir incestueux devenu dangereux. Maupassant signe avec *Pierre et Jean* son roman le plus original.

Les deux derniers romans, *Fort comme la mort* (1889) et *Notre cœur* (1890) décrivent les ravages de l'amour dans des milieux mondains, mais un certain « psychologisme » à la Bourget les dessert grandement ; Maupassant n'est jamais plus convaincant que lorsque la psychologie se cache derrière l' « ossature

invisible » de l'objectivité. Son esthétique du désenchantement se résumerait volontiers dans ces deux
verbes : confronter et surprendre. « Il faut se hâter
de rire des choses pour n'être pas forcé d'en pleu-
rer », note Maupassant qui a besoin de cette distance
du rire — ou du sourire acéré — pour épouser un
tragique qui constitue le fond même de la condition
humaine incapable de se saisir, de se comprendre, de
coïncider avec elle-même et en butte à une inextin-
guible nostalgie de la synthèse dont le conte — vision
relativiste du monde — figure la cruelle mais parfaite
illustration.

CHAPITRE III

PAUL VERLAINE

L A légende du « pauvre Lélian », les images de l'ivrogne inspiré et du clochard mystique ont rejeté dans l'ombre une réalité des plus complexe, aussi pathétique dans ses tensions contradictoires. Ce bohème non seulement a eu une éducation des plus bourgeoise, mais, jusque dans les pires moments de sa vie, a cherché, non sans obstination, la stabilité d'un statut social honorable. Ce poète « maudit » a cru pouvoir obtenir la consécration d'un public bien-pensant et entrer à l'Académie. Ce parfait technicien, cet artiste raffiné est capable des plus grandes rigueurs comme des pires facilités.

Les circonstances ne l'ont pas aidé. Enfant choyé, adolescent d'une sensibilité maladive et inquiète, il a été éprouvé, au moment où il entrait dans la vie active, par la mort de son père en 1865 (il avait alors vingt et un ans), et surtout par celle de sa cousine Elisa en 1867, son aînée de quelques années en qui il avait trouvé une âme sœur et protectrice. En 1869, c'est la crise, avec des accès de violence et un abandon total à l'ivrognerie. Il tente de retrouver un équilibre dans le mariage et s'y efforce dès ses fiançailles ; mais Mathilde Mauté, une jeune fille de seize ans, était bien peu préparée au rôle attendu d'elle. La guerre de 1870 le plonge dans l'inaction, le ramène à la boisson. A la suite de la Commune, pendant laquelle il est resté à Paris, il perd son emploi à l'Hôtel de Ville.

L'arrivée de Rimbaud à Paris en septembre 1871 achève la destruction du ménage, que ne sauve pas la naissance d'un fils, Georges. Mathilde doit fuir les brutalités de son époux ; après une brève réconciliation, c'est en juillet 1872 le départ de Verlaine et de Rimbaud pour la Belgique, puis l'Angleterre : départ des « fils du soleil » vers une vie libérée, en fait pour douze mois difficiles de querelles, dues surtout aux palinodies de Verlaine qui espère toujours retrouver son foyer. Ils s'achèvent le 10 juillet 1873 à Bruxelles avec le coup de revolver tiré par Verlaine sur son compagnon et sa condamnation à deux ans de prison.

Il est incarcéré à Mons. La solitude et, choc déterminant, la séparation de corps et biens prononcée en avril 1874 par le tribunal civil de la Seine, le plongent dans un désarroi auquel il ne trouvera de recours que dans la religion : il s'y jette comme naguère dans le mariage en attendant d'elle ordre intérieur, protection, réhabilitation. Libéré en janvier 1875, pendant sept ans il s'obstinera en Angleterre et en France à reconquérir une position sociale qui implique à ses yeux la reconstitution de son ménage. Il faudra l'échec d'une malheureuse entreprise agricole qui le ruine en 1882, puis, en deux ans, une accumulation de coups du destin — refus opposé à sa demande de réintégration à l'Hôtel de Ville, mort de Lucien Létinois, jeune homme sur qui il avait reporté, non sans équivoque, toute son affection paternelle, divorce obtenu par Mathilde, mort de sa mère qui n'avait cessé de le soutenir, maladie — pour qu'il perde pied. Cependant, même dans ces dix dernières années, il sera un être partagé entre les abandons de la bohème et ses tendances bourgeoises, comme il l'était entre les appels de la chair et ceux de la foi ; il mourra le 8 janvier 1896 à cinquante et un ans.

Ses premiers recueils étaient d'un jeune poète acquis à l'idéal parnassien. Il admirait alors en Baudelaire le disciple de Poe et traduit dans le « Prologue » et l' « Epilogue » des *Poèmes saturniens* (1866) leur conception d'un poète toujours lucide, maître de lui-même et de son art. Il met en œuvre dans *Fêtes galantes* les raffinements formels au service de la transposition d'art. Mais dans l'un comme dans l'autre recueil s'imposent l'angoisse et le tremblement. C'est, dans le premier, le sentiment d'être un « saturnien » victime d'une imagination inquiète et débile, abandonné comme la feuille morte au vent mauvais, ne pouvant que rêver à une femme idéale, douce et protectrice. Dans *Fêtes galantes*, le brusque assombrissement et le coup de tempête qui détruisent le décor de jeu et de rêve, laissant le dernier mot à l'amertume du souvenir.

Le changement de cap est complet avec *La Bonne Chanson*, dont l'achevé d'imprimer est de juin 1870, mais qui ne paraîtra, à cause de la guerre, qu'en 1872. Dans cette suite de poèmes qui constitue un journal de ses fiançailles, Verlaine renonce à la demi-teinte, à la suggestion, au profit du discours en clair, de l'allégorie, de l'abstraction ; l'inquiétude y laisse la place à l'espoir, les images crépusculaires et nocturnes à celles de l'aurore et de la lumière radieuse. Mais l'ouvrage était déjà doublement hors de saison. L'espoir de bonheur a fait long feu, et l'esthétique qui le représentait est provisoirement balayée.

La leçon des peintres qu'à partir de 1874 on appellera « impressionnistes », les recherches menées en compagnie de Rimbaud, un abandon plus grand à certaines tendances de sa propre personnalité sont à l'origine des poèmes qui seront réunis dans *Romances sans paroles*. Le rythme s'y substitue aux formes, le mouvement au tableau, la lumière aux couleurs. La métrique s'assouplit dans une impalpable mélodie où jouent leur rôle le vers impair et le traitement des rimes. Monde extérieur et monde intérieur se fondent dans les impressions vagues et fugaces de la rêverie. « Art poétique », qui ne paraîtra en revue qu'en 1882 avant d'être repris dans *Jadis et Naguère*, mais date de 1874, est la formulation de cette attitude poétique. *Romances sans paroles*, publié en 1874 alors que Verlaine est en prison, n'eut aucun écho. Il n'en représentait pas moins un sommet dans l'art de Verlaine et une nouveauté capitale dans l'histoire de la poésie française.

La conversion de 1874, dans des conditions de détresse morale analogues à celles qui précédèrent les fiançailles, entraîna pour sa poésie des effets analogues. Un certain nombre des poèmes qu'il réunit dans *Sagesse* (après avoir renoncé à un projet antérieur intitulé *Cellulairement*) sont d'un néophyte qui dogmatise, développe une théologie et une morale simplistes en discours de caractère prosaïque. Mais ailleurs, des notations proches des *Romances sans paroles* et surtout des effusions spirituelles (comme la suite « Mon Dieu m'a dit »...) atteignent au drame d'une destinée, au mystère et au surnaturel avec une plénitude et une simplicité rares. Par ce livre inégal, qui était pour lui l'œuvre capitale de l'homme nouveau touché par la foi, Verlaine espérait se concilier un public nouveau, celui des catholiques et des conservateurs. C'était là naïveté de sa part : *Sagesse*, publié à la fin de 1880, passa inaperçu. C'est parmi les jeunes poètes de la nouvelle génération décadente qu'il fait, à partir de 1882, sa rentrée littéraire, après un effacement de dix ans. Les petites revues le publient. Dans *Les Poètes maudits* (1884) il fait connaître Rimbaud, Corbière, Mallarmé. La même année, il réunit dans *Jadis et Naguère* des poèmes inédits qui illustrent tous les aspects de sa poésie depuis ses débuts. Les dix dernières années de sa vie sont plus marquées par une absence de discernement dans le choix des poèmes que par une déchéance de sa poésie. Un clivage s'accentue alors entre les œuvres de la foi et celles de la chair. D'un côté, *Amour, Bonheur, Liturgies intimes* s'inscrivent dans la lignée de *Sagesse* ; de l'autre, *Parallèlement, Chansons pour elle, Elégies, Odes en son honneur, Dans les limbes* sont animés d'un érotisme parfois réduit à la paillardise, qui est, au fond, le rêve d'une innocence animale.

Son esthétique a changé. Il revient à Lamartine et à Hugo, prend ses distances avec les Décadents et les « symbolards », ne se rapproche que peu de temps des fondateurs de l'école romane. Le poème XVIII de *Bonheur*, qui date de 1891, exprime son nouvel art poétique :

> L'art tout d'abord doit être et paraître sincère
> Et clair, absolument : c'est la loi nécessaire
> Et dure, n'est-ce pas, les jeunes, mais la loi ;
> [...]
> L'art, mes enfants, c'est d'être absolument soi-même.
> [...]
> Foin d'un art qui blasphème et fi d'un art qui pose,
> Et vive un vers *bien* simple, autrement, c'est la prose.
> La Simplicité, — c'est d'ailleurs l'*avis rara*, —
> Ô la Simplicité, tout-puissant qui l'aura
> Véritable, au service, en outre, de la Vie.

Simplicité, sincérité, clarté : le Verlaine des années 90 renie la poétique de la nuance, de la « musique avant toute chose », de ces « au-delà troublants d'âme » qui fascinaient Huysmans ; il s'isole de ceux qui l'avaient découvert en 1883 et s'étaient alors tournés vers lui comme vers un maître. Mais, déjà enfermé dans sa légende, il demeure pour les contemporains la figure par excellence du poète.

On néglige souvent son œuvre en prose. Outre *Les Poètes maudits*, il a consacré à ses contemporains, notamment dans la série des *Hommes d'aujourd'hui*, des notices et des articles d'une fine sensibilité. Ses œuvres d'imagination, *Mémoires d'un veuf*, *Louise Leclercq*, *Pierre Duchatelet*, *Histoires comme ça*, n'échappent pas aux fantasmes autobiographiques. Plus explicites sont *Mes Hôpitaux*, *Confessions*, *Séjour en Angleterre*, *Mes prisons* et d'autres textes dont, à la fin de sa vie, il tirera quelque argent. Ces ouvrages sont de qualité très différente. Si, dans *Mémoires d'un veuf*, la prose subtile et délicate est de la famille de *Fêtes galantes* ou de *Romances sans paroles*, elle se démembre dans *Mes prisons*, s'alourdit d'incises et de surcharges, se fait faussement familière. Ce qu'il a appelé sa « lutte contre des minuties à exprimer » connaît ainsi les issues les plus diverses.

Comme l'a bien souligné Antoine Adam, la fortune de Verlaine est liée à celle de l'impressionnisme ; il voit le monde avec le même regard que ces peintres, il cherche dans certains de ses poèmes les plus réussis des procédés qui transposent leur manière dans la langue et la prosodie. Il n'a pas été symboliste, n'a pas pratiqué le vers libre, n'a pas abordé les thèmes majeurs de l'école ni utilisé son imagerie ; on l'opposait d'ailleurs volontiers à Mallarmé, aux beaux temps du symbolisme, comme celui qui, resté aux séductions de la sensation, n'atteignait pas à la véritable mission de la poésie. Si les Décadents l'ont quelque temps attiré, il ne partage ni leurs raffinements ni leur pessimisme.

Il a cependant joué un rôle important dans l'élaboration de la poésie de la fin du siècle et la révolution qui s'est alors opérée. Il a contribué à l'apparition d'une nouvelle prosodie, non par des théories, mais par l'exemple d'un assouplissement des formes traditionnelles mené jusqu'à leur dissolution, d'une réduction de la fonction de la rime au profit de ce qu'il appelle la « musique », de structures qui juxtaposaient les exigences de la règle et celles de ce qu'on appelle aujourd'hui la « forme-sens ». Il a également, à côté des aspirations métaphysiques du symbolisme et de la modernité inquiète des Décadents, rappelé que la poésie, de la pure impression des sens à l'élan mystique, est toujours vie spirituelle, échappant au contrôle de l'intelligence.

CHAPITRE IV

STÉPHANE MALLARMÉ

S TEPHANE Mallarmé est l'artisan de la révolution
poétique la plus radicale que notre histoire
littéraire ait connue. En prônant l'impersonnalité du poète et en accordant son primat à la langue,
véhicule sacré de la poésie, Mallarmé suggère un
nouveau type de communication avec le lecteur, où
l'hermétisme, loin d'être un obstacle incontournable,
devient l'allié d'une meilleure pénétration du langage
et de ses arcanes. Ecrire, pour Mallarmé, c'est avant
tout s'installer à l'intérieur du langage, sans détour ni
faux-fuyants. Au peintre Edgar Degas qui se plaint
d'avoir perdu une journée à vouloir vainement
composer un sonnet et qui ajoute : « Cependant, ce
ne sont pas les idées qui me manquent, j'en suis
plein ! » Mallarmé a beau jeu de répondre : « Ce
n'est pas avec des idées qu'on fait des sonnets,
Degas, c'est avec des mots. » La poésie ne se réalise
que dans un corps à corps avec les mots : parti pris
qui est en même temps prise à partie.

Les premiers poèmes de Mallarmé s'inscrivent
dans le sillage avoué de Baudelaire. C'est à dix-neuf
ans que Stéphane Mallarmé, qui est né à Paris en
1842, découvre avec un durable enthousiasme *Les
Fleurs du Mal*. Il va bientôt se trouver engagé dans la
grisaille d'une existence où la poésie se voit réduite

au cercle étroit de la lampe nocturne, avec l'angoisse
de la page blanche. La perdition volontaire du poète
dans le mariage, puis la nécessité de nourrir une
famille incitent Mallarmé à privilégier un idéal poétique quasi inaccessible qui vient contrebalancer les
heures pénibles d'enseignement de l'anglais au lycée.
En 1870, à vingt-huit ans, au terme d'une grave crise
intérieure, Mallarmé sort du romantisme dont
étaient teintés certains de ses premiers poèmes
comme « Les Fenêtres » et « L'Azur », en élaborant
le culte de l'impersonnalité du poète et de l'hermétisme de son œuvre. S'agit-il là d'un effort conscient
pour faire de la poésie un langage ésotérique accessi-
ble aux seuls initiés ? Certes Mallarmé a développé,
dès 1862, son idée d'une nécessaire sacralisation de la
poésie (« Toute chose sacrée et qui veut demeurer
sacrée s'enveloppe de mystère. Les religions se
retranchent à l'abri d'arcanes dévoilés au seul prédes-
tiné : l'art a les siens »), mais il n'a jamais été
question pour lui d'enfermer un message clair dans
une forme volontairement obscure, comme d'aucuns
voudraient hâtivement le faire croire. Non, le poète
d' « Hérodiade » a d'abord voulu lutter contre « une
prolixité violente », lui qui « a horreur d'une chose
dite sans être *arrangée* ». Et puis Mallarmé a eu
avant tout le souci de faire en sorte que les mots
rayonnent d'eux-mêmes tout en abolissant l'objet
qu'ils désignent. C'était là le meilleur moyen de
« donner un sens plus pur aux mots de la tribu », sans
rompre avec la versification traditionnelle et le cadre
strict du sonnet auxquels Mallarmé restera fidèle
jusqu'à l'éclatement formel du *Coup de dés*.

Ce sur quoi Mallarmé agit prioritairement, c'est la
syntaxe. Il la disloque en n'hésitant pas à séparer le
verbe du sujet ou l'infinitif de l'auxiliaire, en affec-
tionnant les appositions, les ellipses et les péri-
phrases. La syntaxe mallarméenne est un savant
dosage de rigueur et d'ambiguïté. Elle autorise tout
un jeu d'images superposées, mais s'attache surtout à

utiliser les mots dans des fonctions inhabituelles, les contraignant, dans l'élan de constructions audacieuses, à délivrer un sens nouveau. Les mots sont véritablement recréés, et Mallarmé ne néglige pas de puiser dans un vocabulaire vieilli ou rare, à l'exemple d'un joaillier soucieux de ses effets. Mais ce travail au trapèze de la syntaxe n'est point, en dépit des apparences, gratuit.

La critique contemporaine a raison d'insister sur l'aventure essentiellement langagière de l'œuvre de Mallarmé et sur la « poétique très nouvelle » élaborée par l'auteur d' « Hérodiade ». Encore faudrait-il veiller à ne point réduire cette poétique à quelque norme sécurisante indéfiniment ressassée. Mallarmé a d'ailleurs pris soin de préciser : « Il convient de nous servir des mots de tout le monde, dans le sens que tout le monde croit comprendre. Je n'emploie que ceux-là. Ce sont les mots mêmes que le bourgeois lit tous les matins, les mêmes. Mais, voilà, [...] s'il lui arrive de les retrouver en tel mien poème, il ne les comprend plus. C'est qu'ils ont été récrits par un poète » (R. Ghil, *Les Dates et les Œuvres*, Crès, 1923). Le souci du poète est de réduire les mots déjà existants à leur seule présence signifiante, dans le but déclaré de « peindre non la chose, mais l'effet qu'elle produit » (Lettre à Cazalis, 1864). Loin d'être un calque de la réalité, le poème se coule — la syntaxe aidant — dans un art incantatoire où les foyers de condensation et de dissémination ont une part prépondérante. Dans une lettre de février 1865, Mallarmé confie : « Enfant, au collège, je faisais des narrations de vingt pages, et j'étais renommé pour ne savoir pas m'arrêter. Or, depuis, n'ai-je pas, au contraire, exagéré plutôt l'amour de la condensation ? » Les plus grands créateurs de la fin du xixe siècle ont eu comme le pressentiment des découvertes freudiennes et, sous la plume de Mallarmé, le terme « condensation » n'est pas loin d'avoir l'acception que lui donnera Freud dans sa description du travail du rêve, si apparenté au travail de l'écriture. Mais l'accès aux méandres de l'inconscient suppose toujours de la part de Mallarmé un travail conscient et volontaire sur l'outil syntaxique.

Le poète en vient à faire cette curieuse constatation à propos de sa création : « Errer [...] afin de ne pas exprimer quelque chose, représente un cas spécial qui aura été le mien » (« Crayonné au théâtre »). Cette volonté de ne pas dire correspond en fait au désir de dire autre chose, de pénétrer dans un territoire nouveau que Mallarmé a le souci de circonscrire dans ses poèmes et de tenter d'expliciter dans sa prose. « Il doit y avoir, remarque-t-il, quelque chose d'occulte au fond de tous, je crois décidément à quelque chose d'abscons, signifiant fermé et caché, qui habite le commun : car, sitôt cette masse jetée vers quelque trace que c'est une réalité, existant, par exemple, sur une feuille de papier, dans tel écrit — pas en soi — cela qui est obscur : elle s'agite, ouragan jaloux d'attribuer les ténèbres à quoi que ce soit, profusément, flagramment » (*Le Mystère dans les lettres*). Mallarmé qui a très vite rompu les amarres avec le romantisme a du moins été durablement sensible au spleen baudelairien et au poids du « guignon ». De là est née la profonde méditation du poète sur les rapports entre la nécessité et le hasard. Mallarmé qui a le sentiment d'être l'ultime descendant d'une race spirituelle éprouve le besoin de remonter le flux du temps pour retrouver une pureté première. Il confie dès 1869 à son ami Cazalis qu'il s'apprête « à revivre la vie de l'humanité depuis son enfance et prenant conscience d'elle-même ». Cette aspiration originaire se double d'une interrogation sur les sources du langage, sur ses significations occultistes ou, à propos des *Mots anglais* auxquels le poète consacre une belle étude, sur les racines que peuvent avoir en commun plusieurs langues.

Il y a en fait toute une vision métaphysique à la base de l'œuvre de Mallarmé. Le poète confronté au

vide total qu'entraîne l'élimination de Dieu veut
joindre l'Esprit. « Ma pensée s'est pensée », cons-
tate-t-il, ou encore : « Je suis maintenant imperson-
nel, et non plus Stéphane Mallarmé.» La vie doit dès
lors se cristalliser dans un *Livre* « architectural et
prémédité, et non un recueil des inspirations du
hasard, fussent-elles merveilleuses ». Mallarmé est
cependant l'homme des paradoxes ; lui qui, dès 1866,
décide de concentrer sa création dans le *Livre*, il
n'écrit que des œuvres isolées, des poèmes de circonstances qui apparemment ne s'inscrivent pas dans
son projet cosmique. Eventails, offrandes, œufs de
Pâques, toasts ou dédicaces s'accumulent comme
pour reculer l'échéance du grand Œuvre qui ne
connaîtra d'ailleurs jamais son aboutissement. Dans
cette production, les « Tombeaux » tiennent une place
originale et participent d'une des préoccupations —
ou obsessions — majeures du poète. Quelques incidences biographiques peuvent expliquer le puissant
instinct de mort qui habite l'œuvre de Mallarmé : la
mort de la mère du poète quand il a cinq ans, la mort
de sa jeune sœur Maria âgée de treize ans. Dès ses
premiers « Tombeaux », Mallarmé tente de dépasser
d'un large coup d'aile la réalité sépulcrale pour
s'installer d'emblée sur le promontoire de l'éternité,
réservé aux écrivains de génie. Le « Tombeau
d'Edgar Poe », qui date de 1876, chante la victoire du
poète sur « son siècle épouvanté ». Mais, chargé en
1893 de composer un « Tombeau » à la gloire de
Baudelaire, Mallarmé se révèle être moins soucieux
des fastes de la postérité. Et en 1897, le « Tombeau »
qu'il dédie à la mémoire de Verlaine, un an avant sa
propre mort, scelle une complicité avec ce « peu
profond ruisseau calomnié, la mort ». C'est que le
poète a subi le traumatisme d'un événement aux
répercussions considérables : la mort, en 1879, de
son fils Anatole, victime, à huit ans, d'une hypertro-
phie cardiaque. Dans d'émouvants feuillets au style
lapidaire que Jean-Pierre Richard a publiés en 1961

sous le titre *Pour un Tombeau d'Anatole*, Mallarmé
tente d'apprivoiser la mort sous les visages multi-
formes de l'attente : attente de la brisure irréparable
d'avec la vie certes, mais attente plus anxieuse encore
de l'immortalité. Pourtant à vouloir trop irréaliser la
mort en la transformant fictivement en attente de la
postérité, le poète s'enferre et s'enferme dans un
échafaudage intellectuel contre lequel son inconscient se rebelle. L'œuvre demeure dans les tiroirs de
Mallarmé. Il ne reste plus au poète qu'à écrire des
vers « seulement teintés d'absolu », comme les
magnifiques chants diaphanes qu'il compose en ses
années tardives et désespérées : « Tout orgueil fume-
t-il... », « Surgi de la croupe »..., « Une dentelle
s'abolit »... L'absence y devient le centre convergent
des nappes secrètes d'une mémoire qui aspire à
s'effacer

Dans le doute du Jeu suprême.

Mallarmé atteint alors à la force de suggestion qu'il
n'a cessé d'appeler de ses vœux : « Nommer un
objet, écrit-il, c'est supprimer les trois quarts de la
jouissance du poème qui est faite de deviner peu à
peu : le suggérer, voilà le rêve ». Il en découle un art
de l'ellipse et de l'allusion qui correspond à une
volonté d'aimanter le manque. « Lire — cette pratique », note judicieusement Mallarmé qui sait que la
vraie poésie donne à voir ce qu'aussitôt elle dérobe,
et qu'elle vit d'une constante dialectique du don et du
retrait. Elle est ainsi à l'image du désir qui, dans son
œuvre, oscille des fougueux élans du Faune au
spectre castrateur d'Hérodiade, et qui atteint à un
étonnant degré de densité obscure dans *Igitur*.
    Quant au *Livre*, Mallarmé va se trouver, au bout
de vingt années de labeur, acculé à un demi-échec.
Tout ce qu'il se permet d'espérer, c'est d' « en
montrer un fragment d'exécuté, [...] en faire scintil-
ler par une place l'authenticité glorieuse, en indi-

quant le reste tout entier auquel ne suffit pas une vie. Prouver par les portions faites que ce livre existe ». En publiant peu avant sa mort *Un coup de dés jamais n'abolira le hasard*, Mallarmé a-t-il livré une partie de l'œuvre grandiose, à laquelle pourrait également se raccorder *Igitur*, non publié du vivant du poète ? La question ne saurait être facilement tranchée. *Un coup de dés* témoigne en tout cas d'une rigoureuse recherche typographique qui va connaître une belle fortune chez les descendants de Mallarmé. Cette forme de poésie « éclatée » joue du caractère ondulatoire de la ligne imprimée et du rôle capital des « blancs ». L'aération scripturale vise à une aération de la pensée. Mallarmé a parlé du « significatif silence qu'il n'est pas moins beau de composer, que les vers ». La page devient dès lors le cadre privilégié de la véritable liberté « qui n'a que faire de rien autre que la musicalité de tout » *(Le Mystère dans les lettres)*. Le coup de dés, jailli du hasard, épouse la nécessité en trouvant sa forme.

Close, la poésie de Mallarmé ? Maints tenants de la poésie « textuelle » se plaisent à l'affirmer, en annexant Mallarmé à leur combat contre le référent ; et il est incontestable que, structurés et enfermés dans une syntaxe serrée, les mots représentent pour Mallarmé non point un moyen, mais une fin en soi. On peut pourtant, à l'instar d'Yves Bonnefoy, se demander si le poète du *Coup de dés* ne savait pas « qu'il avait tort, d'emblée, de chercher des essences, des " notions pures ", là où [...] il faut aimer des présences — tort de rêver d'une perfection de la langue, puisqu'il nous faut retrouver nos proches [...] et donc parler avec les mots tels qu'ils sont ». Mallarmé qui, dans *Crise de vers*, cherchait à discerner un « double état de la parole, brut ou immédiat ici, là essentiel », aurait-il seulement laissé à la littérature une poétique de l'impersonnalité et un culte de l'Idée pure ? Ce serait, aux yeux d'Yves Bonnefoy, oublier que l'opération volontariste de

Mallarmé s'est peut-être faite au détriment de l'aspiration inconsciente et frustrée du poète à épouser le réel. Il est dès lors gênant d'assister à la récupération confortable, et peut-être fallacieuse, d'une poétique à laquelle Mallarmé n'a certainement abouti que faute de mieux, et dans le désespoir. Ce n'est pas le moindre don que Mallarmé ait fait à la poésie que de la laisser dans ce « doute du Jeu suprême » dont elle s'est toujours réclamée véhémentement.

Chapitre V

LAUTRÉAMONT

C'EST en 1869 que paraissent les *Chants de Maldoror*, œuvre fulgurante, cruelle, exaltée, qui joue magistralement de registres divers tels que l'humour, la dérision, la parodie, les rapprochements inattendus et le « collage ». L'œuvre passe presque inaperçue, et André Gide pourra déclarer, en 1925, dans un numéro d'hommage à Lautréamont, que « son influence au XIXᵉ siècle a été nulle ; mais il est avec Rimbaud, plus que Rimbaud peut-être, le maître des écluses pour la littérature de demain ». Seul le petit groupe poétique de la revue *La Jeune Belgique* s'efforcera vers 1885 d'attirer l'attention sur Lautréamont, mais il faudra attendre André Breton et les surréalistes pour que l'auteur des *Chants de Maldoror* se trouve soudain auréolé de cette surréalité que chacun s'accorde aujourd'hui à lui reconnaître. Lautréamont est dès lors perçu comme le grand inspiré, le précurseur de l'automatisme sous toutes ses formes (on prise beaucoup l'inattendue rencontre d'un parapluie sur une table de dissection), le héros — et même le héraut — de la révolte et de la liberté absolue, le génie capable de dépasser les contradictions entre le rêve et la réalité. Dans son *Anthologie de l'humour noir*, André Breton n'hésite pas à écrire : « Apocalypse définitive que cette œuvre dans laquelle se perdent et s'exaltent les grandes pulsions instinctives au contact d'une cage d'amiante qui enferme un cœur chauffé à blanc. Tout ce qui, pendant des siècles, se pensera et s'entreprendra de plus audacieux a trouvé ici à se formuler par avance dans sa loi magique. »

La personne même de Lautréamont (de son vrai nom Isidore Ducasse) échappe aux normes communes, dans la mesure où l'on ne sait presque rien de sa vie, si ce n'est qu'il a vu le jour en 1846 à Montevideo (sa mère disparaîtra l'année suivante, par suicide, semble-t-il), qu'il fut envoyé comme pensionnaire aux lycées de Tarbes et de Pau (Julien Gracq voudra discerner dans le supplice de l'internat la source de la révolte explosive de son œuvre), qu'en 1867 il s'établit à Paris avec le soutien financier de son père, chancelier du consulat de France à Montevideo, et qu'il y publia les *Chants de Maldoror* en 1869. Il donne, en avril et en juin 1870, les deux fascicules de ses *Poésies* qu'il présente comme les premiers exemples des « prosaïques morceaux » qu'il écrira « dans la suite des âges » en vue d'une « publication permanente ». Mais l'auteur meurt le 24 novembre 1870, à vingt-quatre ans, dans un hôtel du faubourg Montmartre. Et son œuvre, malgré une nouvelle édition des *Chants de Maldoror* en 1874, sombre pour des dizaines d'années dans l'oubli.

En réalité, Lautréamont n'est pas un météore tout à fait inexplicable. Dans la longue liste des dédicataires des *Poésies*, il est des noms de directeurs de revues (Sircos, Damé) qui en appelaient à une mutation de la poésie du temps et à un dépassement du romantisme essoufflé. Ce que Rimbaud cristallisera dans la lettre dite " du voyant " du 15 mai 1871, Isidore Ducasse l'annonce à sa manière dans une de ses rares lettres, celle du 23 octobre 1869 : « J'ai chanté le mal comme ont fait Misçkiéwickz, Byron, Milton, Southey, A. de Musset, Baudelaire, etc. Naturellement, j'ai un peu exagéré le diapason pour faire du nouveau… » Le 17 mars 1870, il précise qu'il a voulu faire « bien plus terrible » que ces devanciers. Bref, Lautréamont semblerait vouloir se situer à la pointe du romantisme satanique. Mais ce serait une erreur que de réduire les *Chants de Maldoror* à une danse frénétique du mal, à l'éloge des poux, du viol, de l'accouplement contre nature et du meurtre. L'image de Lautréamont comme réincarnation du marquis de Sade n'est pas très satisfaisante. Maldoror est certes un héraut du mal (« il était né méchant : fatalité extraordinaire ! [...] il se jeta résolument dans la carrière du mal ») qui se dresse orgueilleusement seul devant le Créateur et qui, au ciel qui le persécute, répond par la monstruosité ; mais il y a dans cette attitude une forme de sympathie pour la misérable condition humaine à laquelle il convient d'insuffler « la passion d'atteindre à l'infini par les moyens même les plus insensés ».

L'œuvre de Lautréamont privilégie un bestiaire hallucinant d'agressivité mais qui cache un sentiment de rage impuissante que voile à son tour un humour corrosif. Grand dévoreur de livres, Lautréamont fait des emprunts à maints auteurs obscurs. Il truffe son univers fictionnel de fragments de réalité glanés dans certaines descriptions naturalistes, et il demande avec malice à son lecteur « une logique rigoureuse et une tension d'esprit égale au moins à sa défiance ». Mais, dans le même temps, Lautréamont se joue de son lecteur avec une désinvolture railleuse. Comme l'a souligné Marguerite Bonnet, dans une édition des *Œuvres complètes*, « l'humour permet de garder au plus fort de sa frénésie la liberté contre laquelle la révolte même, emportant l'être dans son cyclone, se retournerait, si elle n'était affectée de ce bienfait correctif ». L'humour comme fer de lance autant que comme correctif : tout l'art de Lautréamont est là.

Les six chants de *Maldoror* sont une vertigineuse invitation au spectacle du mal. Le héros du poème n'est d'ailleurs pas sans ressembler à celui du roman d'Eugène Sue, *Latréaumont* (1838), ce chevalier prêt à se mettre au service du bien mais que les vicissitudes de l'existence transforment en monstre de cruauté. Une tonalité toute parodique accompagne la relation de ses exploits et crée un véritable climat de malaise avant que le sixième et dernier chant ne fasse exploser la règle du jeu et ne jette au feu tout l'édifice scriptural. La révolte multiforme de Lautréamont dépasse alors de loin celle du *Champavert* de Petrus Borel, mais elle ne débouche pas, comme chez Rimbaud, sur le silence. Les *Poésies* succèdent aux *Chants*. Avec les *Poésies*, Lautréamont veut-il renier sa poétique première ? Une lettre du poète à son éditeur le laisse penser, dans laquelle il écrit le 21 février 1870 : « Vous savez, j'ai renié mon passé. Je ne chante plus que l'espoir ; mais, pour cela, il faut d'abord attaquer le doute de ce siècle... » Les deux petits fascicules des *Poésies* ne sont peut-être qu'une introduction à ce que l'auteur souhaitait écrire, car il n'y a pas de différence capitale entre les *Chants* et les *Poésies* où Lautréamont s'adonne à la réécriture parodique de certaines maximes célèbres de Pascal ou de Vauvenargues. Le jeu et l'imposture sont les communs piliers de ces deux œuvres. Il est vrai que certaines formules des *Poésies* ont connu une grande fortune et sont devenues des mots d'ordre. La plus célèbre d'entre elles (« La poésie doit être faite par tous. Non par un ») a pu passer, avec la caution des surréalistes, pour un appel à une poétique collective. Mais il n'en est rien, car, resituée dans son contexte, cette formule implique plutôt que la poésie doit prendre en compte toutes les composantes de l'homme. Ainsi naissent les mythes...

L'œuvre de Lautréamont est-elle vraiment ce phare signalé et célébré par les surréalistes ? Sa force est certes de court-circuiter un mode de pensée unilatérale en virevoltant constamment de négation en négation, mais n'est-ce point tomber là dans « le conformisme sans nuances » ou « la banalité abso-

lue » qu'Albert Camus discernait dans les *Poésies* ?
Peut-être. Du moins la fabrique textuelle est-elle
toujours prête à s'emballer et à se lancer à la
recherche d'un insaisissable point de fuite : « Rien
n'est faux qui soit vrai ; rien n'est vrai qui soit faux.
Tout est le contraire de songe, de mensonge. » Les
rails tressailleront toujours sous de tels crissements.

CHAPITRE VI

ARTHUR RIMBAUD

EXTRAORDINAIRE apparition que celle d'Arthur Rimbaud sur la scène poétique ! Mallarmé parlera de « ce passant considérable », « éclat lui, d'un météore, allumé sans motif autre que sa présence, issu seul et s'éteignant ». Et il est bien vrai que l'œuvre d'Arthur Rimbaud donne une impression de vitesse insaisissable et de retournements inattendus. La linéarité romantique s'estompe au profit de la surprise provocatrice. Ce qui frappe d'emblée dans l'œuvre, c'est la prodigieuse rapidité de la vision : une saisie du réel accompagnée de son immédiate dessaisie, un don tout aussi absolu que sa dénégation.

Tout, d'emblée, chez Rimbaud, est sous le signe du départ, du mouvement, du bruit neuf, du désir. Mais voici soudain que — couperet de la plume — « la musique savante manque à notre désir » ou que, après avoir évoqué « un bizarre dessin de ponts », le poète précise qu' « un rayon blanc, tombant du haut du ciel, anéantit cette comédie » ! Plus incisif encore, Arthur Rimbaud nous convie (toujours dans *Illuminations*) à une curieuse « parade » avant de conclure avec un malin plaisir : « J'ai seul la clef de cette parade sauvage. » L'angoisse qui presse Rimbaud de « trouver le lieu et la formule » s'insinue dans tous les plis et replis d'un texte qui n'en a que faire d'être texte et qui entend constamment dépasser ce statut par trop étriqué. Yves Bonnefoy estimera justement qu'une des révoltes majeures de Rimbaud réside dans « son refus des gestions attentives de l'écriture dont les disciples de Mallarmé affirment aujourd'hui que c'est l'action restreinte, mais spécifique et finalement décisive, de l'écrivain ».

L'œuvre d'Arthur Rimbaud s'accommode mal d'une approche purement textuelle. L'hétérogénéité des textes d'*Illuminations* forme comme un rempart contre tout système globalisant et s'apparente à une intuitive et vibrante autodéfense contre des réductions simplistes ou faussement rationnelles. Rimbaud déroute et déboute ceux qui ne recherchent dans le poème qu'une démonstration et un exercice de style. Dans ce chef-d'œuvre absolu qu'est *Illuminations*, le poète propose (ou impose) à son lecteur un énigmatique rapport au texte, qui est devenu une des marques profondes de la poésie contemporaine. En effet, Rimbaud semble comme s'enfermer dans un secret dont il joue et dont il se joue, et il provoque chez le lecteur une insatisfaction nourricière. André Guyaux fait très bien remarquer qu' « accepter que quelque chose échappe à la lecture est une manière de comprendre le texte, mais le plaisir de le lire consiste aussi dans l'inquiétude née de cette privation ». C'est à un nouveau type de lecture que nous convie Arthur Rimbaud, où ni le référent ni le sens ne peuvent faire valoir leur toute-puissance, mais où s'imposent au contraire les subreptices glissements d'une écriture en butte à toute forme de pouvoir et les fragments éclatés d'un message pudiquement prisonnier de l'angoisse.

Les textes d'*Illuminations* sont en réalité tout proches des premiers poèmes de Rimbaud puisque l'aventure créatrice de l'auteur se réduit à quelque cinq années — sur les trente-sept d'une vie ponctuée

de départs absolus et de retours contraints, et placée
sous le signe d'une infatigable fugue vers l'ailleurs.
La virtuosité de l'auteur des premières *Poésies* est
d'emblée éclatante, et elle s'assortit déjà de fougue
parodique, de goût du pastiche et de penchants
scatologiques. A seize ans, Arthur Rimbaud a trouvé
sa voix, et des cibles bien précises : la niaiserie
féminine, la sottise bourgeoise et le christianisme
menteur. Parallèlement, il affiche un enthousiasme
libérateur pour la Commune. C'est que l'ennui lui
pèse à Charleville où il est né le 20 octobre 1854 et où
il vit sous la coupe d'une mère « plus inflexible que
soixante-treize administrations à casquettes de
plomb ».

La poésie apparaît aussitôt à Rimbaud comme une
échappatoire. En 1870, il se lie d'amitié avec son
professeur, Georges Izambard, âgé de vingt-deux
ans, qui lui fait découvrir Hugo et Banville. Les
premiers poèmes se ressentent de cette double
découverte, mais Arthur Rimbaud va très vite se
défaire des filiations, à l'image de cet autre météore,
Lautréamont, avec qui il a en partage le don blasphé-
matoire et l'éclat du désastre. Rimbaud ne se
contente pas d'écrire pour traduire ses révoltes et ses
exécrations, il fugue. En 1870, le voici à Paris où il
espère assister à la chute du gouvernement impérial ;
soupçonné d'être un espion, il est incarcéré. Libéré,
il ne rejoint Charleville que pour repartir vers la
Belgique, puis Douai où il a un ami, le poète Paul
Demeny. En 1871, il manifeste de vifs sentiments
« communards » qui entraînent l'élaboration d'un
programme poétique révolutionnaire exposé dans
deux lettres adressées, le 13 et le 15 mai, à Izambard.
« Maintenant, je m'encrapule le plus possible, écrit-
il. Pourquoi ? Je veux être poète, et je travaille à me
rendre *voyant* : vous ne comprenez pas du tout, et je
ne saurais presque vous expliquer. Il s'agit d'arriver à
l'inconnu par le dérèglement de *tous les sens*. Les
souffrances sont énormes, mais il faut être fort, être

né poète, et je me suis reconnu poète. Ce n'est pas du tout ma faute. C'est faux de dire : Je pense : on devrait dire : On me pense. — Pardon du jeu de mots. — Je est un autre. Tant pis pour le bois qui se trouve violon, et Nargue aux inconscients, qui ergotent sur ce qu'ils ignorent tout à fait ! » La lettre du 15 mai, dite « du voyant », se fait encore plus explicite : « [...] Je est un autre [...] Cela m'est évident : j'assiste à l'éclosion de ma pensée : je la regarde, je l'écoute : je lance un coup d'archet : la symphonie fait son remuement dans les profondeurs, ou vient d'un bond sur la scène. » Rimbaud tourne le dos à tous les romantiques et Parnassiens en affirmant qu' « inspecter l'invisible et entendre l'inouï » est bien « autre chose que reprendre l'esprit des choses mortes », et il avance cette proposition capitale : « La Poésie ne rhythmera plus l'action ; elle *sera en avant*. » La poésie ne doit plus être, pour Rimbaud, le chant qui accompagne le réel et se modèle sur lui, mais un coup de boutoir dans la réalité, une façon d'allumer une étincelle dans la nuit du futur. Il appartient à la poésie de se saisir du feu de l'avenir, feu qu'elle ne peut expliquer mais qu'elle se doit d'exprimer.

Cependant, avant d'appliquer ce programme, Rimbaud a des comptes à régler : avec sa mère sous le joug de qui il a « sué d'obéissance », avec la religion dénoncée dans « Les Premières Communions » ; avec Dieu, le « Pleureur des Oliviers » entouré de sa clique de « Socrates et Jésus », de « Saints et Justes » que le poète apostrophe d'un ton vengeur :

O Justes, nous chierons dans vos ventres de grès.

Le 15 août 1871, il envoie à Banville « Ce qu'on dit au poète à propos de fleurs », où il raille tous les thèmes parnassiens en vogue et s'offre un magnifique feu d'artifice, tout de dérision liquidatrice. On se

propose de lui faire connaître Verlaine qui, ébloui
par ses poèmes, l'invite à Paris. C'est alors le grand
départ tant attendu. Rimbaud est à Paris à la fin de
septembre ; il fréquente le cercle Zutique et mène
une vie dissolue, en quête de cet « inconnu » qu'il
appelle de ses vœux et que ses derniers poèmes
n'effleurent guère encore. « Le Bateau ivre » reste
traditionnel de ton et d'inspiration, et « Voyelles »
n'est qu'une première et bien tâtonnante approche
de l'esprit du « voyant ». A mesure que son œuvre
prend de l'essor, Rimbaud se détourne quelque peu
de l'insolence provocatrice. Il commence à endurer
les souffrances de son orageuse liaison avec Verlaine.
Ce dernier veut ménager sa jeune femme qui lui
reproche son vagabondage avec Rimbaud, lequel
s'éclipse puis revient, sensible au chantage suicidaire.
Au printemps 1872, Rimbaud regagne les Ardennes
où il compose des vers « dernière manière » — ce
qu'il est convenu d'appeler ses *Derniers vers* — en
rupture avec la prosodie traditionnelle ; « La Rivière
de cassis », « Bonne Pensée du matin », « Chanson
de la plus haute tour… » Ces poèmes sont des sortes
de chansons qui s'émancipent tout autant des règles
de la versification classique que des lois de la pensée
rationnelle. Ces « prodiges de ténuité, de flou vrai,
de charmant presque inappréciable à force d'être
grêle et fluet » — ce sont les termes mêmes de
Verlaine — marquent un brusque abandon des
sphères référentielles que les *Poésies* ménageaient
encore, au profit d'un territoire où le langage est
convié à assumer sa propre aventure.

Mais le drame gronde entre Rimbaud et Verlaine
et va connaître son aboutissement en juillet 1873. Les
deux poètes qui ont vécu en Angleterre deux séjours
orageux sont à Bruxelles lorsque, le 10 juillet, au
cours d'une scène, Verlaine tire deux coups de feu
sur Rimbaud qu'il atteint au poignet. La blessure est
légère, mais la rupture est consommée. Rimbaud
serait alors rentré à Roche, dans la ferme familiale

des Ardennes, où il aurait achevé un ouvrage mis en chantier quelque temps auparavant. Une lettre écrite en mai 1873 à Delahaye évoquait une série de « petites histoires en prose, titre général : Livre païen, ou Livre nègre », et Rimbaud précisait : « Mon sort dépend de ce livre pour lequel une demi-douzaine d'histoires atroces sont encore à inventer. » Ce livre, c'est à n'en pas douter *Une saison en enfer* que la plupart des critiques considèrent comme un écho du drame bruxellois. Lorsque le poète écrit qu'il s'est « trouvé sur le point de faire le dernier *couac* », ne fait-il pas allusion aux coups de revolver bruxel-lois, et la « Vierge folle » évoquée dans *Délires I* ne désigne-t-elle pas Verlaine ? Certains commentateurs se sont opposés à une telle interprétation et n'ont voulu voir dans *Délires I* que la confrontation entre l'âme de Rimbaud soumise à Dieu et à son âme libérée.

Il est, en tout cas, un point sur lequel toute la critique rimbaldienne s'accorde ; c'est que la *Saison* établit un bilan d'ordre esthétique. Dans « Alchimie du verbe », Rimbaud retrouve le ton de répudiation vindicative qui marquait nombre de ses premières *Poésies*, mais cette répudiation concerne cette fois les *Derniers vers* et l'esthétique qui les caractérisait. L'entreprise du « voyant » — cette façon de trouver sacré le désordre de son esprit et de dire « adieu au monde dans d'espèces de romances » — est dénon-cée comme une « vieillerie poétique ». Le poète refuse tous les « pouvoirs surnaturels » (ceux de la religion toujours prompte à venir offrir son baume charitable comme ceux de l'« alchimie » verbale) en tant qu'ils sont porteurs d'illusions. Rimbaud veut river ses rêves à la terre « Moi ! moi qui me suis dit mage ou ange, dispensé de toute morale, je suis rendu au sol, avec un devoir à chercher, et la réalité rugueuse à étreindre ! » écrit-il dans « Adieu », texte qui clôt la *Saison*. Le poète qui a depuis longtemps abjuré la foi de son enfance veut substituer à un idéalisme trompeur les fastes d'une réalité mieux assumée. « Point de cantiques : tenir le pas gagné » : cette admirable formule s'inscrit comme le mot d'ordre de toute la poésie moderne qui a pris conscience d'être à la fois avec et contre Dieu.

Une saison en enfer a longtemps été considérée comme l'aboutissement de l'œuvre de Rimbaud. Dans cette perspective, *Illuminations* relèverait de l'esthétique du « voyant » avant que la *Saison* n'y vienne mettre bon ordre. Il semble en réalité que, dans *Illuminations* dont certaines pièces ont pu à la limite être écrites avant la *Saison*, l'esthétique du « voyant » resurgisse, mais modifiée, épurée, dépassée. L'expression procède par ellipses explosives et par enivrantes énumérations que rompent souvent une interpellation brutale, un appel incisif. La poésie semble alors trouver son expression la plus naturelle dans l'élan d'un « Départ » absolu, fruit d'une rupture avec la jeunesse échouée et d'une impulsion fougueuse vers l'improbable perfection : « Quant au monde, quand tu sortiras, que sera-t-il devenu ? En tout cas, rien des apparences actuelles. » Le rêve de délivrance achoppe sur l'incontournable instinct de mort qui charge d'angoisse des textes où le recours à la parodie n'est plus que vain subterfuge. Déçu de n'avoir pu « changer de vie » et contraint de solder ses plus hautes ambitions, Rimbaud ne mise plus que sur l'aimantation de son langage, au sein d'une création menacée par le désastre. Les *Illuminations* apparaissent alors comme les fragments d'une écriture qui, à la recherche de « la nouvelle harmonie » plusieurs fois revendiquée, délivre quelques fulgurants éclairs issus de l'éclat d'un désastre. Au-delà des *Illuminations* (dont les derniers textes ont pu être écrits en 1874), c'est le silence. Rimbaud a comme atteint les crêtes acérées du génie. De 1875 à 1880, le poète fait plusieurs longs voyages, et c'est en Afrique (à Harar et à Aden) qu'il se fixe pour mener une existence de commerçant et d'aventurier. En dix ans,

sa santé sera totalement ruinée. Atteint d'une
tumeur cancéreuse au genou, il est rapatrié à Mar-
seille le 22 mai 1891. L'amputation est nécessaire
« Notre vie est une misère, une misère sans fin.
Pourquoi existons-nous ? » écrit-il le 23 juin. Après
une courte période de rémission, les souffrances se
font atroces. Rimbaud meurt le 10 novembre 1891.
Mais l'œuvre du poète devra attendre longtemps
avant de connaître son vrai départ.

De son vivant, Rimbaud n'a été apprécié que par
un cercle d'amis. Quelques-uns seulement de ses
poèmes ont paru en revues, tandis que l'édition
d'*Une saison en enfer*, impayée, est demeurée dans
les caves d'une imprimerie ! Le désintérêt de Rimbaud pour la littérature dès qu'il a abordé le sol
africain n'a, en outre, rien arrangé. Après la mort du
poète, sa sœur, Isabelle Rimbaud, et son mari,
Paterne Berrichon, vont accréditer l'idée de la
conversion d'Arthur « mort comme un saint ». Dans
une célèbre préface, Paul Claudel évoquera, en
1912, un Rimbaud « mystique à l'état sauvage ». Il
faudra la vague surréaliste pour débarrasser le poète
de cette confiscation aberrante au profit du catholicisme, et la passion endurante d'un Etiemble pour
l'arracher à différents mythes tenaces. Parallèlement,
l'œuvre de Rimbaud sera offerte aux lecteurs dans
des éditions de moins en moins « trafiquées », ce qui
n'entravera nullement la multiplicité des interprétations : biographiques, thématiques, textuelles.

Le message de celui que Verlaine appelait
« l'homme aux semelles de vent » et dont tous les
poètes se plaisent à revendiquer l'exemple (sans le
suivre) est désormais perçu dans toute son ampleur et
son originalité. Comme Baudelaire et Mallarmé,
Rimbaud a fait opérer à la poésie le passage essentiel
du vers à la prose, mais il s'est frayé un chemin tout à
fait personnel — et précurseur — en allégeant son *
poème aussi bien du souci référentiel hérité de
plusieurs siècles que de la croyance un peu naïve en

l' « action restreinte » de l'écriture qui fleurira après lui. Le silence d'Arthur Rimbaud ne cesse en fait de nous interpeller comme une mise en garde contre les illusions prophétiques de la poésie. Il apparaît comme une dénégation du génie dont il est paradoxalement la définition même.

Chapitre VII

JULES LAFORGUE

Né en 1860, à Montevideo comme Isidore Ducasse, il fut, comme lui, interne au lycée de Tarbes, avant de mettre fin à Paris, à ses études secondaires sans avoir obtenu le baccalauréat. Jusqu'à sa vingtième année il lit beaucoup : Baudelaire et les poètes de la génération parnassienne, des philosophes, Darwin, Spencer, surtout *La Philosophie de l'inconscient* de Hartmann, qui venait d'être traduite. Il a déjà écrit de nombreux poèmes lorsqu'en 1880 il fréquente les Hydropathes et les cafés du Quartier latin, rencontre les jeunes écrivains qui deviendront les Décadents. Par l'un d'entre eux, Gustave Kahn, il fait la connaissance de Charles Henry, physicien et chimiste, s'intéresse à ses recherches. L'année suivante, il suit le cours d'esthétique de Taine à l'Ecole des Beaux-Arts, s'ouvre au monde de l'art. Après avoir été pendant quelques mois secrétaire de Charles Ephrussi, directeur de la *Gazette des beaux-arts* et grand amateur des impressionnistes, il devient lecteur de l'impératrice d'Allemagne Augusta, la suit dans ses déplacements, ne passant en France que les périodes de vacances. En 1886, il rencontre une jeune Anglaise, Leah Lee, qu'il épouse à Londres le 31 décembre. A son retour à Paris, où il trouve difficilement des moyens d'exis-

tence, il tombe malade et sera emporté par une
affection pulmonaire le 20 août 1887. Sa femme ne
lui survivra que dix mois.

Dès la fin de 1880, si on néglige quelques poèmes
parus en 1879 dans de petites revues toulousaines, il
est publié dans *La Vie moderne*. Mais surtout il
travaille et remanie sans cesse ses textes. En 1881, il
écrit une nouvelle, *Stéphane Vassiliew*, nourrie de
son enfance inquiète et solitaire, travaille à un
roman, *Le Raté*, dont il aurait voulu faire une
autobiographie transposée. Son premier projet a été
celui d'une suite philosophique en cinq parties, *Le
Sanglot de la terre*, qui aurait été « l'histoire, le
journal d'un Parisien de 1880 qui souffre, doute et
arrive au néant, et cela dans un décor parisien, les
couchants, la Seine, les averses, les pavés gras, les
Jablochkoff, et cela dans une langue d'artiste, fouil-
lée et moderne, sans souci des codes du goût, sans
crainte du cru, du forcené, des dévergondages, du
grotesque, etc. ». On aura reconnu le climat et les
thèmes majeurs de la sensibilité décadente qui s'affirmait alors. Etre d'une sensibilité extrême, Laforgue
était ouvert à toutes les influences : l'exemple de
Bourget et de son poème *Edel*, celui de Huysmans,
de Rollinat, les leçons de style des Goncourt se
discernent aisément dans un tel projet. Mais s'il les
reçoit avec cette intensité, c'est qu'ils répondent à ses
incertitudes profondes, à son besoin de donner un
sens à la vie.

Bien que la plus grande partie des poèmes qui
devaient composer *Le Sanglot de la terre* aient été
écrits, le livre ne parut pas. La découverte de
l'univers pictural, l'existence nouvelle qu'il mène en
Allemagne, aussi une conscience plus aiguë de lui-
même le ramènent, à la fin de 1882, à la poésie. Une
nuit de novembre, qui succède à trois semaines de
travail intense, « tel Jésus au cap Sunium, Bouddha
sous le figuier de Gaza », il rédige « en dix pages les
principes métaphysiques de l'Esthétique nouvelle,

une esthétique qui s'accorde avec l'Inconscient de Hartmann, le transformisme de Darwin, les travaux de Helmholtz » — qui, surtout, accorde en lui la psychologie et le rêve, la difficulté de vivre et la poésie. Ce seront alors « des complaintes rimées à la diable », dont il veut faire « un petit volume ». Achevé au milieu de 1883, le recueil des *Complaintes* ne paraîtra que deux ans plus tard. Laforgue y chante les dérisions et les mesquineries de la vie quotidienne, avec tout ce qu'elles engendrent de misère et de déceptions. Telle est notre condition ; si nous nous plaignons, sachons que c'est en vain et sachons sourire de notre plainte. Le poète joue avec le Mal, le Spleen, la Mort, les désamorce en les acceptant, dans une complaisance irrévérencieuse.

Les complaintes de « cette bonne lune », du « fœtus du poète », de « l'orgue de Barbarie », de « Lord Pierrot », des « condoléances au soleil », du « pauvre jeune homme », pour ne citer que quelques titres, composent une fantasmagorie enjouée, déchirée d'un cri. Le langage poétique est à l'image de cet univers. Le vers est désarticulé, le rythme de la chanson populaire, avec ses apocopes et ses élisions, ses redites et ses refrains, est constamment utilisé ; des structures parlées, qui restent cependant des vers, ordonnent le poème. Le vocabulaire se fait familier, n'écarte pas le mot vulgaire, accepte des créations verbales, des mots-valises comme « vendanges sexiproques » ou « célestes éternullité ». L'impropriété grammaticale devient procédé de style, écart discret ou appuyé. Avec ses *Complaintes* Laforgue donnait à la Décadence sa poésie originale. Lui-même en était conscient qui, dans un article de *La République française* dû à sa propre plume[1], rapprochait les pastiches qu'étaient les *Déliquescences d'Adoré Floupette* de cet « ut » de la « nouvelle école poétique » que représentait son recueil.

1. Découvert par Daniel Grojnowski.

L'Imitation de Notre Dame la Lune paraît la même année que *Les Complaintes*, à la fin de 1885, mais avec la date de 1886. Les poèmes de cette « mince plaquette », récemment écrits, prolongent en l'épurant l'inspiration des *Complaintes* : « plusieurs piécettes à la Lune, un décaméron de pierrots, et [...] les succédanés de la lune pendant le jour : les perles, les phtisiques, les cygnes, la neige et les linges. » La variété des mètres, les jeux sur les rythmes tiennent de la prouesse. En avril 1886, après un début d'année chargé, il se remet à la poésie, écrit en deux mois une soixantaine de poèmes, dont il se propose de faire un nouveau recueil, *Des fleurs de bonne volonté*, où, sur le même ton de désinvolture un peu crispée, cachées sous la gouaille, s'expriment ses incertitudes d'homme amoureux. Il abandonne cependant ce projet, qu'il ne considère plus que comme « un répertoire pour de nouveaux poèmes ». Ces « nouveaux poèmes » sont moins *Le Concile féerique*, réussite de la forme dialoguée qui est une de ses tentations, que ceux qui ont été rassemblés après sa mort sous le titre de *Derniers vers*. Les virtuosités y laissent la place au vers libre qui, plutôt que la modulation musicale qu'ont prétendu en faire les symbolistes, apparaît comme un découpage des moments sentimentaux ou des images et se réduit souvent à une phrase exclamative. L'effusion, la suggestion tendent à l'impalpable, la moquerie devient moins grinçante, moins complaisante aussi. Si ce n'est pas l'apaisement, c'est du moins un tournant dans la poésie de Laforgue, qui aurait pu influer sur l'évolution du symbolisme si la publication n'avait été retardée jusqu'en 1891 par la mort du poète.

En 1885 et 1886 il était revenu à la prose avec des nouvelles qui sont « de vieux canevas brodés d'âmes à la mode ». Hamlet, Lohengrin, Salomé, Persée et Andromède, Pan (la dernière, « Le Miracle des roses », étant d'une inspiration différente) servent, sur le mode ironique et parodique, avec une fantaisie qui n'exclut pas l'anachronisme, les thèmes constants de Laforgue : l'interrogation sur la vie, l'angoisse métaphysique, la quête de l'amour. Ils se rattachent aussi à un jeu parodique qui s'est répandu en France, d'Offenbach à Georges Fourest et à sa *Négresse blonde*. L'ouvrage, mis en fabrication quelques jours avant la mort de Laforgue, parut à la fin de 1887.

On ferait un florilège de l'incompréhension avec les comptes rendus que les critiques contemporains ont écrits sur les publications de Laforgue. Cette infortune subsista, malgré la ferveur de quelques fidèles. Une légende veut que, vers 1905, Apollinaire, Salmon et leurs amis de la « bande à Picasso » criaient dans les rues de Montmartre : « A bas Laforgue, vive Rimbaud ! », opposant par ces mots une poésie sentimentale du « cœur en écharpe » à la grande aventure poétique. C'est là méconnaître tout ce qu'un Apollinaire, un Salmon, précisément, lui doivent, qu'il s'agisse de l'affranchissement de la prosodie ou de l'attitude de détachement lyrique qui est à la fois acceptation de la vie et protection contre elle. En cela, Laforgue n'est pas seulement celui qui a le plus intensément exprimé les thèmes de la Décadence, il est aussi un « moderne ».

CHAPITRE VIII

ANATOLE FRANCE

Né en 1844 sous le gouvernement de Guizot, premier ministre du roi Louis-Philippe, Anatole Thibault est mort en 1924, Gaston Doumergue étant président de la République et Edouard Herriot président du Conseil. Contrairement à une légende tenace, ce n'est pas lui qui s'est choisi le pseudonyme de France : son père, libraire quai Malaquais, puis quai Voltaire, l'avait déjà adopté, en se référant à son prénom François. Son enfance a été nourrie de la Révolution, dont son père s'est fait une spécialité, et surtout du paysage parisien, lieu magique pour sa jeune imagination :

> Il ne me paraît pas possible qu'on puisse avoir l'esprit tout à fait commun, si l'on fut élevé sur les quais de Paris, en face du Louvre et des Tuileries, près du palais Mazarin, devant la glorieuse rivière de Seine, qui coule entre les tours, les tourelles et les flèches du vieux Paris. Là, de la rue Guénégaud à la rue du Bac, les boutiques des libraires, des antiquaires et des marchands d'estampes étalent à profusion les plus belles formes de l'art et les plus curieux témoignages du passé.

Elève médiocre et peu appliqué au collège Stanislas (qu'il quittera pendant sa rhétorique en 1862), il voit ses devoirs de français remarqués et couronnés par l'Académie du collège : il fut, dit-il, « à (s)a manière, un bon petit humaniste ».

A dix-neuf ans, il commence à écrire des notes dans des revues bibliographiques, bientôt travaille pour Lemerre, l'éditeur du *Parnasse contemporain* et devient secrétaire de rédaction du *Chasseur bibliographe,* collabore régulièrement à *L'Amateur d'autographes*, la revue d'Etienne Charavay. En 1867 paraissent dans des revues ses premiers poèmes. Il fréquente les salons parnassiens, chez Lemerre, Leconte de Lisle, Mendès, Nina de Callias, Mme de Ricard. Il collabore au *Parnasse contemporain* de 1869 (qui, on le sait, ne paraîtra qu'après la guerre et la Commune en 1871). Il publie en 1873 *Les Poèmes dorés*, recueil parnassien par la rigueur formelle comme par les thèmes, où se montre l'influence de Leconte de Lisle et de Banville, jointe à celle de Chénier : scènes de paganisme et de mythologie, sentiment à la fois voluptueux et désenchanté de la vie, stoïcisme de l'individu dans l'évolution universelle. France, que la Commune a traumatisé (« Enfin le gouvernement du crime et de la démence pourrit à l'heure qu'il est dans les champs d'exécution », écrit-il en juin 1871), s'est éloigné de ceux des Parnassiens qui, comme Verlaine, Blémont, Mérat, Valade, ont, à des degrés divers, manifesté une sympathie pour l'insurrection parisienne. Il représente alors la continuité du Parnasse et, lorsque Lemerre prépare un troisième volume du *Parnasse contemporain*, c'est lui qui est chargé, avec Banville et Coppée, de choisir les poèmes. Cependant, après la publication du poème dramatique « Les Noces corinthiennes » (1876), qui est un refus de la morale chrétienne au nom de la nature, il n'écrira plus de poésie que rarement.

Tout en poursuivant ses travaux de librairie (notamment des notices et des préfaces pour les éditeurs Lemerre et Charavay), il se lance alors dans le roman : *Jocaste et le Chat maigre* (1879), en réalité réunion de deux nouvelles, *Le Crime de Sylvestre Bonnard* (1881), *Les Désirs de Jean Servien* (1882). La première et la dernière de ces œuvres sont proches, à la fois par l'influence de Flaubert, qui, manifestement, sert de modèle à France, et par le thème des existences manquées, nourri par les premiers déboires sentimentaux de l'auteur. C'est avec *Le Crime de Sylvestre Bonnard* qu'il atteint à la notoriété : dans ces années de triomphe du naturalisme, il apporte un ton d'ironie et de douceur, de demi-teinte qui représente, pour de nombreux critiques de l'époque, le véritable réalisme, opposé dans sa modération aux excès de Zola et de ses disciples. Son scepticisme souriant, portant un regard sans illusion, mais non dépourvu d'attendrissement ou de poésie, sur la vie, incarné dans un homme d'expérience, compose une image que reprendront avec quelques variations les œuvres suivantes. Dans *Le Livre de mon ami* (1885), l'homme de quarante ans qu'est alors France est lui-même ce héros d'un certain âge qui, comme le dit Marie-Claire Bancquart, « parle comme un homme qui a sa vie derrière lui » en évoquant des souvenirs d'enfance.

Critique littéraire, qui à partir de 1887 tient au *Temps* la rubrique de « La Vie littéraire », Anatole France se montre attaché aux valeurs de la beauté et de la tradition. Il repousse le naturalisme et son penchant à la laideur et à la grossièreté, Zola et ses prétentions scientifiques. Mais il attaque également le symbolisme naissant, condamne ses tendances idéalistes, son goût pour l'obscurité, sa recherche laborieuse de l'originalité. Ses admirations sont Dickens, Goethe, Heine, Renan ; parmi les jeunes Français, Bourget et ses *Essais de psychologie*, le Barrès des *Taches d'encre* ont sa prédilection. Il ne croit pas à la vertu des révolutions, mais pense qu'à l'image des grandes transformations géologiques, l'évolution artistique et l'évolution politique ou sociale doivent se faire lentement. Républicain, il prône la mesure et la tolérance, le progrès dans la continuité historique. Il se méfie des mouvements de la foule, met sa confiance dans l'élite intellectuelle et artistique du monde civilisé.

En est-il, comme le suggère Marie-Claire Bancquart, parvenu à la fin de 1887 « à une impasse en ce qui concerne la littérature contemporaine » ? Sa vie en tout cas change alors. A la fin de 1888 a commencé une liaison passionnée, et, dans les premières années, orageuse, avec Mme Arman de Caillavet, qui durera jusqu'à la mort de cette dernière en 1910. Elle est la femme d'un mondain, chroniqueur au *Figaro,* fils d'un armateur bordelais ruiné. Après avoir brillé dans les salons littéraires, elle a le sien propre, que fréquentent Leconte de Lisle, Heredia, Pailleron, Dumas fils, bientôt le jeune Proust. Elle n'a pas eu sur l'œuvre d'Anatole France l'influence qu'on a parfois voulu dégager. Mais elle l'a considérablement aidé dans sa carrière et surtout l'amour qu'il a éprouvé pour elle a suscité dans les premières années comme une nouvelle jeunesse et un regain d'activité. Il est conduit, dans les années 1889-1891, à préciser ses positions littéraires et intellectuelles. Une polémique avec Brunetière au sujet du roman de Bourget *Le Disciple* lui donne l'occasion de défendre avec véhémence la liberté de pensée et le relativisme contre le dogmatisme moral. Le banquet donné en l'honneur de Moréas le 2 février 1891, sa réponse la même année à l'enquête de Jules Huret confirment une attitude nouvelle à l'égard de Mallarmé, de Verlaine, du symbolisme, dont il ne critique plus que les excès ridicules. Zola même lui apparaît maintenant dans ses derniers romans comme un poète, un prophète, qui a « le sens épique et l'instinct des foules ». Son goût a moins changé qu'il ne s'est à la fois affiné et affirmé au contact des œuvres nouvelles. Lui-même

publie *Thaïs* en 1890. L'amour du moine Paphnuce
pour la pécheresse Thaïs qu'il veut convertir, le
renversement des valeurs qui fait de l'un un damné,
de l'autre une sainte, illustrent un antichristianisme
profond et une exaltation de la sexualité. Par de
nombreux aspects, le caractère morbide de la religion
de Paphnuce, le satanisme inhérent à la nature
féminine, le climat d'une antiquité décadente, etc.,
Thaïs reflète l'époque fin de siècle et quelques-unes
de ses obsessions autant que l'exaltation amoureuse
et intellectuelle qui entraîne alors France.

Les contes qui forment *L'Etui de nacre* (1892)
poursuivent une réflexion souriante sur les paradoxes
ou les erreurs de l'histoire : que fut Ponce-Pilate,
sinon un fonctionnaire romain qui, vingt ans après, a
même oublié le nom de Jésus (« Le Procurateur de
Judée ») ? L'année suivante, c'est *La Rôtisserie de la
reine Pédauque*, roman picaresque, conte philosophique qui, sous une affabulation située au début du
XVIIIe siècle, aborde des sujets contemporains avec
un scepticisme plein de bonhomie ironique : liberté
des mœurs, vie politique, science et religion, occultisme... Ces réflexions se prolongent dans *Les Opinions de Jérôme Coignard* ; Coignard, le maître du
jeune héros de la *Rôtisserie* Jacques Tournebroche,
respectueux de l'orthodoxie, ne met pas moins en
question tout ce à quoi les hommes croient et, pour
ne point les « haïr », les « méprise tendrement ».
Plus encore que le précédent, cet ouvrage marque un
glissement de l'œuvre de France vers l'actualité
politique : le scandale de Panama, les campagnes
moralisatrices du sénateur Bérenger, les manifestations ouvrières et anarchistes y donnent lieu à de
piquantes considérations. Les années 1894-1895 sont
d'une grande activité : Massenet a fait de *Thaïs* un
opéra ; trois livres paraissent : un recueil de contes,
Le Puits de Sainte-Claire, un livre de pensées, *Le
Jardin d'Epicure*, un roman contemporain, *Le Lys
rouge*, inspiré par ses amours avec Mme de Caillavet.

Anatole France s'est installé dans un petit hôtel de la villa Saïd, dans le XVIe arrondissement. Il est un personnage connu, élu à l'Académie au début de 1896. Il écrit une préface pour *Les Plaisirs et les Jours* de Proust.

L'œuvre de cet homme comblé va alors prendre un cours nouveau. Le rationalisme, l'anticléricalisme d'Anatole France s'inquiètent non seulement de l'évolution d'intellectuels comme Brunetière, qui proclame la faillite de la science et la nécessité de la foi, mais des conséquences possibles du ralliement des catholiques à la République. C'est dans ces perspectives qu'il conçoit *L'Orme du mail* (1897), premier volume de l'*Histoire contemporaine*, que suivra la même année le deuxième : *Le Mannequin d'osier*. Deux histoires s'y entrelacent : celle de M. Bergeret, professeur de lettres, que sa femme trompe et qu'il finira par quitter, celle des intrigues religieuses et politiques qui s'instaurent entre l'Eglise, l'Etat et divers groupes sociaux. France a cette fois quitté l'évocation historique de la *Rôtisserie* comme le milieu mondain du *Lys rouge* pour les grands problèmes de l'actualité.

Il sera bientôt amené à un engagement plus grave. A la fin de 1897 et surtout depuis la publication de « J'accuse » par Zola le 13 janvier 1898, l'affaire Dreyfus est devenue un drame national. France est, après Zola, le deuxième signataire de la protestation lancée dès le lendemain par *L'Aurore*. Renoncement au scepticisme ? Plutôt démarche normale, qui est dans le fil de ses convictions et qui, loin de l'inféoder à un parti, est essentiellement un refus de l'erreur — surtout de l'erreur judiciaire —, du fanatisme et de la raison d'Etat. Les deux derniers romans de l'*Histoire contemporaine*, *L'Anneau d'améthyste* (1899) et *M. Bergeret à Paris* (1901), traitent non seulement de l'Affaire, mais du socialisme, de la justice sociale et de la paix. Sa voie est tracée. Il ne fréquente plus l'Académie, trop réactionnaire. Il préside une section de la Ligue des droits de l'homme. Il prend part à la campagne électorale de 1902. *L'Affaire Crainquebille*, publié en 1902 dans les *Cahiers de la Quinzaine* de Péguy, est un pamphlet en forme de récit contre la justice des hommes qui écrase les faibles. Il collabore à *L'Humanité* que Jaurès fonde en 1904. Cependant, les désillusions, le désenchantement sont proches ; à la foi succède une certitude amère : envers et contre tout, la cause à laquelle il s'est donné est juste, elle est la seule qui puisse être défendue.

Depuis longtemps, le personnage de Jeanne d'Arc, tel qu'il l'avait découvert chez Michelet, le sollicitait. C'est en 1908 seulement que paraîtra sa *Vie de Jeanne d'Arc*, une Jeanne victime de l'Eglise, héroïne nationale, à la fois sage et naïve, illuminée et raisonnable, vue sous de nombreux aspects par un disciple de Voltaire. Le livre choqua les catholiques, sans pour autant satisfaire les libres penseurs. Il était trop porteur des préoccupations, des interrogations successives d'Anatole France depuis trente ans pour ne pas revêtir ce caractère complexe.

Les romans qu'il publie jusqu'en 1914 présentent encore une autre face de son imagination. *Sur la pierre blanche* (1905) allie l'évocation historique (l'antiquité romaine, le premier siècle de notre ère) à la vie présente et à l'anticipation, puisque y est imaginé le socialisme collectif, source de liberté dans tous les domaines, qui règne en 2270. *L'Ile des pingouins* (1908) est une histoire de France parodique, fondée sur une méprise (un saint missionnaire a pris des pingouins pour des hommes et les a baptisés collectivement) et des successions de paradoxes. La plus grande partie du livre est une transposition de l'affaire Dreyfus où, comme dans les siècles précédents, dominent la violence et l'intolérance. Le dernier chapitre est une vision désabusée de l'éternel recommencement des choses, toute organisation engendrant sa propre destruction comme l'innocence et la vertu se transforment en tyrannie. En 1914 paraît un livre auquel il a travaillé plusieurs années, *La Révolte des anges*. Ce nouveau regard sur le temps présent, notamment sur le mouvement anarchiste d'une part et de l'autre le regain de catholicisme et de nationalisme dans une partie de la jeunesse, s'accompagne d'une révolte des anges, qui interviennent dans la vie quotidienne et posant, par leur présence et leur action, le problème du mal et du pouvoir. Sa conclusion n'est ni le pessimisme absolu, ni le rêve idéaliste, mais un retour à la vie intérieure de chacun :

> Nous avons été vaincus parce que nous n'avons pas compris que la victoire est Esprit et que c'est en nous et en nous seuls qu'il faut attaquer et détruire Ialdabaoth.

On mettra à part *Les Dieux ont soif* (1913), où il revient à la Révolution pour suggérer que les violences de la Terreur n'ont servi à rien ; toute idée épique est évacuée de ce roman où la plupart des personnages ne songent qu'à survivre, la conclusion qui s'impose est l'absurdité de la vie.

L'existence d'Anatole France a changé pendant ces dernières années. La mort de Mme de Caillavet au début de 1910 l'a profondément affecté, plus que ne le laisseraient penser les liaisons qui l'occupent. En 1914, au début de la guerre, il s'installe à La Béchellerie, à Saint-Cyr-sur-Loire, dans ce qui sera sa dernière résidence. Il y passe le temps du conflit dans un état de découragement, ne publiant que de rares articles. L'armistice venu, France croit que le socialisme sortira des bouleversements provoqués par la guerre. En avril 1919, il est avec Léon Blum au premier rang des manifestants qui vont rendre hommage à la mémoire de Jaurès après l'acquittement de son assassin Villain. Le mois suivant, il adhère au groupe *Clarté* fondé par Barbusse. Il parle dans des

réunions publiques. Il est le premier président des
Pen Clubs, fondés pour la défense de la liberté des
écrivains. Il fait figure d'apôtre du socialisme, reçoit
en 1921 le prix Nobel. Lucide cependant, il constate
que la paix ne se fait pas, que le traité de Versailles
est « la prolongation de la guerre », et il ne cessera,
jusqu'à sa mort, de se prononcer pour une véritable
pacification. Il défend aussi la Révolution russe, dit
son « admiration pour Lénine ». Membre du parti
socialiste avant la guerre, il n'adhère plus à aucun
parti après la scission de Tours entre socialistes et
communistes en 1921.

Ses derniers livres, *Le Petit Pierre* (1919) et *La Vie
en fleur* (1922) sont des souvenirs d'enfance. Lorsqu'il meurt en 1924, que des funérailles nationales lui
sont accordées, c'est le témoin de plus d'un demi-
siècle de sensibilité française qui disparaît, l'auteur
d'une œuvre qui, commencée dans le *Parnasse*,
poussée jusqu'à une forme originale d'engagement
romanesque, a une valeur exemplaire, un esprit qui,
alliant scepticisme et générosité, sens de la tradition
et croyance au progrès, a représenté une face du
génie français. Mais, en 1924, le surréalisme se
cristallisait et ceux qui le fondaient distribuaient au
lendemain de l'enterrement de notre gloire nationale
un violent pamphlet intitulé *Un cadavre*. Mais son
successeur à l'Académie, Paul Valéry, put prononcer
son discours de réception sans citer une fois son nom.
La modernité littéraire rejetait Anatole France.
Cependant, le purgatoire dans lequel elle le plongeait
avait pour contrepartie un intérêt constant dans le
public, que montrent les lectures en bibliothèque
autant que les nombreuses rééditions de ses œuvres.

Chapitre IX

MAURICE BARRÈS

S ON arrière-grand-père, auvergnat, avait épousé une Lorraine et s'était installé dans le pays de sa femme. A l'âge de huit ans (il était né en 1862), il avait vu les Prussiens entrer à Charmes, sa ville natale. Ils ne la quittent qu'en 1873, quelques mois avant que le jeune garçon entre au collège religieux de La Malgrange, près de Nancy. Il y passe quelques années difficiles et, en octobre 1877, est inscrit au lycée de Nancy. Il a en classe de philosophie le kantien Burdeau (qui sera aussi, à Paris, le professeur de Claudel). Il résiste à l'enseignement abstrait de celui dont il fera le Paul Bouteillet des *Déracinés*, sous l'impression qu'on veut l'arracher à son sol. Il est nourri de Rousseau, de Chateaubriand, de Goethe, de Cervantès, de Walter Scott, de Balzac. Avec son camarade de classe Stanislas de Guaita, déjà attiré par les sciences occultes, il lit *Emaux et Camées, Salammbô, Les Fleurs du Mal*. Etudiant en droit, il fait ses premiers pas dans le journalisme et, en janvier 1883, il part pour Paris avec l'ambition d'un Rastignac. Il est introduit par Anatole France chez Leconte de Lisle, chez le Parnassien « mystique » Louis Ménard, que lui avait révélé Burdeau, il lit Taine et Renan. Avide de tout, le jeune Barrès à vingt ans ne s'arrête à rien, plus attaché au présent qu'aux leçons des générations précédentes. En novembre 1884, il fonde et rédige seul une « gazette mensuelle », qui n'aura que quatre numéros, *Les Taches d'encre*. Il s'y montre, non sans désinvolture, proche des Décadents et y consacre un essai à Baudelaire. En 1886, il est associé à Charles Le Goffic et à Jules Tellier à la tête de la revue *Les Chroniques*. Il collabore aussi à *La Vie moderne* et donne en 1885 un article sur « L'Art suggestif » qui le fait considérer comme un défenseur du symbolisme naissant. On s'intéresse moins, alors, à d'autres articles qui, dans *Le Voltaire*, annoncent son dilettantisme intellectuel comme son nationalisme et son attention aux particularités des régions. La publication en 1887 de *Sous l'œil des Barbares* fut une surprise pour ceux qui ne voyaient en lui qu'un « chroniqueur littéraire ». Le héros du roman, Philippe, refuse aux « Barbares », c'est-à-dire aux autres, aux conformistes, à ceux qui ont bonne conscience, aux esprits courts qui ne voient pas plus loin que leur intelligence, la soumission qu'ils attendent de lui. Il cherche, lui, une réponse à ses contradictions, érigeant son « égotisme » en règle morale. Un article de Bourget salua la nouveauté de ce roman, l'« acuité surprenante de la vision intérieure », la « saveur de pathétique intellectuel » qu'il révélait. En 1889, *Un homme libre* donne une suite à *Sous l'œil des Barbares*. Philippe fait un voyage à Venise, admire la peinture de Vinci. Il s'avance vers une discipline spirituelle à laquelle l'aident les *Exercices* de saint Ignace, jusqu'à l'extase lyrique. Un dernier volume termine en 1891 la trilogie, qui sera intitulée *Le Culte du moi*. C'est *Le Jardin de Bérénice*, la rencontre avec la sensualité, l'instinct, la vie populaire qu'incarne Bérénice et qu'il revient à Philippe d'éduquer dans une nouvelle expérience de l'approfondissement de son moi. « Dilettantisme et fanatisme du *moi* », comme l'écrit Pierre Moreau, cette œuvre fit de Barrès « le prince de la jeunesse »

et son porte-parole. Simultanément, l'écrivain s'était
senti une vocation politique. Il s'était engagé derrière
Boulanger, avait été élu en 1889 député de Nancy
avec l'investiture du général. De son premier passage
à la Chambre, il tirera une pièce féroce, interdite par
la censure, *Une journée parlementaire*. L'échec du
mouvement boulangiste, dès le lendemain des élections, ramène Barrès, qui ne sera pas réélu en 1893, à
la littérature. Après *Toute licence sauf contre l'amour*
(1892), qui se situe dans le droit fil du *Culte du moi*, il
publie en 1893 *L'Ennemi des lois*. Le héros en est un
anarchiste, Malterre, qui réprouve le « socialisme
autoritaire » (l'opposition entre l'anarchie individua-
liste et le socialisme collectiviste est un thème
répandu à l'époque) et reconnaît l'importance du
« souvenir de la patrie et de la race ». Il n'est pas seul
à vivre ces apparentes contradictions et à allier dans
sa pensée politique la droite et la gauche, à fréquenter à la fois Jaurès et Maurras : son journal *La
Cocarde*, de septembre 1894 à mars 1895, donne
forme à ces rapprochements. Mais bientôt, l'évolution politique, durcie et accélérée par l'affaire Dreyfus, allait rendre les clivages inévitables. Alors que
Du sang, de la volupté et de la mort en 1894
prolongeait à l'occasion de voyages en Espagne et en
Italie les raffinements d'un « amateur d'âmes », en
1897 son nouveau roman, *Les Déracinés*, le place
dans le sillage de ceux qui, comme Paul Bourget en
1889 dans *Le Disciple*, faisaient le procès de l'idéologie contemporaine. Les sept lycéens de Nancy mis en
scène, qui ont été troublés par l'enseignement de leur
professeur de philosophie, ratent leur vie parce qu'ils
ont perdu la fidélité à la terre natale, source de force
et d'épanouissement pour l'homme. Avec cette théorie de l'enracinement, Barrès prenait parti du côté
des nationalistes et des traditionalistes. Les polémiques furent nombreuses, notamment avec Gide qui
lui demanda dans un article célèbre : « Né à Paris
d'un père uzégeois et d'une mère normande, où

voulez-vous, monsieur Barrès, que je m'enracine ? »
Le culte de l'énergie nationale avait supplanté le
culte du moi. Barrès est violemment hostile à Dreyfus et à Zola, fait l'éloge de l'armée, adhère à la
Ligue de la patrie française, participe à la folle
aventure de Déroulède voulant marcher sur l'Elysée.

Avec *Les Déracinés*, il avait entrepris une seconde
trilogie, le *Roman de l'énergie nationale*. *L'Appel au
soldat* (1900) et *Leurs figures* (1902) sont moins des
romans que des *choses vues* pendant le boulangisme
et le scandale de Panama, des réflexions sur la
morale, la race et la terre. Ses œuvres suivantes,
auxquelles *Amori et dolori sacrum* en 1903 fournit un
contrepoint qui répond à *Du sang, de la volupté et de
la mort*, prolongent sa pensée : *Les Amitiés françaises* (1903), sur l'éducation de son fils né en 1896,
« Notes sur l'acquisition par un petit Lorrain des
sentiments qui donnent un prix à la vie » ; *Les
Bastions de l'Est*, qui réunit deux titres, *Au service de
l'Allemagne* (1905), histoire d'un Alsacien qui,
volontaire dans l'armée allemande, y fait respecter la
culture française et la tradition latine, *Colette Baudoche* (1909), jeune Lorraine pauvre qui refuse la
main d'un Allemand ; et, plus tard, en 1914, *La
Grande Pitié des églises de France*, plaidoyer pour les
églises qui tombent en ruine.

En 1906, il est élu à l'Académie française et réélu
comme député, cette fois dans le premier arrondissement de Paris ; il siégera à la Chambre jusqu'à sa
mort. Son goût du voyage ne l'a pas quitté : de 1900 à
1914, il va en Grèce, en Italie, en Espagne, en
Egypte, dans le Proche-Orient. L'Espagne surtout le
fascine et c'est en artiste qu'il écrit un *Greco* (1911)
repris l'année suivante sous le titre *Greco ou le secret
de Tolède*.

La Colline inspirée, en 1913, est une étape importante dans l'approfondissement de sa réflexion religieuse. Fondée sur un fait historique, cette œuvre
évoque un prêtre qui, à Sion, est initié comme ses

deux frères également prêtres à la religion de Vintras l'illuminé. Interdit, ce prêtre nommé Léopold Baillard se soumettra à la fin de sa vie et mourra réconcilié. Le roman est à la fois celui du peuple lorrain, incarné par le héros, un peuple qui a le sens de sa terre et la protège contre les agresseurs, et celui du conflit entre le mysticisme et la discipline de l'Eglise. Le point d'équilibre s'est encore déplacé : du culte du moi et de l'énergie nationale il a glissé à ce qu'on peut appeler le service de l'âme. La colline de Sion est un de ces lieux « où souffle l'Esprit », créateur d' « hommes supérieurs » ; l'égotiste, le nationaliste s'accomplissent dans le saint. *La Colline inspirée* est aussi le livre dans lequel Barrès a le plus heureusement entrelacé ses thèmes majeurs, éclairé le présent par l'histoire et le mythe, donné à ses propres interrogations une forme objective et romanesque, maîtrisé un style aux mouvements incantatoires.

Il a, à la veille de la guerre, le prestige d'un homme politique au nationalisme généreux et d'un écrivain au talent multiple, sensible à la tradition autant qu'à certains aspects de la modernité. Victor Giraud n'était pas le seul à penser qu'il était le plus apte à chanter « l'âme française et la guerre ». Il le fit dans les nombreux articles qu'il publia pendant le conflit (réunis en douze volumes sous le titre *L'Ame française et la guerre*, 1915-1920 ; édition augmentée, *Chronique de la Grande Guerre*, quatorze volumes, 1920-1924). Il sut y attirer l'attention sur des écrivains morts au combat comme Péguy, Psichari, Emile Clermont. Mais on ne lui pardonna pas ses verbeux élans patriotiques, la démesure de certaines de ses descriptions de combattants, son état de « mobilisé de l'intérieur », de « littérateur du territoire ». Cette partie de son œuvre, la paix venue, contribua à la défaveur, voire à l'hostilité dont fut victime Barrès. Il avait cependant retrouvé une activité politique avec ses interventions à propos de la politique rhénane et ses conférences à l'Université de Strasbourg sur le génie du Rhin. Ses derniers ouvrages, *Un jardin sur l'Oronte* (1922), *Dante, Pascal et Renan* (1923) illustrent l'ambiguïté de son attitude à l'égard du catholicisme, qui est à l'image des sollicitations multiples de son esprit. Lorsqu'il meurt, à la fin de 1923, sa personnalité suscita les réactions les plus contradictoires, parfois violentes. Une part importante de son œuvre restait à paraître : ses mémoires, sous le titre *Mes Cahiers*, furent publiés de 1929 à 1957. Ils révèlent un homme sensible, parfois tourmenté comme dans les pages où il évoque le suicide de son neveu et disciple Charles Demange (suicide dont la comtesse de Noailles, à laquelle il était lui-même intimement lié depuis 1903, était la cause), le jour même où à la Chambre il était intervenu sur la responsabilité des professeurs à propos du suicide d'un étudiant.

Attaqué par les dadaïstes qui le jugèrent le 13 mai 1921 dans une parodie de tribunal, critiqué par un écrivain ancien combattant comme Charles Vildrac, tombé dans un long purgatoire, Barrès a pu garder l'admiration d'hommes aussi différents que Montherlant et Aragon, Malraux et Mauriac. Le poète en lui a survécu à l'idéologue, et l'homme, dont le romancier José Cabanis écrit : « L'homme est de ceux qu'on n'abandonne pas quand on l'a rencontré et écouté, dans ses *Mémoires* et ses *Cahiers*. »

CHAPITRE X

ROMAIN ROLLAND

L'ŒUVRE de Romain Rolland est l'expression d'un humanisme sans faille, qui a horreur des dogmes et qui leur préfère toujours la Vie, l'Amour, la Liberté, ces forces inextinguibles. Mais le parcours de Romain Rolland n'est pas exempt de contradictions : apôtre du progrès par la conversion individuelle et la non-violence, l'auteur de *L'Âme enchantée* n'hésitera pas à trouver dans le marxisme-léninisme une méthode pratique révolutionnaire. Haute figure morale, Romain Rolland aura continuellement cherché à hausser l'âme humaine à ses aspirations les plus nobles, sans être toujours bien compris en des temps où la légèreté et le ludisme métamorphosaient l'inspiration créatrice.

Né en 1886 à Clamecy, ville morne où il se sentira « constamment — jusqu'à onze ou douze ans — comme suspendu par un fil au-dessus de la mort », Romain Rolland est un enfant timide et malingre. Il s'installe à Paris en 1880, obtient son baccalauréat en 1882 et se destine à l'Ecole normale supérieure où il sera reçu en 1886, après deux échecs. La capitale lui répugne, aucun idéal ne le requiert, et il rompt avec la religion catholique. Spinoza introduit quelque lumière dans ses incertitudes, tandis que *Credo quia verum*, écrit en avril 1887, exprime tout son tourment existentiel. La littérature de l'époque (symbolisme, décadentisme) ne l'intéresse guère, et ce que Romain Rolland prise déjà, c'est la « vérité des personnages », la « logique des passions », l' « harmonieux équilibre des parties ». Il découvre Tolstoï et lui écrit ; commence alors un long campagnonnage intellectuel fondé sur l'idée de non-violence et de fraternité individuelle. Soucieux d'échapper au professorat qui l'attend après l'agrégation, Romain Rolland profite d'un poste libre au Palais Farnèse pour aller vivre deux années à Rome où Malwida von Meysenbug lui sert de guide et où il écrit ses premiers drames, dont *Empédocle* en 1890. De retour à Paris, il rencontre Clotilde Bréal et l'épouse en 1892. Il se consacre à une thèse sur « Les origines du théâtre lyrique moderne », tout en connaissant de premiers dissentiments conjugaux qui iront s'amplifiant jusqu'au divorce en 1901.

La pièce *Les Loups*, que Charles Péguy publie en 1899, attire l'attention du public sur Romain Rolland qui, dans son souci — jamais démenti — de vouloir pénétrer les raisons de l'adversaire, laisse planer sur l'affaire Dreyfus qu'il évoque, les interprétations les plus diverses. L'auteur milite alors en faveur d'un théâtre populaire et se passionne pour la Révolution française, comme en témoignent ses pièces *Danton* et *Le 14 Juillet.*

Mais c'est en 1901 que Romain Rolland se lance dans son entreprise majeure, le roman *Jean-Christophe* dont les premières ébauches remontent à 1888. Le projet du romancier se précise et s'amplifie : ce sera la biographie héroïque d'un homme de génie aux prises avec la médiocrité de l'Europe contemporaine. Le personnage de Beethoven apparaît en filigrane. Les deux premières parties, *L'Aube* et *Le Matin*, sont écrites en 1903, et jusqu'en 1912 toute l'énergie de Romain Rolland est tendue vers la réalisation d'une œuvre qui a pris des dimensions insoupçonnées. *Jean-Christophe* se composera en effet de

10 volumes et ouvrira en France la voie à un type de roman (Bildungsroman) où il s'agit de résumer dans un lent récit l'expérience de toute une vie. Ecrit entre ses cours et ses voyages d'été à travers l'Europe où il acquiert le sentiment profond d'une civilisation commune, *Jean-Christophe* permet à Romain Rolland de connaître le succès, et l'amitié d'un grand public. L'œuvre, qui ne répudie pas certains éléments autobiographiques, révèle deux tendances fondamentales de l'auteur à travers les personnages d'Olivier et de Christophe ; le premier, c'est l'homme que Rolland aurait pu être sans le poids du pessimisme ; le second, c'est l'homme qu'il aurait voulu être s'il avait eu davantage de génie. Le roman vibre fortement des tensions de cette complémentarité. Après avoir évoqué l'éveil à la vie du jeune Allemand Christophe, il nous montre la crise de l'adolescent qui perd la foi, non sans croire à la présence envoûtante d'une vie universelle. Devenu compositeur, Christophe fuit l'Allemagne où il étouffe et vient à Paris où il découvre un univers factice, celui de « La Foire sur la place » (allusion aux mœurs littéraires de la Rive gauche). Mais le roman, c'est plus encore le récit de l'amitié qui va lier Christophe à Olivier en qui il discerne le symbole d'une France éprise de liberté. Les deux hommes se familiarisent avec les problèmes sociaux qui deviennent une des préoccupations majeures de l'auteur. Un 1er mai, lors d'échauffourées, Olivier est tué, tandis que Christophe tue un policier. Le héros est alors assailli par l'idée du suicide, mais le remords contribue bientôt à lui forger une âme nouvelle. Et c'est dans l'indifférence de la vieillesse que Christophe accueille la « Nouvelle journée » qui s'offre à lui.

Il est incontestable que *Jean-Christophe* vaut surtout par sa portée morale. L'auteur ne se soucie guère outre mesure du style, l'essentiel étant pour lui la clarté. Dans une *Introduction* qui date de 1931, Romain Rolland souligne sa position : « Parle pour être compris! Compris, non pas d'un groupe de délicats, mais par les milliers, par les plus humbles! [...] Parle sans ombres et sans voiles, clair et fermé, au besoin, lourd! » En 1912, l'œuvre est d'une actualité brûlante dans la mesure où elle s'oppose à la guerre qui menace. Et elle touche par la sincérité fraternelle qui émane d'elle et qui rappelle les grands romans de Dickens. Jean-Christophe plaide en faveur de l'amitié entre les peuples. Ce Rhénan ne veut envisager que le fleuve qui unit, non celui qui sépare.

Après *Jean-Christophe*, Romain Rolland s'offre le plaisir d'un « divertissement » de bonne santé sur sa Bourgogne natale ; il s'agit de *Colas Breugnon* (1914) qu'il qualifiera lui-même de livre « tout franc, tout rond, sans prétention de transformer le monde ou de l'expliquer ». La guerre qui éclate surprend Romain Rolland en Suisse. Il réagit en publiant dans le *Journal de Genève*, de septembre 1914 à août 1915, une série d'articles bientôt regroupés en recueil sous le titre du plus célèbre d'entre eux, *Au-dessus de la mêlée*. Romain Rolland se fait le champion du pacifisme et prône la nécessaire fraternité des peuples d'Europe. En novembre 1916, il reçoit le Prix Nobel de Littérature. De violentes haines s'abattent sur lui, et son pacifisme est insidieusement transformé en défaitisme. Le combat de Romain Rolland contre le mensonge, la justice et la haine s'en trouve revigoré dans des articles qui seront recueillis en 1919 sous le titre *Les Précurseurs*. La même année, paraîtra *Liluli*, une farce puissante contre la guerre. Et la guerre aura encore inspiré deux romans qui verront le jour en 1920, *Clérambault*, histoire d'un poète célèbre qui se dresse contre le mensonge et qui sera assassiné par un patriote fanatique, et le charmant *Pierre et Luce*. Mais l'œuvre majeure de ses années suisses, ce sera le *Journal des années de guerre*, révélé au public en 1952 et où transparaît ce que Jacques Robichez a appelé le « trait essentiel de son intelligence et de sa sensibilité : l'ambition de concilier les oppositions, de résoudre les dissonances en une harmonie supérieure ». Ainsi s'explique le désir de Romain Rolland de ne point trancher entre deux pays en guerre, au risque de blesser les élans parfois justifiés du patriotisme.

Au sortir de la guerre, l'œuvre de Rolland ne paraît plus d'actualité alors qu'on découvre Proust. Pourtant, son importance littéraire demeure, même si elle s'oriente vers le débat idéologique, comme en témoigne la polémique qui opposera Rolland et Barbusse dans *Clarté* en 1921 et 1922. Romain Rolland n'accepte pas de défendre les excès, fussent-ils révolutionnaires, de l'U.R.S.S. Il préfère se tourner vers la pensée du « profond Orient » qu'incarnent Tagore et surtout Gandhi. Mais, à partir de 1930, Romain Rolland devient un ami résolu de l'U.R.S.S. Dans *Quinze ans de combat*, il note : « J'ai pris ma décision et j'ai passé chez les " barbares " : — car j'ai vu qu'ils étaient les vrais porteurs de l'avenir, et que tout l'espoir du renouvellement, que le salut de l'humanité est en leurs mains. » Romain Rolland apportera désormais à l'U.R.S.S. l'appui de son prestige international, et il deviendra en 1936 le patriarche vénéré du Front populaire. Retiré à Vézelay lors de la seconde guerre mondiale, il y meurt en 1944, après avoir achevé son monumental *Beethoven* et composé un *Péguy* qui paraît au lendemain de sa mort. Mais en 1933 Romain Rolland avait mis le point final au second grand monument de son œuvre, *L'Ame enchantée*, plutôt mal accueilli par la critique qui, influencée par le rapprochement du romancier avec l'U.R.S.S., voudra n'y voir qu'un éloge du communisme, certes sensible dans la seconde partie de l'œuvre, mais occultera son symbolisme visionnaire. La geste d'Annette Rivière et des siens est une vaste fresque de destins individuels où s'incarne l'unité cosmique de l'amour, en même temps qu'une épopée de l' « Eros invisible » qui est à l'œuvre dans le monde.

Si riche que soit l'œuvre publiée du vivant de Romain Rolland, elle trouve son complément et son aboutissement dans l'abondante correspondance de l'auteur, que les *Cahiers Romain Rolland* nous révèlent depuis 1948. Romain Rolland a été en correspondance avec toute l'Europe intellectuelle et n'a jamais mieux montré que dans ses lettres son merveilleux esprit d'indépendance. L'abondant *Journal* inédit de Rolland complètera un jour le portrait de cet homme universel, pessimiste au fond, mais triomphant toujours de son pessimisme. *Le Voyage intérieur*, publié en 1942 et fortement augmenté dans la réédition de 1959, balise déjà très bien le parcours intellectuel et moral d'un homme dont l'âme aspire à la libération sous toutes ses formes. Noble figure, symbole de l'honnêteté et d'une volonté fraternelle de participer au progrès de l'humanité, Romain Rolland demeure un mal aimé de la littérature. Son humanisme et son universalité détonnent quelque peu en un temps où la rupture et le discontinu sont privilégiés, mais son œuvre ne cesse de vivre souterrainement, prête à proposer sans faux-fuyant une belle clarté gagnée sur les doutes plutôt que des doutes complaisamment affichés.

Chapitre XI

PAUL CLAUDEL

S'IL est né le 6 août 1868 dans le terroir maternel, à Villeneuve-sur-Fère-en-Tardenois, petit village de l'Aisne, la carrière de son père, fonctionnaire de l'Enregistrement, le conduit jusqu'à l'âge de quatorze ans à Bar-le-Duc, Nogent-sur-Seine, Wassy-sur-Blaise. En 1882, la famille s'installe à Paris pour faciliter les études des deux filles aînées, la musicienne Louise et Camille, qui sera l'élève de Rodin ; leur cadet Paul entre au Lycée Louis-le-Grand. Il s'y lie en classe de philosophie avec Romain Rolland et fréquente avec lui les concerts ; mais Paris lui est insupportable et il lui préfère la campagne de Villeneuve où, pendant les vacances, il s'épanouit. Le climat intellectuel de l'époque, le positivisme matérialiste auquel cependant il se rallie quelque temps, lui répugnent, le plongent dans un pessimisme — il dira même un « désespoir » — qui, en 1886, alors qu'il vient de commencer une licence en droit, peut paraître sans issue.

C'est alors qu'il découvre dans *La Vogue* en mai les *Illuminations*, en septembre *Une saison en enfer*. Cette lecture lui donne « l'impression vivante et presque physique du surnaturel » en brisant le carcan moral dans lequel il se sentait enfermé. Elle est suivie, le jour de Noël, à Notre-Dame, d'une autre révélation surnaturelle, tandis qu'on chantait le *Magnificat* : « Mon cœur fut touché et je crus... » La conversion définitive ne viendra que plus tard, après des années d'interrogations et d'appels contradictoires. Mais la voie spirituelle de l'homme et du poète est désormais tracée. Du poète, car dès le mois d'août il a écrit ses premiers vers, « Pour la messe des hommes », où apparaissaient déjà quelques-uns de ses thèmes fondamentaux, notamment celui de l'homme réconcilié avec le surnaturel et les « forces éternelles » comme avec la nature. En 1887, il commence à fréquenter les mardis de Mallarmé ; il y suit la recherche du poète attaché à dévoiler le sens des choses, à trouver une « explication orphique du monde », tout en ne se satisfaisant pas de l'obsession du néant à laquelle elle mène. L'expression théâtrale, cependant, le sollicite plus que la poésie. La grandeur d'Eschyle et de Shakespeare le fascine, mais il se nourrit aussi des exemples de drame symboliste que lui donnent Villiers de l'Isle-Adam et bientôt Maeterlinck. Ses premières pièces, *Tête d'or* (1890), *La Ville* (écrite en 1890, publiée en 1893), sont touffues, sinon obscures. Les personnages y sont constamment confrontés à la mort, non comme à un anéantissement, mais comme à un absolu auquel l'homme accède. Ils sont animés d'un esprit de conquête, d'une volonté de puissance qu'on dirait nietzschéenne plus que chrétienne — comme si elle était chargée des résistances d'un Claudel déjà chrétien de cœur. Si *Tête d'or* est le drame de l'homme, *La Ville* est celui de la société matérialiste, pour qui Dieu est mort : l'ordre technocratique, la révolte anarchiste, le rêve idéaliste concourent à la détruire, et le dernier mot reste à Coeuvre le poète, celui par qui « toutes choses » « deviennent explicables » : « Connaissons Dieu ».

En 1890, Claudel a été reçu au concours des Affaires étrangères et, après un séjour dans l'administration centrale, est nommé consul suppléant à

New York et à Boston en 1893, puis de 1895 à 1909, occupera divers postes en Chine. Son œuvre porte la trace de ces séjours. *L'Echange*, écrit aux Etats-Unis (publié en 1901), est celui des partenaires entre deux couples, que veut réaliser l'homme d'affaires américain Thomas Pollock Nageoire. Le drame, par la pureté de sa construction — quatre personnages s'opposant et s'attirant deux à deux, en un seul lieu, pendant vingt-quatre heures, dans une représentation schématique du Bien et du Mal — diffère radicalement de la complexité de *Tête d'or* et de *La Ville*. Il confronte le matérialisme, l'esprit de réussite, au rêve et, pour la première fois, pose le problème de la femme devant l'amour et le mariage.

La Chine lui inspire d'abord une pièce, *Le Repos du septième jour* (1896, publiée en 1901), qui relève de la tradition symboliste tout en étant influencée par Eschyle, dont il vient de traduire l'*Agamemnon* : sur le thème de la descente aux Enfers, c'est une représentation du Mal comme néant, refus de Dieu ; la seule lutte contre le Mal est une restitution à Dieu de cet univers que l'homme a voulu s'approprier. La Chine ne donnait à ce drame qu'un substrat légendaire. En revanche, les poèmes en prose de *Connaissance de l'Est* (1900) qu'il considérera comme un « album de dessins minutieux », sont à la fois un émerveillement et une interrogation devant la réalité chinoise : « Il ne s'agit pas de description pure et simple, il s'agit d'une connaissance et d'une compréhension. » Le questionnement mallarméen était ainsi renouvelé par un paysage inconnu et incitait à une recherche d'écriture que Claudel n'avait pas encore pratiquée, bien différente des alexandrins réguliers de *Vers d'exil*, écrits dans les premiers temps de son arrivée, lourds d'ennui et de tristesse.

C'est le début d'un long dialogue avec le monde chinois, dans lequel il se retrouve, une époque de création féconde, et aussi de crise morale d'où son existence sortira définitivement fixée. En 1900 il a

fait à Solesmes et à Liguge des retraites qui l'ont
persuadé qu'il n'était pas apte à cette vie monacale à
laquelle il avait songé. C'est en octobre, sur le bateau
qui le ramène en Chine, qu'il fait la connaissance
d'une femme, mariée à un homme d'affaires douteux, qui deviendra sa maîtresse. La liaison durera
jusqu'en 1905 et une fille en naîtra. Cette passion
violente, la première sans doute qui le saisisse,
bouleverse profondément le chrétien dont la ferveur
n'a pas encore conquis son équilibre. Après une
rupture qui n'était pas venue de lui, Claudel trouva
l'apaisement dans le mariage en 1906 avec la fille de
l'architecte de Fourvières ; sa vie désormais s'organise autour de la famille, du métier, de la foi sereine.
Partage de midi, écrit à la fin de 1905, publié en tirage
réduit hors commerce en 1906, est à la fois un
témoignage et un exorcisme. Mésa, jeune commis-
saire des Douanes, qui a fait un séjour au séminaire,
est fasciné par Ysé, la femme de De Ciz, a d'elle un
enfant ; mais elle l'abandonne, pour ne le rejoindre,
après avoir tué son enfant, qu'au moment de mourir
avec lui au cours d'une révolte de Chinois. Avec le
personnage d'Ysé, la femme prend une figure capitale dans l'univers de Claudel : figure double, cause
de péché par sa présence charnelle, source de salut
dans la mesure où elle est incapable de satisfaire le
besoin d'absolu qu'elle a provoqué. Ainsi le Mal lui-
même a sa place et sa raison d'être dans l'ordre du
monde.

Si *Partage de midi* n'a connu qu'en 1948 sa
première édition publique, les autres œuvres contemporaines du séjour en Chine ont eu un retentissement
immédiat et ont contribué à donner à Claudel une
réputation originale dans le monde littéraire. Ses
trois traités, *Développement de l'Eglise* (1903), *Connaissance du temps* (1904) et *Traité de la co-naissance
au monde et de soi-même* (écrit en 1904), ont été
réunis en 1907 dans *Art poétique*. Cet ouvrage « n'a
été compris à peu près de personne », constatera

Claudel, qui affirmait aussi, quarante ans plus tard, « *vivre, prier, agir* cet *Art poétique* sous toutes les formes et sous tous les aspects ». C'est en effet une réflexion à usage personnel beaucoup plus qu'une manière de manifeste à valeur générale. Dans le trouble religieux et moral qu'il traverse de 1899 à 1905, il tente de mettre de l'ordre dans sa pensée et son existence. La *Somme* de saint Thomas d'Aquin lui a fourni une réponse qui n'est plus le néant, mais l'ordre divin, aux interrogations mallarméennes. Il part en guerre contre le « déterminisme inflexible » et « l'horrible et ignoble esclavage » des lois scientifiques. Il leur oppose la notion de continu, qui fait que chaque chose est « dans un rapport infini avec toutes les autres », et celle d'une connaissance qui est « co-naissance », participation à cet « ensemble homogène » qu'est la nature : connaître, « co-naître », c'est « être ce qui manque à tout le reste ». La Création est comme un vaste dessin en pointillé que nous ne cessons de dévoiler en nous y situant. Sans doute Claudel n'est pas philosophe et sa pensée manque parfois de rigueur et de précision. Mais cette conception d'une conscience solidaire du monde et d'un monde que nous créons par la parole est d'une grande fécondité poétique. Les *Cinq Grandes Odes* en sont pour une grande part la mise en œuvre. Le recueil a paru en 1910. La rédaction de la première, « Les Muses », s'étale de 1900 à 1904 probablement. Cette ode est le chant du poète qui, désignant les choses, légifère en imitant à la mesure humaine le Verbe créateur de Dieu :

> J'ai trouvé le secret ; je sais parler ; si je
> veux, je saurai vous dire
> Cela que chaque chose *veut dire*.

Les suivantes, « L'Esprit et l'Eau », « Magnificat », « La Muse qui est la Grâce », « La Maison fermée », développent le thème de la joie et de la

sérénité reconquises dans l'accord avec Dieu et avec
le monde :

> Soyez béni, mon Dieu, qui ne laissez pas vos
> œuvres inachevées
> Et qui avez fait de moi un être *fini* à
> l'image de votre perfection.

Les *Odes* sont prolongées par *La Cantate à trois
voix* (1913), *Processionnal pour saluer le siècle nouveau* (1911) et *Corona benignitatis anni Dei* (1915).
Claudel a alors élaboré une forme d'expression
poétique qu'il assimile au mouvement de la respira-
tion, mais qui se caractérise essentiellement par un
ample rythme découpé en versets de deux syllabes à
cinq ou six lignes, dont le déroulement ponctue celui
de la pensée ou de l'effusion. Dans les derniers
poèmes, cependant, les mètres réguliers, la rime
reprendront une place qui leur avait été refusée
auparavant.

Les *Odes*, plus que le théâtre, ont forcé l'étonnement des contemporains de 1905-1910. L'admiration
de Duhamel, qui écrit un livre sur le poète, rejoint
celle d'Eugène Montfort, tandis que Jacques Rivière,
en 1911, voit en lui « la stupéfaction de notre
génération » et que Gide le fait entrer à la *N.R.F.* Le
succès des *Odes* ne l'écarte pas du théâtre. Il reprend
en 1910-1911 et publie en 1912 une pièce dont il avait
déjà écrit deux versions en 1893 et en 1900 sous le
titre *La Jeune Fille Violaine* : c'est *L'Annonce faite à
Marie,* que Lugné-Poe monte avec succès au théâtre
de l'Œuvre l'année même de sa publication. C'est un
mystère médiéval où s'opposent par un symbolisme
assez facile deux sœurs « Mara la noire, Mara la
méchante », et Violaine, qui a contracté la lèpre en
donnant par pitié un baiser à Pierre de Craon le
constructeur de cathédrales et vit solitaire dans la
forêt. Violaine ressuscite l'enfant que Mara a eu de
son mari Jacques, d'abord fiancé à Violaine ; l'enfant

a maintenant ses yeux bleus. La méchanceté de Mara la pousse à tenter de tuer Violaine, que Pierre de Craon sauve au moment où le père de famille rentre de la croisade. La pièce est une liturgie, Violaine est une figure de la Vierge (d'où le titre) qui accepte son sacrifice et celui qui mène à la Rédemption. D'un schéma plus simple que les premiers drames, l'*Annonce* atteint à une intensité plus grande. Ne nous étonnons pas que les succès que Claudel connaîtra au théâtre jusqu'en 1914 commencent avec cette pièce.

Dès 1907 il avait songé à une autre œuvre, qu'il aurait située dans « une histoire audacieusement arrangée du XIXᵉ siècle », un cycle de drames destinés non seulement à faire vivre des personnages, mais à montrer comment ces personnages sont « produits pour les fins prévues de Dieu ». *L'Otage* (1911), *Le Pain dur* (1918), *Le Père humilié* (1920), tout en étant autonomes, constituent, comme dans le théâtre grec, une trilogie. *L'Otage* se passe à la fin du premier Empire. Turelure, moine défroqué devenu grand fonctionnaire de l'Empire, triomphe de la noble race des Coûfontaine et, à la Restauration, recevra du roi leur succession. Il est dans *Le Pain dur* président du Conseil des ministres de Louis-Philippe ; il meurt dans un terrible drame familial qui l'oppose à son fils pour des questions d'argent. Dieu est absent de cette action cruelle, destinée à montrer le fond de la crise morale et sociale qui bouleverse le siècle. *Le Père humilié* nous conduit à Rome, peu avant 1870. La petite fille de Turelure, Pensée, voit le pape perdre son pouvoir temporel : l'Eglise doit tirer de cette épreuve un renouveau spirituel : « Il n'y a pas de résignation au mal, il n'y a pas de résignation au mensonge, il n'y a qu'une chose à faire à l'égard de ce qui est mauvais, et c'est de le détruire ! » — moins par la force physique, car il faut accepter l'évolution historique, que par les vertus surnaturelles. Ainsi, cette trilogie historique est aussi une vision de l'histoire qui s'inscrit dans le plan de la Providence.

A peine Claudel avait-il terminé *Le Père humilié* qu'il entreprenait une pièce qui constitue une somme de toute son œuvre, *Le Soulier de satin*. Il y travaille de 1919 à 1924, la publie en 1928-1929 et ne la verra jouée par Jean-Louis Barrault qu'en 1943. L'œuvre est démesurée, divisée en quatre « journées » à la manière des drames espagnols du Siècle d'or. Elle se déroule à un moment crucial de l'histoire du monde, la fin du xvie siècle et la conquête du Nouveau Monde par les Espagnols, et nous transporte en Amérique, au Maroc, en Italie, aux Baléares, en Bohême, en Extrême-Orient : « la scène de ce drame est le monde », comme il est dit à la première page. Rodrigue et Prouhèze se fuient et se poursuivent à travers les années et les continents : aventure doulou-reuse, qui n'atteindra à l'apaisement que dans la mort pour Prouhèze, l'humilité et le renoncement suprême pour Rodrigue, réduit à mendier. Mais les deux héros ont aussi un destin historique. Rodrigue, conquista-dor, vice-roi des Indes, est investi d'une mission surnaturelle : il porte le catholicisme aux limites du monde agrandi par les découvertes, il est à la bataille de la montagne Blanche, qui met fin à l'indépendance tchèque et maintient l'Europe dans le catholicisme et à la victoire définitive sur l'Islam à Lépante (cela au prix de quelques invraisemblances historiques, mais qu'importe ?). Quant à Prouhèze, mariée au gouver-neur de la forteresse de Mogador, elle se sent chargée de l'Afrique. L'amour et le renoncement à l'amour sont liés à la conquête du monde et au rayonnement de l'Eglise. Autour de ce couple, des personnages innombrables, de tous métiers, de toutes races, sublimes ou grotesques, s'agitent et se croisent dans une surabondance baroque. Le destin d'Ysé et celui de Tête d'or, le rêve cosmique qui a toujours possédé le poète, la conception de la catholicité qui est celle du chrétien, tous les thèmes de Claudel, toutes ses expériences se fondent et se heurtent magnifiquement dans cette œuvre unique.

Depuis 1910, Claudel a occupé différents postes en Europe et au Brésil. En 1921, il est nommé ambassadeur de France à Tokio jusqu'en 1926, puis à Washington, enfin en 1933 à Bruxelles. Mis à part *Le Soulier de satin*, son œuvre continue à se développer dans toutes les directions. Dans le domaine théâtral, c'est *Protée*, « énorme bouffonnerie », *L'Ours et la lune*, « farce pour un théâtre de marionnettes », *La Lune à la recherche d'elle-même*, « extravaganza radiophonique », exemples d'une liberté ludique qui n'est pas étrangère à certaines scènes du *Soulier*. Il écrit aussi *Le Livre de Christophe Colomb*, que Darius Milhaud met en musique, *Le Festin de la Sagesse*, oratorio biblique dansé par Ida Rubinstein sur une musique de Darius Milhaud encore, comme, ensuite, *L'Histoire de Tobie et de Sara*, enfin, toujours pour Ida Rubinstein, mais avec une musique d'Honegger, *Jeanne d'Arc au bûcher*. Il célèbre dans ses poèmes des visages de saints ; l'exemple japonais lui inspire quelques pièces, notamment les *Cent Phrases pour éventail*. En prose, des essais et des dialogues à sujets divers sont réunis dans *Conversations dans le Loir-et-Cher* (1935), les deux volumes de *Positions et Propositions* (1928 et 1934), des textes sur l'art dans *L'œil écoute* (1946). Surtout, il publie de longs commentaires bibliques à partir de 1935 : douze volumes en dix-sept ans. Il révise aussi son œuvre, corrigeant en particulier son théâtre avec un inégal bonheur.

L'homme qui meurt en 1955 couvert d'honneurs a imposé sa stature à ses contemporains. Si l'entre-deux-guerres l'a quelque peu méconnu, au point que l'Académie lui préféra Claude Farrère en 1935 (mais elle lui réservera une élection triomphale en 1946), on n'oubliera pas qu'il était apparu avant 1914 comme le modèle de ce « classicisme moderne » partout recherché et que les quinze dernières années de sa vie, quels qu'aient pu être certains traits de caractère, son intolérance (on connaît son mot : « la tolérance, il y a des maisons pour cela »), ses positions réactionnaires en politique comme en matière de religion, il a donné l'exemple d'une œuvre une et multiple, alliant toutes les formes et tous les tons, menant à « la libération totale de l'âme humaine » dans une expérience et une acceptation de la Création, image de Dieu.

Chapitre XII

ANDRÉ GIDE

L'œuvre d'André Gide a exercé une influence considérable sur plusieurs générations de lecteurs subjugués par la philosophie hédoniste des *Nourritures terrestres* et par ses accents fièvreusement nietzschéens. Mais c'est curieusement cet aspect de l'œuvre qui paraît aujourd'hui le plus daté, et Gide s'imposerait plutôt à nous par ses textes autobiographiques qui conservent souvent la fraîcheur d'une émouvante sincérité, par leur complément, le *Journal* — entreprise de toute une vie —, ainsi que par l'image d'une présence rayonnante dans le monde des Lettres : Gide est non seulement à l'origine de la fondation de *La Nouvelle Revue française*, mais il est aussi l'homme qui a contribué à la rénovation du goût artistique de son époque, ne serait-ce qu'en introduisant en France des auteurs comme Dostoïevski, Pouchkine ou Conrad. De plus il n'est guère possible de passer sous silence le merveilleux épistolier (sa correspondance avec Valéry, Claudel et surtout Martin du Gard témoigne d'une rare intelligence toujours en éveil) et l'auteur des *Faux Monnayeurs* qu'il reconnaissait comme son unique « roman » et qui, tout en assurant le triomphe de la veine ironique dont la meilleure partie de la création gidienne est imprégnée, précède de loin les

tentatives du « nouveau roman ». A toutes ces
facettes, il faudrait encore ajouter le Gide « engagé »
qui fera surface dans les années 1930.

Né à Paris en 1869 et fils unique, André Gide
perdra son père, professeur de droit romain, à l'âge
de onze ans. Issue d'une famille de Rouen de stricte
observance calviniste, sa mère, très pieuse, lui imposera une éducation fortement répressive qui ne sera
pas sans contribuer au refoulement des tendances
naturelles de l'enfant. Pour lutter contre ce carcan
angoissant (car s'opposer aux préceptes de la mère,
c'est risquer de perdre son amour), Gide sera au
collège un élève rebelle et médiocre. Et il s'achemi-
nera vers une solution fantasmatique quelque peu
rassurante en rangeant les femmes parmi les êtres
susceptibles d'inspirer de l'adoration mais non point
du désir. Voilà qui semble pouvoir expliquer le
curieux amour mystique d'André Gide pour sa
cousine Madeleine Rondeaux et le mariage blanc qui
s'en est suivi. Le premier livre de Gide, *Les Cahiers
d'André Walter* (1891), témoigne clairement de cette
névrose primordiale dont toute l'œuvre va être
tributaire. André Walter aime chastement sa cousine
Emmanuèle et, dans un climat tout romantique, ne
communie avec elle que dans les larmes et les
frissons. Ses besoins charnels sont assouvis avec des
prostituées que le héros se garde bien de confondre
avec sa cousine idéalisée dont la mort assurera le
triomphe. Une dissociation s'inscrit dans ce texte
entre l'amour et la satisfaction des instincts, et
l'œuvre oscillera désormais entre ces deux pôles
inconciliables.

A l'inverse des *Cahiers d'André Walter*, *Les Nourritures terrestres* clame le refus de toute limitation et
de toute contrainte. Ce livre, publié sans succès en
1897 mais qui aura quelque vingt ans plus tard un
retentissement exceptionnel, privilégie le culte de
l'instant présent et du plaisir immédiat, tout en
faisant l'apologie de la disponibilité, voire de l'irres-

ponsabilité. Certains mots d'ordre (« Familles, je vous hais ») ont frappé fort et durablement, mais le livre se réduit aujourd'hui à une trop abstraite défense et illustration de la joie des sens. En revanche, *Paludes*, qui inaugure en 1895 la veine ironiste d'André Gide, a conservé toute sa jeunesse. C'est à la fois une satire enlevée des milieux littéraires parisiens, un cri d'alarme contre l'enlisement des habitudes, contre la répétition et la monotonie qui guettent nos faits et gestes. C'est également un livre qui remet en question l'acte même d'écrire, contestation appelée à connaître ses heures de gloire.

André Gide devient vraiment célèbre en 1902 avec *L'Immoraliste*, récit dont le héros décide, au sortir d'une longue maladie, d'abandonner une existence naguère vouée à l'étude et aux livres pour connaître enfin la vraie vie. C'est ce petit livre libérateur qui contribue à actualiser soudain la philosophie des *Nourritures terrestres*, et Gide se trouve d'un coup auréolé d'une réputation de vrai novateur pour les uns, et de corrupteur de la jeunesse pour les autres. Cette réputation, André Gide va en jouer en livrant désormais au public des œuvres fortement contrastées : les livres hédonistes et tout à l'écoute des revendications du « ça » côtoient des ouvrages puritains sur lesquels veille un puissant « sur-moi ». Si *L'Immoraliste* se déroulait dans le cadre sensuel de l'Italie et de l'Algérie, *La Porte étroite* (1909) se situe dans la froide Normandie plus propice aux exercices spirituels. Dans ce récit, les émois amoureux sont bannis au profit du seul idéal. Alissa se refuse à engager une quelconque aventure avec son cousin Jérôme (toujours les cousins !) afin de pouvoir vertueusement se consacrer à l'évasion vers le sublime. En 1899, le conte philosophique du *Prométhée mal enchaîné* mêlait déjà les deux tendances : n'y voyait-on pas le héros grec nourrir d'abord un aigle — incarnation de sa conscience — de tous ses remords, puis le faire mourir et le manger, complète volte-face ? En 1910, Gide veut donner à l'héroïne d'*Isa-belle* un semblant d'indépendance, mais elle som-brera dans l'échec : la vocation de la femme ne réside-t-elle pas dans l'effacement derrière des valeurs morales, alors que l'homme est, lui, appelé à les transgresser et à connaître ainsi les récompenses du plaisir et de l'art ? En 1911, Gide donne d'ailleurs — mais seulement en édition privée — *Corydon* qui fait sans détour l'apologie de l'homosexualité. C'est en 1893, au cours d'un séjour en Tunisie, qu'une expérience pédophile lui a découvert sa vraie nature, et c'est dans la joie de cette révélation qu'il a écrit *Paludes* en 1894, avant de retrouver, l'année sui-vante, l'Afrique où il accomplit son voyage de noces avec sa cousine Madeleine Rondeaux. Celle-ci se dissimulera jusqu'en 1918 les tendances homo-sexuelles de son mari ; c'est seulement lorsque Gide s'échappera en Angleterre en compagnie du jeune Marc Allégret que Madeleine décidera de rompre et qu'elle brûlera toutes les lettres qui lui furent adres-sées par l'auteur des *Nourritures terrestres*. Gide se sentira alors complètement libéré de l'hypocrisie familiale et s'autorisera tous les risques, notamment celui de publier au grand jour *Corydon*, en 1924.

Les risques, André Gide n'aura jamais hésité à en prendre. En 1914, il publie un roman fort provocant, *Les Caves du Vatican*. L'auteur part d'un fait divers réel (le pape Léon XIII était soupçonné de n'être point le vrai pape, qu'on supposait prisonnier des francs-maçons dans les caves du Vatican), et le traite à la manière d'une grosse farce. Grotesques, les personnages du roman se trouvent engagés dans des actions rocambolesques. Amédée Fleurissoire part pour Rome afin de délivrer le Saint-Père, mais il trouve la mort dans l'aventure ; il est précipité sur le ballast du train de Naples par son voisin de comparti-ment, un certain Lafcadio, jeune homme « naïf et gracieusement primesautier » que travaille l'étrange idée d'un acte « qui n'est motivé par rien ». *Les*

Caves du Vatican va faire scandale dans la mesure où l'on n'y verra qu'une apologie de l' « acte gratuit », bien dans la lignée des principes de libération totale prônée par Gide. En réalité, le romancier est moins fasciné par le crime que commet Lafcadio, que par ses motivations psychologiques, et la méditation de Gide sur l'œuvre de Dostoïevski a trouvé ici un développement indirect. Gide s'intéressera d'ailleurs beaucoup à la psychologie criminelle et publiera, en 1914, ses *Souvenirs de la cour d'assises* de Rouen où il avait demandé à être juré.

Après *Les Caves du Vatican*, André Gide met quelque peu fin à ses provocations débridées. Il traverse une période de désarroi religieux et semble être un moment sur le point de se convertir, poussé qu'il est par de nombreux amis, dont Paul Claudel. En 1916, un petit carnet fait une place très large à la question de Dieu, et Charles Du Bos insistera pour que Gide le publie en 1922 sous le titre *Numquid et tu... ?* Mais le christianisme n'aura peut-être été pour Gide qu'une aventure parmi d'autres, et il n'aura jamais été question pour lui d'y aliéner sa liberté. *La Symphonie pastorale*, qui paraît en 1919, va contribuer à satisfaire les esprits les plus pondérés. Parallèlement à l'histoire d'une jeune fille qui recouvre la vue, on assiste au drame conjugal et moral d'un pasteur (d'où le titre du livre, qui prêta à équivoque) soucieux d'échapper à toute forme d'hypocrisie. Ce pasteur qui a paré de toutes les vertus ses désirs égoïstes, s'aperçoit finalement que sa conduite mensongère l'a mené à la catastrophe. Gide souligne par là en filigrane combien l'écrivain est responsable d'une parole qui court souvent le risque d'être mal interprétée. Dans son souci de mettre un terme à toutes les hypocrisies, André Gide ouvre la voie à la confession intime. *Si le grain ne meurt* connaît une édition confidentielle en 1920 avant l'édition publique de 1926. Entre-temps, le romancier a éprouvé le désir d'avoir un enfant, que lui donne Elisabeth, la fille de sa vieille amie, Maria Van Rysselberghe, en 1923. Deux ans plus tard, Gide a achevé son œuvre-maîtresse, *Les Faux Monnayeurs* dont la technique novatrice rebute le public de l'époque. Roman qui se met en question dans le temps même où il se fait — « anti-roman » dira plus tard Sartre —, *Les Faux Monnayeurs* voient le personnage d'Edouard tenir le journal du roman qu'il veut écrire. Edouard finira d'ailleurs par avouer que « l'histoire du livre [l]'aura plus intéressé que le livre lui-même ». La composition « en abyme » du roman permet de jouer avec efficacité de l'opposition entre le réel vécu et le réel critiqué — double clavier dont Gide use avec une splendide maîtrise. La parfaite technique dont fait montre le roman ne l'empêche pas d'être un livre de moraliste. Lorsque Bernard Profitendieu, soucieux de son avenir, demande conseil à Edouard, celui-ci le convie à « suivre sa pente, pourvu que ce soit en montant ». Gide ne se laisse plus aller aux paradoxes gratuits et déroutants ; ce n'est plus là qu'une fausse monnaie à laquelle il faut substituer une sagesse véritable, fondée sur les vertus du cœur et de l'âme. Et le romancier des *Faux Monnayeurs* s'engage dès lors sur les chemins d'un humanisme où cet égotiste impénitent prend de plus en plus en considération les questions sociales.

En 1934, Gide se rend à Berlin pour réclamer la libération des communistes accusés d'avoir incendié le Reichstag. En 1936, il gagne dans l'enthousiasme l'U.R.S.S. dont l'idéal révolutionnaire a toute sa sympathie. Son *Retour de l'U.R.S.S.* est le journal nuancé d'une déception, et l'écrivain préférera désormais se tenir à l'écart de la place publique.

L'auteur de ce chef-d'œuvre du roman psychologique qu'est *L'Ecole des femmes* (1929), bientôt suivi de *Robert* (1930), donnera en 1946 son dernier récit, *Thésée*, ultime message de sagesse et de sérénité. Comblé d'honneurs, André Gide qui reçoit le Prix Nobel en 1947 a le temps d'adapter *Le Procès* de

Kafka et *Les Caves du Vatican* pour le théâtre, avant de s'éteindre à Paris, le 19 février 1951.

Si certaines œuvres d'André Gide portent la marque gênante de l'époque où elles furent écrites, le *Journal*, lui, permet de suivre l'écrivain dans un effort constant pour se connaître et se dépasser. L'auteur vise à un redressement de soi-même selon un projet de création littéraire qui se doit d'être d'autant plus sincère que la réflexion sur soi y joue un rôle moteur. Gide écrivait dès le 3 juin 1893 dans son *Journal* : « Je veux, en peu de temps, connaître des formes de vie très diverses, et, dans chacune, retrouver cette inquiétude qui s'exalte au regret de l'autre. » L'auteur n'aura cessé de jouer des ambiguïtés de sa nature mobile et de sa totale disponibilité (il n'eut jamais besoin de travailler pour gagner sa vie), et il aura ainsi offert à ses lecteurs le tableau d'une personnalité riche en potentialités diverses et prompte à dérouter ceux qui voulaient lui imposer une étiquette définitive. Comme Gide l'écrira, toujours dans son *Journal*, en date du 21 juillet 1921 : « Il y a longtemps que j'aurais cessé d'écrire si ne m'habitait cette conviction que ceux qui viendront découvriront dans mes écrits ce que ceux d'aujourd'hui se refusent d'y voir, et que pourtant je sais que j'y ai mis. » N'était-ce pas là un appel à ce que les mille facettes de la personnalité de ce « contemporain capital » continuent de briller dans la postérité incertaine ?

CHAPITRE XIII

MARCEL PROUST

MARCEL Proust est assurément le plus grand romancier du XXe siècle. Novatrice, son œuvre ne se coupe pas pour autant d'une tradition dont elle emprunte certaines lignes de force. Il y a du Saint-Simon en même temps que du Balzac chez cet auteur qui a les dons du mémorialiste et l'ambition du bâtisseur d'univers. Observateur aigu, Proust a toujours le souci de dégager les lois qui régissent la conduite de l'homme en société. Il use pour cela tantôt de l'intuition, tantôt de l'analyse, en opérant le plus souvent un savant tressage de l'une et de l'autre, qui fait la saveur incomparable de son œuvre. Mais l'œuvre de Proust se singularise davantage encore par son aspiration à saisir l'essence de quelques réalités très intimes comme le temps, la mémoire, le sommeil et surtout l'amour qui est le thème principal de son livre. *A la recherche du temps perdu* est en effet une exploration inquiète de la jalousie en même temps qu'une bouleversante prise en considération de l'homosexualité, de ses secrets, de son insidieuse toute-puissance. Pour pénétrer les méandres de l'inconscient, Proust est conduit à renouveler la langue, à l'assouplir pour la couler dans une phrase ample, mue par le dynamisme de métaphores hardies que sous-tend un vocabulaire extrêment précis. La célèbre longue phrase proustienne qui a pu rebuter certains lecteurs est, en fait, chargée d'apprivoiser et d'aimanter la vérité des essences et d'en déchiffrer les signes mouvants.

Né en 1871 d'un père médecin et d'une mère issue de la riche bourgeoisie israélite, Marcel Proust, enfant chétif, va connaître, dès l'âge de neuf ans, des crises d'asthme qui ponctueront sa vie de malade. Après des études au lycée Condorcet, il suit les cours de la faculté de droit et de l'Ecole libre des sciences politiques, tout en fréquentant quelques salons littéraires et en collaborant à la petite revue *Le Banquet* ; Il y donne des textes qui seront regroupés en 1896 sous le titre *Les Plaisirs et les Jours*. En 1893, il se lie d'amitié avec Robert de Montesquiou qui contribuera à inspirer le personnage de Charlus. En 1894, il passe ses vacances à Trouville dont toute la région servira de toile de fond à une partie de la *Recherche*, et notamment Cabourg rebaptisé Balbec dans l'œuvre. En 1895, il commence un roman auquel il travaille, tout en se passionnant pour l'affaire Dreyfus, jusqu'en 1899. Il s'agit de *Jean Santeuil* qu'il laisse inachevé (il ne parvient pas à lui donner une unité) et qui ne paraîtra qu'en 1952. Il s'attache ensuite à traduire l'œuvre de Ruskin. Le père de Proust meurt en 1903, et sa mère en 1905 ; cinq ans plus tôt, il avait fait avec elle un voyage jusqu'à Venise et Padoue dont le souvenir resurgira dans la *Recherche*. En 1906, Proust s'installe boulevard Haussmann dans un appartement aux murs capitonnés de liège qu'il ne quitte que pour des séjours d'été au Grand Hôtel de Cabourg. Collaborateur du *Figaro*, il s'adonne à quelques pastiches — façon de se faire la plume et de la parfaire —, et il rédige un essai sur Sainte-Beuve et Flaubert.

Mais en 1909 Proust s'éloigne brusquement de la vie mondaine à laquelle il avait consenti, pour se livrer entièrement au grand œuvre dont il arrête le plan et commence à rédiger la première partie, *Du côté de chez Swann.* Des extraits paraissent dans *Le Figaro* en 1912, mais l'ensemble (quelque sept cents pages) est refusé par plusieurs éditeurs (Gide se reprochera toute sa vie d'avoir été à l'origine du refus chez Gallimard). *Du côté de chez Swann* ne paraîtra qu'à compte d'auteur, chez Bernard Grasset, en novembre 1913. L'auteur annonce alors la sortie prochaine du *Côté de Guermantes* et du *Temps retrouvé* et peut ainsi avoir le sentiment d'avoir bouclé la boucle. En réalité, les trois premiers chapitres du *Côté de Guermantes* et le premier chapitre du *Temps retrouvé* vont fournir la matière d'*A l'ombre des jeunes filles en fleurs*, avec maintes additions postérieures à 1913. Car le livre va prendre une tout autre tournure et une nouvelle ampleur en raison de deux événements majeurs : d'abord la guerre qui, tout en ajournant la publication du *Côté de Guermantes* va donner au temps une épaisseur insoupçonnée ; puis le drame intime lié à Agostinelli, chauffeur qui lui a fait découvrir la Normandie en 1907, que Proust a ensuite engagé à son service et qui est devenu son secrétaire en 1912. Or Agostinelli meurt dans un accident d'avion en mai 1914, peu après avoir quitté l'écrivain qui s'était fortement attaché à lui. L'auteur de la *Recherche* exorcisera en quelque sorte ce drame en introduisant dans son roman le personnage d'Albertine et en écrivant bientôt *La Prisonnière* et *La Fugitive*, diptyque de la séparation et du travail du deuil. Les épisodes supplémentaires et les remaniements successifs dont Proust est coutumier (ses manuscrits ploient sous les additions) ne modifient peut-être pas fondamentalement le plan initial du roman, mais ils l'enrichissent et le renforcent en tressant des liens de plus en plus solides entre les différentes parties du massif. *A l'ombre des jeunes filles en fleurs* paraît en 1919 et obtient le prix Goncourt. Les publications suivent ensuite à un rythme soutenu : en 1920, le tome I du *Côté de Guermantes* ; en 1921, le tome II est accom-

pagné de la première partie de *Sodome et Gomorrhe*
dont la seconde partie paraît en 1922. Le 18 novembre de la même année, l'auteur s'éteint ayant confié à
Jacques Rivière et à quelques amis le soin de publier
le reste de son œuvre. *La Prisonnière* paraît en 1923,
Albertine disparue (premier titre de *La Fugitive*) en
1925, et *Le Temps retrouvé* en 1927.

Ce qu'il y a de remarquable dans la *Recherche*,
c'est que Proust y utilise non seulement l'expérience
de toute sa vie, mais également maints épisodes de
son roman inachevé, *Jean Santeuil*, qu'il refond dans
la grande œuvre de sa maturité qui devient de la sorte
son œuvre unique. Et pourtant Proust s'irritait de
voir « des lecteurs s'imaginer que j'écris, en me fiant
à d'arbitraires et fortuites associations d'idées, l'histoire de ma vie ». Jean-Yves Tadié a magistralement
montré que, s'il existe certes des ressemblances entre
le narrateur de la *Recherche* et Proust (l'enfance, la
vie mondaine, le désir d'être un écrivain), il y a aussi
quelques différences majeures (Proust écrit jeune
alors que le narrateur ne prend que vieillissant
conscience de sa vocation). De toute façon le narrateur de la *Recherche* n'est pas décrit physiquement ; il
n'a pas de nom, tout juste un prénom. L'essentiel,
pour le romancier est de faire en sorte que le lecteur
épouse étroitement sa pensée et participe de sa
vocation. La *Recherche* exploite en effet la technique
des points de vue. Le narrateur n'est nullement un
héros omniscient ; lorsqu'il aperçoit pour la première
fois les jeunes filles, c'est dans une sorte d'indistinc-
tion propice à des suppositions plus qu'à une vérité
bien établie. En outre, lorsque le narrateur se trompe
sur autrui, il entraîne le lecteur dans sa propre erreur
et le convie ainsi à remonter avec lui tout le courant
de la méprise vers une vérité qui demeure perpétuellement improbable. Il y a un contraste saisissant
entre la présence envahissante du narrateur et les
limites de sa vision. Loin d'être le chantre de la
connaissance, il cristallise plutôt le mystère de

l'inconnaissable qu'il essaie de décrypter et d'appré-
hender à partir d'hypothèses et de signes dont Gilles
Deleuze a opéré la classification : signes mondains
auxquels la vacuité confère une perfection toute
rituelle, signes amoureux qui s'adressent à nous mais
en cachant ce qu'ils expriment, impressions sensibles
qui ne livrent pas la propriété d'un objet mais qui
s'imposent comme des signes matériels chargés
d'exprimer une essence, et enfin signes de l'art qui
ont l'avantage d'être des signes dématérialisés et, par
là même, plus aptes à capter l'essence. Ces mondes
de signes s'organisent en séries de cercles qui se
recoupent, et le narrateur de la *Recherche* est considéré par Gilles Deleuze comme un homme qui fait
l'apprentissage de ces différents signes. En ce sens,
loin d'être tournée vers le passé et l'exploration de la
mémoire, l'œuvre de Proust s'apparente plutôt à une
« recherche » de la vérité aimantée par le futur. La
Recherche serait même, si l'on suit Deleuze, une
machine à produire certaines vérités qui ne sont
jamais données d'emblée, et surtout celle-ci : le
temps n'est pas un tout, il est même l'instance qui
empêche toute totalisation au profit de l'inachèvement et de la fragmentation, essence suprême de
l'homme condamné à vieillir et à mourir, comme le
disent les magnifiques dernières pages de la
Recherche. Le narrateur — et le lecteur — sont
conviés à prendre conscience que dans un monde
irrémédiablement réduit à une multiplicité de chaos,
seule la structure formelle de l'œuvre d'art est
capable de servir d'unité.

Si l'œuvre d'art sert de creuset rassurant et de
point d'attache, il n'empêche que la vérité qui en
émane ne doit rien à quelque effort volontariste ; au
contraire, la vérité chez Proust — et c'est là une
révolution dans l'art romanesque — surgit toujours
de l'involontaire. Jamais une vérité ne se livre ; elle
se trahit brusquement et brutalement dans les interprétations silencieuses de l'amant jaloux. Le narra-

teur de la *Recherche* est un homme à l'affût des signes où la vérité se révèle en se trahissant. Et l'essentiel du message de Proust se trouve (se cache) peut-être dans la partie médiane de l'œuvre, longtemps négligée, *Sodome et Gomorrhe*. L'essence de l'amour ne se manifeste-t-elle pas dans les secrets de l'homosexualité ? Sodome et Gomorrhe s'ignorent et veulent pourtant connaître leurs secrets réciproques, vertigineuse interrogation où la communication passe par les strates du mystère. La possession de l'être aimé n'est-elle d'ailleurs pas un leurre dans la mesure où la pensée amoureuse est elle-même un mensonge, et déjà une trahison ?

Le roman proustien cherche de toute façon moins à comprendre l'essence d'un personnage qu'à mettre en question les apparences. Proust ne cesse de soumettre ses personnages à des confrontations à travers le temps et les lieux. Il y a en ce sens une progression très parlante dans la *Recherche*. Le « côté de chez Swann » symbolise la petite ville de Combray (Illiers dans la réalité), le monde de l'enfance et le règne de la morale bourgeoise. Le « côté de Guermantes » ouvre, lui, au monde de l'aristocratie où le narrateur va pénétrer. Mais ces deux mondes vont finir par fusionner, et ce, grâce à l'action du temps : la fille de Swann, Gilberte, épousera un Guermantes. D'ailleurs Proust construit tout son roman à la manière d'une cathédrale. L'ouverture, *Combray*, nous livre les thèmes clés de l'œuvre ainsi que les personnages principaux, notamment Bergotte qui sera le modèle du narrateur dans ses aspirations littéraires, et le compositeur Vinteuil dont la fameuse sonate incitera le même narrateur à se consacrer à la création artistique. Sa vocation lui est révélée dans *Le Temps retrouvé*, dès lors qu'il s'aperçoit que l'œuvre d'art est seule capable de mettre de l'ordre dans le désordre du vieillissement et de la dégradation. Une remise en ordre est également nécessaire pour égaliser le décalage entre le rêve et la réalité, entre ce que peuvent, par exemple, avoir d'évocateur certains « noms de pays » et la déception procurée par le pays lui-même. Aussi Proust use constamment d'éléments structuraux, sortes d'échos unificateurs autour de scènes capitales.

Si l'on peut considérer la *Recherche* comme un retour sur le passé qui englobe la tension entre les deux « côtés » de Swann et de Guermantes, on peut également y déceler certains échos ou passerelles dont on ne saisit, il est vrai, le sens que rétroactivement. *Combray* annonce *Sodome et Gomorrhe* par la scène de lesbianisme surprise à Montjouvain. Tout le drame du roman se trouve lié à cet épisode qui peut paraître d'abord anodin mais qui resurgit fantasmatiquement à quelques moments clés. Il y a dans la *Recherche* une série troublante de parallélismes et de similitudes. Odette ne joue-t-elle pas à l'égard de Swann le rôle qu'Albertine sera amenée à jouer auprès du narrateur ? Gilberte ne préfigure-t-elle pas Albertine jusque dans des descriptions physiques (et le narrateur, dans *La Fugitive*, lit le prénom d'Albertine sur une lettre où est en fait indiqué celui de Gilberte) ? Quant à la « circulation » sexuelle des personnages, elle bouleverse tous les échiquiers et travaille insidieusement les pensées, au-delà même de la mort de certains protagonistes. Le labyrinthe angoissant de la jalousie est toujours là, grand ouvert, mais il y a heureusement ce qui sauve, à savoir l'œuvre à accomplir. Bergotte et Elstir sont des intercesseurs sur le chemin de la création, mais le narrateur va longtemps perdre son temps (c'est une des significations du titre du livre) dans des amours malheureuses.

Perdre son temps est en fait une façon secrète de le gagner et d'acquérir la seule expérience véritable, celle du malheur. Dans *La Prisonnière* court souterrainement l'idée que la disparition d'Albertine est nécessaire à l'épanouissement de la vocation du narrateur. Celle-ci ne se réalise vraiment que dans les dernières pages du *Temps retrouvé* où la vérité triomphe enfin sous son vrai jour qui, pour Proust, ne peut être que rétroactif, à l'image d'une écriture avide de découvrir les lois qui la régissent. Toute la *Recherche* baigne d'ailleurs dans un monde de langages. Grand amateur de pastiches, Proust doue le personnage de Bergotte d'un style fictif qui devient à son tour le modèle de l'écriture de la *Recherche*. En ce sens, la *Recherche* n'est pas seulement le roman d'apprentissage d'un homme de lettres, comme l'affirme Gilles Deleuze, mais aussi, comme le suggère Jean Milly, l'histoire de l'apprentissage d'une écriture — apprentissage qui ne va pas sans rejet du modèle, puisque, au moment où il découvre sa vocation, le narrateur s'est déjà désolidarisé de Bergotte qui incarnait dans son enfance l'image idéale de l'écrivain. Ce perpétuel jeu de fuite fait la richesse inépuisable du chef-d'œuvre de Proust. La technique descriptive et l'esthétique qui l'anime rompent totalement avec les massifs romanesques d'un Balzac ou d'un Zola. L'époque frivole d'une société se double chez Proust de la métaphysique d'une mémoire et surtout de stratégies d'écriture appelées à susciter les innovations majeures du roman au xxe siècle.

Chapitre XIV

PAUL VALÉRY

Paul Valéry symbolise, plus que tout autre écrivain, l'obstiné désir de concilier cette opposition indéracinable entre l'intellect et la vie, qui est la marque propre de son système de pensée. Le poète exalte certes le génie de la construction qui est le plus beau fruit de la pensée, mais il souffre constamment de savoir que la vie n'est qu'un vide et la nature un chaos. La lutte de l'esprit est solitaire, et livrée à une harassante discontinuité qui inspire à l'auteur ce genre de formule désabusée dont toute son œuvre est ironiquement ponctuée : « Chaque pensée est une exception à une règle générale qui est de ne pas penser. »

Paul Valéry est né à Sète, en 1871, d'un père corse et d'une mère d'origine génoise. L'auteur du « Cimetière marin » saura gré aux dieux de l'avoir fait naître dans un tel lieu, et avouera qu'aucun spectacle n'aura jamais vraiment valu pour lui « ce que l'on voit d'une terrasse ou d'un balcon bien placé au-dessus d'un port. [...] L'œil embrasse à la fois l'humain et l'inhumain ». Le grand don d'observation qui caractérise Valéry se double d'une intelligence souveraine. La plupart des jeux de l'enfant se passent dans sa tête, et l'écrivain pourra confier avec quelque recul : « J'ai dû commencer vers l'âge de neuf ou dix ans à me faire une sorte d'île de mon esprit, et quoique d'un naturel assez sociable et communicatif, je me réservais de plus en plus un jardin très secret où je cultivais les images qui me semblaient tout à fait miennes, ne pouvaient être que miennes. »

Valéry écrit ses premiers vers à Gênes où il passe l'été, en 1887 ; ce sont des sonnets. Les influences de Baudelaire et de Heredia sont sensibles, mais il est un vers du sonnet « Solitude » qui laisse déjà présager toute l'attitude valéryenne :

Et je jouis sans fin de mon propre cerveau.

Bachelier en 1888, Valéry commence des études de droit à l'université de Montpellier, tout en s'intéressant à l'architecture et à la spéculation mathématique. La découverte de Mallarmé est pour lui un éblouissement et le convie à évoluer vers le symbolisme, comme en témoignent maintes pièces de l'*Album de vers anciens*. En 1890, Valéry est amené à rencontrer Pierre Louÿs qui lui fait connaître André Gide. Le décadentisme est alors de mode, mais Valéry ne peut brider longtemps sa propension à l'intellectualité. Il médite la *Genèse d'un poème* d'Edgar Poe et se réjouit d'une telle démarche poétique où l'intention et la recherche calculée des effets jouent un rôle essentiel. Un poème n'est plus le fruit d'une inspiration, il est le résultat d'une fabrication. Valéry a trouvé chez Poe ce « délire de la lucidité » qui va le requérir toute sa vie durant.

Valéry n'est nullement satisfait par ses premiers poèmes, lui qui a décidé de condamner toutes les puissances de la sensibilité qui vont à l'encontre d'un besoin de connaissance lucide. En octobre 1892, Paul Valéry est à Gênes où il passe ses vacances. Au cours d'une « effroyable » nuit d'orage, il prend une décision capitale : il renoncera à la poésie afin de devenir un esprit totalement maître de lui et de ses ressources ; il abandonnera ses anciennes « idoles » pour n'en servir désormais qu'une seule : son propre esprit. Fini l'esthétisme où Pierre Louÿs et André Gide voulaient l'entraîner ; c'est le règne de M. Teste qui commence.

Installé rue Gay-Lussac à Paris où il lui faut, pour vivre, accepter un poste de rédacteur au ministère de la Guerre, Paul Valéry commence en 1894 la rédaction de ses *Cahiers* qui seront pour lui une sorte de refuge secret et de justification. Les *Cahiers*, qui compteront quelque 29 000 pages, ne seront publiés qu'après la mort de Valéry et révéleront un M. Teste quotidiennement à l'œuvre. Ce « journal de l'esprit » qui ne voulait ni témoin ni destinataire forme une réflexion touffue sur les rapports entre le physique et le psychique, sur la linguistique moderne, sur la cybernétique et sur maints autres sujets. Valéry s'attache inlassablement à définir, à grouper les symétries, en visant à un approfondissement des liens difficilement décelables entre la pensée et la sensation. N'est-ce point là l'application presque à la lettre de la devise que Valéry s'était très jeune choisie : « *hostinato rigore* » ? Cette devise est celle-là même de Léonard de Vinci en qui Valéry a discerné l'enviable alliance de l'esprit artistique et de l'esprit scientifique. Et c'est à l'exemple de Vinci que Paul Valéry veut acquérir la somme des connaissances qui relèvent des arts et des sciences, pour se créer une méthode qui, par l'exactitude de son fonctionnement, lui permettra de faire œuvre d'art. Ce faisant, Valéry considère la création comme un cas particulier de l'activité générale de l'esprit. L'essentiel n'est-il pas d'être, comme M. Teste, « le maître de sa pensée » ? C'est là tout le sens du premier ouvrage de Paul Valéry, *Introduction à la méthode de Léonard de Vinci*, qui paraît en 1895. Sur cette lancée, Valéry publie *La Soirée avec M. Teste* où est brossé le portrait d'un être théorique et omniscient qui sait tout sans avoir rien appris, parce qu'il sait comment on sait. M. Teste est l'exemple même de l'intelligence qui a épuisé toutes ses possibilités.

En 1900, Valéry épouse Jeannie Gobillard qui est la nièce de Berthe Morisot, et il devient le secrétaire particulier de l'Agence Havas où il travaillera pendant vingt-deux ans. Assez longtemps, Valéry ne produira presque rien, si ce n'est dans les *Cahiers*. « Je travaille peu, je ne lis pas. J'attends je ne sais quel messie », écrit-il à Paul Léautaud en mai 1903. Il va au concert, visite des expositions, relit Mallarmé, entretient de fidèles amitiés. Mais en 1912 Gaston Gallimard et Gide le pressent de les autoriser à publier le recueil de ses vers anciens. Valéry hésite (« Faut-il monter sur un théâtre qui, après tout et en vérité, n'est pas le mien ? », répond-il à Gide le 19 juillet), puis il commence à retoucher ses vieux vers et même à en ajouter d'autres pour la publication. C'est dans cet esprit qu'il entreprend un « exercice » qui deviendra *La Jeune Parque*. L'homme qui, dans *Calepin du poète*, a noté : « J'ai toujours fait des vers en m'observant les faire », consent tout de même à opérer une distinction entre les vers « donnés » et les vers « calculés ». L'inspiration, longtemps honnie, reprend quelque peu ses droits. Valéry ne fait plus de l'étude du mécanisme de l'intelligence une fin en soi, mais il savoure le velouté de l'abstraction dans une langue nouvelle. La publication de *La Jeune Parque* en 1917 conduit à une célébrité soudaine un poète qui était volontairement demeuré silencieux vingt années durant. Valéry a lui-même livré le thème de son poème : « Le sujet véritable du poème est la peinture d'une suite de substitutions psychologiques et en somme le changement d'une conscience pendant la durée d'une nuit. » *La Jeune Parque* (son premier titre était *Psyché*) est le monologue intérieur d'une jeune fille blessée par l'amour. L'aiguillon de la connaissance que symbolise la morsure du serpent se trouve menacé par le désir de la jeune fille de s'abandonner à l'instinct

sensuel. Mais la volonté finit par l'emporter, et la
« Mystérieuse Moi » se transforme en « Harmonieuse Moi », au terme d'un parcours où le chaos est
devenu cohérence et où la conscience culmine en
prise de conscience d'elle-même. S'agit-il là d'un
poème obscur ? Non, répond Valéry qui expliquera à
Albert Mockel qu'il a simplement voulu mettre dans
La Jeune Parque « autant d'*intellectualité* [...] que la
poésie en peut admettre sous ses voiles ». D'ailleurs,
l'obscurité, quand elle n'est pas voulue, tient essentiellement au fait qu'un poème accumule « les *relations* et les combinaisons » susceptibles de traduire
avec le plus de précision « les états complexes d'un
être vivant ».

Il faudra attendre l'année 1920 pour que l'*Album
de vers anciens* soit publié. Un nouveau recueil,
Charmes, verra le jour en 1922, précédé de *L'Ame et
la Danse* (1921) et suivi d'*Eupalinos, ou l'Architecte*
(1923), deux beaux dialogues platoniciens. Dans ce
dernier ouvrage, Eupalinos tient de M. Teste par son
intellectualité mais également de Léonard de Vinci
par son aptitude à l'action. Un fossé se trouve ainsi
très opportunément comblé entre le penseur et
l'artiste, et l'architecte apparaît comme le meilleur
représentant de l'intelligence consciente, universelle
et créatrice.

Dans *Charmes*, dont le titre signifie tout autant
« poèmes » qu' « incantations », le mariage de l'idée
et du sensible se réalise harmonieusement. Valéry
balise le chemin qui va de l'inspiration première à la
contemplation du poème achevé et tisse maints
réseaux secrets et signifiants. Le recueil s'apparente
ainsi à un édifice dont Eupalinos eût pu être le savant
architecte. La suite des poèmes de *Charmes* montre
une âme qui se libère, puis qui, libérée, se regarde et
s'aime — le narcissisme étant chez Valéry un thème
récurrent. Les poèmes les plus importants, « Fragments du Narcisse », « Le Serpent » et « Le Cimetière marin » disent l'opposition entre le corps et

l'âme, le monde et les dieux, l'être et le non-être. Quant au dernier poème du recueil, « Palme », il célèbre la victoire du pouvoir créateur sur les forces hostiles ; c'est enfin la récompense du travail obscur :

> Tu n'as pas perdu ces heures
> Si légère tu demeures
> Après ces beaux abandons ;
> Pareille à celui qui pense
> Et dont l'âme se dépense
> A s'accroître de ses dons !

Le poids de la palme a porté sa profusion.

Imprégnée d'intellectualisme, la poésie de Paul Valéry a l'heur de vibrer d'un panthéisme très méditerranéen et d'une musicalité incantatoire toujours renouvelée. On a même pu dire, non sans raison, que *Charmes* était comme la réalisation de ce dont rêvait l'auteur des *Fleurs du Mal* lorsqu'il écrivait : « La poésie est essentiellement philosophique ; mais elle est avant tout *fatale*, elle doit être involontairement philosophique. » Salué comme un maître incontesté, très brillant dans les conférences où il avait l'art de l'improvisation, Paul Valéry va se laisser de plus en plus tenter par les honneurs : de l'Académie française où il est élu en 1925 à la chaire de Poétique qui est créée pour lui, en 1937, au Collège de France. Et lorsqu'il meurt le 25 juillet 1945, il a droit à des obsèques nationales. Mais l' « orateur officiel de la Troisième République » — c'est lui-même qui se désignait ainsi, non sans ironie — n'en a pas moins continué à rassembler les fruits de sa pensée subtile et pénétrante dans les cinq volumes de *Variété* ou dans les deux livres de *Tel Quel*, composés d'aphorismes lumineux ou cinglants. Sa réflexion prend un tour plus politique dans *Regards sur le monde actuel* (1931) qui fait pendant à une célèbre conférence de 1919 sur *La Crise de l'esprit*. Valéry rompt avec le vieux mythe de l'Histoire comme éternel recommencement et il ne voit d'issue pour les civilisations, mortelles par essence, que dans la meilleure utilisation possible des forces intellectuelles.

Valéry songe assez tard au théâtre où il discerne une des formes suprêmes de la littérature. Dans sa dernière œuvre, *Mon Faust*, le dialogue des deux protagonistes du *Faust* de Goethe se transforme en un débat aigu entre l'intelligence consciente et les « mauvaises pensées et autres ». Valéry n'a jamais délaissé ses *Cahiers*, cette « autodiscussion infinie » où il ne tient à charmer personne. « Les *Cahiers* sont mon vice. Ils sont aussi des contre-œuvres, des contre-fini. » Valéry ne cesse d'y « rendre plus nette et maniable l'intuition » qu'il a de l'esprit. C'est dans ces *Cahiers* que, parlant un jour de poésie, il propose cette éclairante réflexion : « La poésie, pour Mallarmé, était l'essentiel et unique objet. Pour moi, une application particulière des puissances de l'esprit.

Tel est le contraste. »

Non, Paul Valéry ne saurait être aveuglément rangé sous la bannière mallarméenne, comme on l'a trop souvent fait. Son entreprise intellectuelle est à la fois moins sacralisée — Valéry s'impose comme un des meilleurs maîtres de la démystification — et plus ouverte aux différents registres de l'activité de l'esprit. Mais les joyaux de l'intelligence suffisent-ils toujours à créer le grand art, si sensible aux failles du cœur ?

Chapitre XV

CHARLES PÉGUY

Pendant longtemps il a eu ses fidèles et ses détracteurs, également inconditionnels. La critique est aujourd'hui plus sereine à son égard ; mais a-t-elle saisi le « sens puissant et clair » que, selon Barrès, sa mort devait donner à « ce Péguy que tous n'avaient pas compris » ? Les inédits publiés depuis 1950, l'élargissement des perspectives historiques et idéologiques, l'information biographique ont certes permis de nombreuses mises au point, ils n'ont pas résolu les complexités et les contradictions de l'homme et de son œuvre.

A partir de 1910, il a dans quelques-uns de ses plus grands textes, *Victor-Marie comte Hugo, L'Argent, Note conjointe*, idéalisé sa jeunesse à Orléans où il est né en 1873 et qu'il ne quittera qu'en octobre 1891 pour entrer en première supérieure au lycée Lakanal. Le monde paysan auquel il s'est assimilé, il ne l'a connu que par les souvenirs d'enfance de sa grand-mère et les relations avec un cousin. Le prolétariat industriel (d'ailleurs alors inexistant dans le Loiret) lui est étranger. Son peuple, celui dont il dira : « Nous avons été du peuple quand il y en avait un », ce sont les petits commerçants, les artisans et leurs compagnons, parents de ses camarades de l'école primaire où les maîtres laïques lui enseignent la morale du devoir et l'amour de la patrie. Elève appliqué (« J'aimais travailler ; j'aimais travailler bien ; j'aimais travailler vite, j'aimais travailler beaucoup. »), orienté vers le lycée par un professeur d'Ecole primaire supérieure où il venait d'entrer, il y fait des études brillantes. « Tout est joué avant que nous ayons douze ans » : il est vrai que ces années d'enfance et d'adolescence ont été décisives, lui inculquant le respect et l'amour de l'enseignement, des belles-lettres, de la République de l'école et de l'Eglise du catéchisme, exaltant l'une et l'autre les valeurs de la vertu et du travail. Refusé à l'oral du concours d'entrée à l'Ecole normale supérieure en 1892, il devança l'appel par un coup de tête et, après un an de service militaire, reprit la préparation du concours au collège Sainte-Barbe, d'où il allait suivre les cours du lycée Louis-le-Grand. C'est là, dans la « cour rose » de Sainte-Barbe, que se forme un groupe d'amis épris de justice sociale dont il est l'animateur, avec Marcel Baudouin, dont il épousera la sœur en octobre 1897, les frères Tharaud, Louis Baillet...

Il est reçu au concours en août 1894, à la licence ès lettres, mention philosophie, en novembre. Après une année d'Ecole, au cours de laquelle il adhère au Parti socialiste, il se fait mettre en congé de novembre 1895 à novembre 1896, retourne à Orléans, où il fonde un groupe socialiste, s'initie à la typographie et travaille à sa première œuvre, *Jeanne d'Arc*. Les mois qui suivent son retour à Paris seront décisifs. Sous divers pseudonymes, il collabore à la *Revue socialiste*, puis, à la fin de 1898 et en 1899, à *La Revue blanche*. Il publie *Jeanne d'Arc*, drame en trois parties. Il précise son idéal politique dans *De la cité socialiste* et *Marcel, premier dialogue de la cité harmonieuse*. Démissionnaire de l'Ecole après son mariage à la rentrée de 1897, il suit les cours de Bergson et prépare sans succès l'agrégation de philosophie. En mai 1898, il fonde au coin de la rue Cujas et de la rue Victor-Cousin, en plein Quartier latin, la librairie Georges-Bellais, maison d'éditions socialistes et bientôt point de ralliement des défenseurs de Dreyfus. En effet, après la publication de « J'accuse » par Zola dans *L'Aurore*, Péguy et ses amis se sont lancés dans le combat qui pour eux devient celui de la Justice, « un temps inoubliable de béatitude révolutionnaire », et ont contribué à y entraîner Jaurès et les socialistes. A vingt-cinq ans, Péguy apparaît à ses proches comme un animateur. A Sainte-Barbe déjà, pendant l'année orléanaise, à l'Ecole, dans la « turne Utopie » où il réunit ses amis, à la librairie, ils sont fascinés par sa rigueur, son intransigeance. « Ce fut comme si j'avais reçu un sacrement », dira Jules Isaac de son entrée en 1897 dans le petit cercle de l'Ecole. Son socialisme est fortement nourri de la tradition française d'une organisation harmonieuse des activités, fondée sur une socialisation très centralisée, supprimant l'oisiveté, mais organisant « la culture intensive » ; il se situe du côté de Fourier et des anarchistes comme Jean Grave plutôt que de celui de Marx ou même de Proudhon. « La cité harmonieuse, écrit-il dans *Marcel*, a pour citoyens tous les vivants qui sont des âmes. » Entre eux ne règnent qu'harmonie et liberté, sans rivalité, ni souci de gloire ou de mérite. Que le personnage de Jeanne d'Arc l'ait séduit ne doit pas nous surprendre outre mesure : elle est souvent considérée chez les républicains et à l'extrême-gauche comme une enfant du peuple abusivement récupérée par l'Eglise. Aussi Péguy peut-il dédier son drame « A toutes celles et à tous ceux qui seront morts de leur vie humaine pour l'établissement de la République universelle ». Mais, en même temps, l'anticlérical farouche qu'il est alors adopte sans peine le langage chrétien, exprime la hantise du péché et le rayonnement de la charité. Cet idéaliste forcené trouva dans l'affaire Dreyfus une cause à sa mesure, qui s'identifie pour lui au socialisme et à une valeur universelle.

Cependant, la fin de 1899 marquera définitivement son destin en lui donnant une tournure nouvelle. La librairie Georges-Bellais, en difficulté financière, se transforme en société anonyme dont le conseil d'administration est formé de Lucien Herr, bibliothécaire de l'Ecole normale supérieure, maître à penser des jeunes intellectuels socialistes, Léon Blum, Simiand et Mario Roques. Péguy, réduit au rôle de « délégué » à l'édition, supporte difficilement leur tutelle et, en décembre, s'en va « comme une colonie fidèle quitte la métropole ». D'autre part, en ce même mois de décembre, les différents groupes socialistes français se sont réunis pour définir des positions unitaires. La tendance de Jules Guesde, hostile à la campagne dreyfusiste qui n'est pour elle qu'une affaire bourgeoise, triomphe de Jaurès ; elle fait admettre que la liberté de la presse sera soumise au contrôle du Comité général.

C'est alors que Péguy, qui a renoncé à l'enseignement, décide de se lancer solitaire dans le combat. Contre Lucien Herr, qui lui aurait reproché d'être « anarchiste », autant que contre les conceptions guesdistes, il crée un « journal vrai », ou plutôt une revue, les *Cahiers de la Quinzaine*, dont le premier numéro est daté du 5 janvier 1900. Désormais, toute son existence est occupée par la publication des deux cent vingt-neuf cahiers groupés en quinze séries qui se succéderont jusqu'en juillet 1914. Le programme : « Dire la vérité, toute la vérité, rien que la vérité, dire bêtement la vérité bête, ennuyeusement la vérité ennuyeuse, tristement la vérité triste. » Lutter contre les vérités officielles, les compromissions tactiques des partis politiques. Les premières séries sont animées de polémiques mordantes, contiennent des dossiers sur les peuples opprimés. Puis vinrent des cahiers formés d'une œuvre littéraire : Péguy publia ainsi les Tharaud, compagnons de Sainte-Barbe, André Suarès, Romain Rolland, qu'il avait rencontré pendant l'affaire Dreyfus et qui lui confia la série de

Jean-Christophe, Julien Benda. Mais surtout, à partir de 1905, il intervient lui-même de plus en plus fréquemment. C'est que 1904 voit s'accentuer sa solitude. Il s'éloigne de Jaurès, rompt les derniers liens avec les organismes socialistes, démissionne de la Ligue des droits de l'homme qui soutient la politique anticléricale de Combes... Un événement de 1905, la visite de l'empereur d'Allemagne Guillaume II à Tanger provoque une tension internationale fortement ressentie en France. Pour Péguy, internationaliste et patriote, antimilitariste et officier de réserve, le pays est en danger. A un pamphlet de Gustave Hervé, *Leur patrie*, qui est une incitation à l'insoumission, il réplique par *Notre patrie*, qui paraît en octobre : hymne au peuple de Paris, souvenir du Hugo des *Châtiments*, évocation pathétique des grands monuments, les Invalides, l'Arc de Triomphe, le Panthéon, Notre-Dame, sur le thème du « saisissement », du « sursaut ». La France et sa tradition deviennent la représentation de la civilisation face à la barbarie et aux menaces contenues dans le monde moderne. Les *Situations* qu'il publie en 1906 et 1907 critiquent l'idée de progrès développée par le positivisme : il n'y a pas de progrès dans l'ordre de la pensée et de la civilisation. Elles s'en prennent à ceux qui, soutenant cette idée, sont tout à la fois les ennemis de la tradition française, de l'humanisme classique, du peuple berné par la démagogie : c'est le « parti intellectuel », où il rassemble Jaurès et les dreyfusistes devenus selon lui des politiciens, les professeurs de la Sorbonne réformée en 1902, les pacifistes, les anticléricaux... La dernière *Situation* (*De la situation faite au parti intellectuel dans le monde moderne devant les accidents de la gloire temporelle*, octobre 1907) est le monologue d'un homme qui souffre de sa solitude, des difficultés financières des *Cahiers*, de l'action néfaste du « parti intellectuel », mais qui retrouve aussi, grâcc à Hugo, l'épopée des volontaires de 1793, le véritable héroïsme, né de la force de la race et source inépuisable de joie.

Cependant, comme on le sait mieux aujourd'hui par les analyses des biographes et les cinq volumes d'inédits qui ont été publiés de 1952 à 1955, un cheminement secret le ramène pendant ces années à la foi catholique. Alors que jusqu'en 1905 il a clairement affirmé son incroyance, il reste silencieux à ce sujet jusqu'à la publication en janvier 1910 du *Mystère de la charité de Jeanne d'Arc*, qui surprit le monde littéraire et surtout les abonnés des *Cahiers*. On découvrait un Péguy sinon converti, du moins profondément chrétien, chantant l'unité de la création — son « incarnation » —, l'ordre de Dieu présent dans la beauté du monde, dans les êtres et les choses les plus humbles. Sa Jeanne, comme celle de son premier drame, est hantée par la toute-puissance du Mal ; elle attend des chrétiens une exigence d'absolu, dans la prière et dans l'action, dont sa propre destinée donne l'exemple. On découvrait aussi un poète. Péguy s'était donné un « instrument épatant » forgé par « vingt ans de prose », un vers libre qui suit les élans créateurs de la pensée, reprend dans un inlassable piétinement le même mot, la même image, le même tour pour en épuiser le sens dans une étreinte du réel. Il avait aussi mis au point une structure qui, de la forme dramatique, conservait un dialogue épuré, celui de Jeanne et Mme Gervaise, tout en donnant libre cours à un mouvement lyrique et épique. *Le Porche du mystère de la deuxième vertu* (1911), monologue de Mme Gervaise s'adressant à Jeanne, *Le Mystère des saints Innocents* (1912), où reparaît le dialogue des deux femmes, prolongent le premier *Mystère* sur les thèmes de la vertu d'espérance, de saint Louis et des Français, de Joseph vendu par ses frères.

Cette nouvelle foi ne lui a pas apporté la sérénité. Dans le *Dialogue de l'histoire et de l'âme charnelle* intitulé aussi *Véronique*, écrit en 1909 mais publié après sa mort, qui contient une longue méditation sur la Passion et le Vendredi saint, il s'en prend avec virulence aux « clercs » coupables d'avoir négligé le temporel, dissocié le spirituel du charnel, niant ainsi l'Incarnation. Surtout, les « clercs » — entendons ceux qui ont l'autorité ecclésiastique — et certains amis trop empressés l'ont révolté en mettant comme condition à son retour dans l'Eglise le baptême de ses enfants : c'était mal le connaître que d'exiger de lui qu'il impose aux siens, restés irréligieux, de le suivre. C'était aussi le condamner à se soumettre ou à rester en marge de l'Eglise, à l'écart des sacrements. D'autres difficultés surgissaient. Des fidèles de la première heure se détachaient de lui, se désabonnaient des *Cahiers*. La droite nationaliste croyait avoir recruté un adepte. On l'invite à achever sa conversion, à renier le socialisme, le dreyfusisme. Sa réplique, c'est *Notre jeunesse* (1910) : son socialisme, son dreyfusisme étaient une religion, d'essence chrétienne, une « mystique ». Il y est, lui, resté fidèle ; mais, chez les autres, « tout commence en mystique et finit en politique » : ainsi de Jaurès à gauche et de Maurras à droite. Il continue la même année dans *Victor-Marie comte Hugo,* où il fixe son personnage de paysan dialoguant avec le parisien Daniel Halévy, appelant à la rescousse Hugo, Racine et Corneille, dont il exalte le *Polyeucte.* La même année, il polémique encore dans *Un nouveau théologien, M. Fernand Laudet,* attaque les historiens qui ne prennent pas en compte la sainteté de Jeanne, Lavisse, Salomon Reinach, Rudler, analyse les éléments de cette sainteté, l'esprit d'enfance et le sens populaire, unit dans un même éloge ses deux héros, Jeanne et saint Louis.

Un drame moral enfin l'a bouleversé en 1909 et 1910, lorsqu'il se défendit douloureusement contre l'amitié passionnée qu'il éprouvait pour une femme qu'en fin de compte il poussa à se marier pour mettre entre eux une barrière infranchissable. De cette épreuve sont sortis les *Quatrains*, qui n'ont été publiés qu'à partir de 1941.

L'année 1913 voit paraître deux grandes œuvres qui constituent une étape dans sa carrière. Dans *L'Argent* et *L'Argent suite*, c'est devant le péril extérieur, la montée du nationalisme et le pacifisme militant, l'évocation nostalgique du peuple de son enfance qu'il idéalise dans son goût du travail, sa joie de vivre, son enthousiasme digne de l'an II ; c'est la dénonciation du « parti allemand » et Jaurès condamné à la guillotine ; c'est aussi l'affirmation de la nécessité du soldat, qui « mesure la quantité de terre où une âme peut respirer », car « le spirituel est constamment couché dans le lit de camp du temporel ». *Eve*, d'autre part, est un long poème de près de deux mille quatrains d'alexandrins, sa *Légende des siècles*, où il a voulu « écrire la chrétienté », une immense tapisserie aux mille fils, dont lui-même dira que « les fils passent, disparaissent, reparaissent et les fils ici ce ne sont pas seulement les rimes, au sens que l'on a toujours donné à ce mot dans la technique du vers, mais ce sont d'innombrables rimes intérieures, assonances, rythmes et articulations de consonnes, tout un appareil aussi docile que l'appareil du tisserand ». A la veille de la guerre, il dit dans *Note sur M. Bergson et la philosophie bergsonienne*, suivie de *Note conjointe sur M. Descartes et la philosophie cartésienne*, qui est restée inachevée, tout ce qu'il doit à Bergson : la justification de l'élan créateur, du mouvement de la conscience, des contradictions de la vie, par opposition à un rationalisme jugé réducteur.

On sait ce que fut pour Péguy l'annonce de la mobilisation générale le 2 août 1914 : il se prépara avec enthousiasme au départ pour cette guerre, à ses yeux guerre de la liberté, qui devait être la dernière. Sa campagne fut brève et il fut tué à la tête de sa section le 5 septembre à Villeroy, à vingt-deux kilomètres de Paris, la veille du jour où commença la

bataille de la Marne. Solitaire, il l'est resté de façon
« poignante » (c'est un de ses mots favoris) dans
toute son existence, mené, jusque dans ses plus
grandes violences, par le besoin d'absolu, produisant
une œuvre poétique indifférente aux tendances du
temps — et cependant extraordinairement présent
dans son époque, exprimant, dans son thème de
l'incarnation du spirituel au cœur du charnel, une de
ses lignes de force les plus profondes.

Chapitre XVI

COLETTE

« IMAGINEZ-VOUS à me lire que je fais mon portrait ? Patience : c'est seulement mon modèle. » L'épigraphe que Colette a mise à *La Naissance du jour* pourrait s'appliquer à toute son œuvre. L'erreur des premiers critiques a été en effet de la considérer comme un album de souvenirs, certes savoureux, mais dont la qualité première semblait être la vérité autobiographique. C'était négliger les déclarations mêmes de l'auteur (« Mes biographes que je renseigne peu... », est-il dit dans *Sido*), le dialogue avec soi qu'entretient son écriture (« Vous êtes Claudine et je suis Colette. Nos visages, jumeaux, ont joué à cache-cache assez long-temps. »), non moins que le mouvement créateur qui relie les premiers romans de la série des *Claudine* aux derniers livres de souvenirs, *L'Etoile Vesper* ou *Le Fanal bleu*.

Il ne s'agit naturellement pas de nier l'importance de l'expérience vécue et surtout de l'enfance à Saint-Sauveur-en-Puisaye, dans l'Yonne, où elle est née le 28 janvier 1873. Son père, le capitaine Colette, qui avait perdu une jambe pendant la campagne d'Italie, y est percepteur ; sa mère, Sidonie (qui lui inspirera le personnage de Sido dans l'ouvrage qui porte ce titre), communique à la petite fille son non-conformisme pittoresque, son émerveillement devant le petit monde familier, le jardin avec ses fleurs, ses oiseaux, ses insectes, les animaux domestiques, sa passion de la lecture. Habituée à s'entendre dire « Regarde ! » ou « Comme c'est beau ! », tôt initiée à la littérature et aux arts (si on l'en croit, *La Comédie humaine* « n'avait plus de secrets » pour elle à l'âge de sept ans...), élevée dans un exemple constant de liberté, la jeune Sidonie-Gabrielle Colette connaît une enfance heureuse de gamine éveillée, pour qui le monde se limite, si l'on excepte de rares et brefs séjours à Paris, au village natal, à l'école et à ses petites intrigues, à la bibliothèque familiale.

Tout change en 1890 lorsque, à la suite de mauvaises affaires, la famille doit quitter Saint-Sauveur et va s'installer à Châtillon-sur-Loing (actuellement Châtillon-Coligny). La jeune sauvageonne cultivée, titulaire du brevet élémentaire, va se marier, de la façon la plus inattendue. Le capitaine Colette était, dit-on, en bonnes relations avec Jean-Albert Gauthier-Villars, éditeur et imprimeur. Son fils Henry, né en 1859, de treize ans l'aîné de Sidonie-Gabrielle, s'est lancé dans la littérature et le journalisme sous divers pseudonymes, notamment celui de Willy. Son esprit, son goût du calembour ont rapidement fait de lui une figure du boulevard ; critique musical avisé et mordant, défenseur de Wagner, il signe depuis 1889 ses chroniques « L'Ouvreuse du Cirque d'Eté » ; il écrit, avec l'aide de nombreux « nègres », des romans piquants de mœurs parisiennes où il se met volontiers en scène sous le nom de Maugis. Ce viveur fut séduit par la fraîcheur vivace de la jeune fille, au point de l'épouser en 1893.

A vingt ans, la petite provinciale est ainsi lancée dans le monde littéraire et musical, connaît Anatole France, Catulle Mendès, Proust, Marcel Schwob, Marguerite Moreno, Jean Lorrain, Fargue, Ravel, Debussy, Fauré, Reynaldo Hahn... Cependant, le mariage ne fut pas une réussite. Rapidement, Willy

reprit sa vie de célibataire mondain ; Colette souf-
frit de cette brutale confrontation avec une réalité
différente du « paradis » de Saint-Sauveur. Est-ce
pour la distraire que son époux volage l'incite à
écrire ses souvenirs d'enfance ? Elle ébauche *Claudine à l'école* dès mai 1894, en achève la rédaction
pendant l'hiver 1895-1896. Ce n'est que deux ans
plus tard que Willy retrouve le manuscrit oublié,
l'accommode de quelques-uns des « mots » qui faisaient sa célébrité, et le publie sous son nom. Le
succès immédiat l'incite à récidiver : ce sera, toujours sous sa signature, *Claudine à Paris* l'année
suivante, en 1901 ; *Claudine en ménage* en 1902 ;
Claudine s'en va en 1903 — tout un cycle complété
par une adaptation théâtrale de *Claudine à Paris*
interprétée par Polaire. Claudine est à la mode et
Willy se montre volontiers flanqué des deux incar-
nations du personnage vêtues en pensionnaires,
Colette et Polaire.

Peu à peu, la femme de Willy va conquérir son
indépendance. En 1905, elle publie *Sept dialogues
de bêtes* sous le nom de Colette Willy. En 1906,
elle a son propre domicile, s'initie à l'art du mime
avec Georges Wague, fait ses débuts au théâtre.
Elle s'est liée à la fille du duc de Morny, Missy, qui
brave l'opinion, et surtout celle de son monde, en
s'affichant avec elle dans un mimodrame provo-
quant, *Rêve d'Egypte*. Au début de 1907, la séparation des biens est prononcée entre les époux ; elle
sera suivie du divorce en 1910. Pendant ces années,
elle poursuit une carrière de comédienne, repre-
nant notamment le rôle de Claudine et publie *La
Retraite sentimentale*, *Les Vrilles de la vigne*,
L'Ingénue libertine, *La Vagabonde*. A la fin de
1911, elle est devenue collaboratrice du *Matin* et
apporte sa contribution à la série quotidienne des
« Contes des mille et un matins ». Elle épouse en
1912 l'un des rédacteurs en chef du journal, Henry
de Jouvenel, qui lui donna une fille, mais ne la

rendit pas plus heureuse que ne l'avait fait Willy. Une séparation interviendra en 1923.

En 1914, Colette, désormais reconnue comme l'auteur des *Claudine*, est une romancière originale, une femme libre qui ne craint pas le scandale. Si on la rapproche de celles qu'on a appelées les Amazones, les Bacchantes de 1900, Anna de Noailles, Lucie Delarue-Mardrus ou Renée Vivien, on décèle aussi ce qui la distingue : un sens charnel du réel, une foi dans l'avenir qui la mettent à l'abri du sentiment durable de l'échec, de l'abattement dans lequel on finit par se complaire ; une écriture qui ne recourt pas à la poésie et qui, en cela — mais on ne le constatera que beaucoup plus tard — est une forme de la modernité, opposée à la conception poétique, en fin de compte très traditionnelle de ses contemporaines. Pendant la guerre, Colette reprend avec *La Paix chez les bêtes* la veine des *Dialogues de bêtes* et, dans *La Vagabonde*, campe une figure de femme indépendante, capable de ne pas s'inféoder à un homme. Mais c'est avec *Chéri* (1920), que suivra en 1926 *La Fin de Chéri*, qu'elle atteint à la plénitude de son art. Chéri, fils d'une demi-mondaine, marié à la fille d'une amie de sa mère, rate sa vie conjugale, revient à sa maîtresse Léa, de trente ans plus âgée qu'elle, la fuit et — des années plus tard, dans *La Fin de Chéri*, retourne vers elle : bonheur impossible du couple, passion de la femme vieillissante qui a su accéder à une certaine sagesse. Les œuvres qui suivront, *La Naissance du jour*, 1928, *La Seconde*, 1929, *La Chatte*, 1933, *Duo*, 1934, plus tard *Gigi*, 1945, à quoi il faut ajouter *La Maison de Claudine* (1922) et *Sido* (1930), livres du souvenir de l'enfance et de la mère, abordent toutes les formes de relation entre l'homme et la femme, premiers émois adolescents, jalousie, rêves de libération, sérénité atteinte par le renoncement. Avec elle, le traditionnel « héros de roman » devient un personnage mesquin, falot, tyrannique, aveuglé par la vanité ; seul le charme de la jeunesse peut sauver quelques personnages, par ailleurs assez inconsistants. La femme, en revanche, est tout amour, capable des plus grands sacrifices : en face de « l'homme objet », comme l'écrit Marcelle Biolley-Godino, la femme de Colette, quels que soient son âge et sa condition, est plus sensible, plus humaine, plus vivante.

Journaliste, Colette collabore à divers quotidiens, tient une rubrique de critique dramatique (ses articles seront réunis dans les volumes de *La Jumelle noire*). Elle tâte du cinéma en écrivant les dialogues du film de Marc Allégret *Lac aux dames* (1933), puis ceux de *Divine* de Max Ophüls (1934).

A la veille de la guerre de 1939, Colette a sa stature définitive. Elle vit depuis 1925 avec Maurice Goudeket qu'elle épouse en 1935 et auprès de qui elle achèvera sa vie. Elle s'installe en 1938 dans son dernier domicile, au Palais-Royal. Célébrité officielle, elle est en 1936 promue commandeur de la Légion d'honneur et entre à l'Académie royale de langue et littérature françaises de Belgique, où elle succède à la comtesse de Noailles. En 1945, elle sera élue à l'unanimité à l'Académie Goncourt. Ses œuvres portées à l'écran (*Gigi* en 1948, *Julie de Carneilhan* en 1949, *Le Blé en herbe* en 1954) ou à la scène (*Chéri*, en 1949, *Gigi* à Broadway en 1951 avec Audrey Hepburn, à Paris en 1951) lui attirent un public élargi. A sa mort le 3 août 1953, des obsèques nationales lui seront célébrées.

Dans les dix dernières années de sa vie, elle s'est tournée vers son passé dans des livres comme *Belles Saisons* (1945), *L'Etoile Vesper* (1947), *Journal à rebours* (1948), *Le Fanal bleu* (1949). Ces ouvrages ne sont pas d'une nature différente de celle des romans ou même de ses chroniques. Tant il est vrai que, par-delà les genres pratiqués, Colette est entière dans chacune de ses œuvres, avec tous ses dons, son univers, la qualité de son écriture. Elle est restée la « reine de la terre » qu'elle était « à douze ans » selon *Les Vrilles de la vigne*, celle qui jouit du monde par les cinq sens : « Joie des cinq sens ! de telles délices qu'on nommerait païennes, créent une religion domestique et l'âme se chauffe à la plus petite flamme, si la flamme persévère », écrit-elle dans *Le Voyage égoïste*. Mais joie des sens qui n'est pas effacement de la pensée, abandon au monde des sensations, qui est bien au contraire cultivée, enrichie par la réflexion et l'analyse minutieuse, à la fois jouissance et connaissance. Sa langue, son style, dès les meilleures pages des *Claudine*, et avec une force qui s'amplifie à mesure que le temps passe et que, les sens s'émoussant avec l'âge, la compensation par l'écriture devient un besoin, tendent à fixer, à chaque instant, « une parcelle merveilleuse du sensible univers, comme le bloc d'ambre préserve une aile éternelle de mouche, ou la délicate arborescence qui suggère la forêt inconnue ». Expérience et pratique fondamentalement poétiques : même si elle n'a pas formellement écrit de poèmes, Colette est dans notre siècle un poète de la sensation et de la présence au monde. Et, parce que l'enfance a été ce « paradis » qu'elle a souvent dit, c'est vers elle qu'elle se tourne avec prédilection par nostalgie, certes, mais aussi parce que ces années représentent, aux heures difficiles, les moments les plus intenses et les plus équilibrés de sa vie, l'état de bonheur dans l'harmonie et la sérénité.

L'exercice de sa liberté de femme est une forme de la quête de ce bonheur. Aux échecs de la vie conjugale répond cette idée que seule compte la volupté, qu'il ne convient pas de réfréner ses instincts, que toutes les formes de l'amour peuvent être bonnes. Mais les tensions subsistent dans l'expérience de la vie, le pur et l'impur, pour reprendre un de ses titres, ne cessent de se combattre. Son amoralité, qui est incontestable, n'est pas une révolte, sociale ou métaphysique, une volonté systématique de transgression, mais un itinéraire vers la connaissance de soi et la sérénité. Le « chant profond » que constitue cette œuvre, dans l'unité de son déroulement, pourrait, en fin de compte, se résumer dans deux formules : « désir de posséder par les yeux les merveilles de la terre » (*La Vagabonde*) ; « embellir tout ce qu'on aime » *(Les Vrilles de la vigne)*.

Chapitre XVII

JULES ROMAINS

Fils d'un instituteur de Montmartre originaire du Velay, Louis Farigoule est né le 26 août 1885. Elève de l'Ecole normale supérieure, agrégé de philosophie, il a enseigné de 1909 à 1919, date à laquelle il a abandonné la carrière universitaire. Dès l'âge de dix-sept ans il collaborait à de petites revues et avait adopté son pseudonyme. C'est en 1903, alors qu'il est encore élève de première supérieure au lycée Condorcet, qu'il a la première intuition de ce qu'il appellera l'Unanimisme. L'idée, qui se développera dans les années suivantes, est que toute rencontre, ou seulement toute coexistence, d'êtres humains, qu'elle soit durable ou passagère, qu'il s'agisse d'un couple ou d'une foule, organisée ou non, crée un être élémentaire qui recouvre, englobe sans les annihiler les consciences individuelles et dure le temps de cette rencontre ou de cette coexistence. Un unanime (c'est le nom qu'il donne à ces êtres collectifs) naît ainsi des passants qui peuplent une rue, d'une armée en évolution, des fidèles réunis dans une église, et ainsi de suite. Une telle conception, particulièrement dans le monde moderne des grandes cités et des conflits de masses, où ne cesse de se poser le conflit entre l'individu et le groupe, pouvait être un grand ressort de création littéraire.

Dans le domaine du roman, après *Le Bourg régénéré*, « conte de la vie unanime » (1905), réveil par le fait d'un nouvel habitant d'une petite ville assoupie, *Mort de quelqu'un* (1911) évoque une présence paradoxale du sentiment unanime : un homme seul, ignoré de ses voisins, meurt ; dès lors, il se met à vivre dans leur pensée, au moins jusqu'aux funérailles, puis peu à peu l'oubli vient, l'unanime s'affaiblit pour disparaître. C'est un roman unanimiste aussi que *Les Copains* (1913), animé d'une joyeuse verve canularesque. Au théâtre, *L'Armée dans la ville* en 1911 se fonde sur une situation privilégiée d'occupation par une troupe ennemie, génératrice de conflits.

Mais c'est surtout en poésie qu'il développe les thèmes unanimistes (qui d'autre part ont été rassemblés dans le *Manuel de déification* en 1910). *La Vie unanime* (1908) est le grand poème de la ville et de ses unanimes qui se font et se défont, la rue, le théâtre, l'église…, de la révolte de l'individu contre ces forces unanimes, puis de son acceptation. *Un être en marche* (1910), *Odes et Prières* (1913) prolongent cette veine en soulignant la condition de l'homme dans le monde.

Jules Romains élabore dans ces recueils une prosodie originale, qui conserve l'ossature de la métrique traditionnelle, tout en dépassant les limites des douze syllabes de l'alexandrin, qui pratique les rimes intérieures et d'autres effets de sonorités (dont la rime canonique n'est plus qu'un cas particulier, non obligatoire). Il renonce à toute forme de langue poétique au profit d'un vocabulaire du concret et du quotidien et se défie de l'image dans la recherche de ce qu'il appellera en 1909 la « poésie immédiate ». Plus tard, en 1923, il publia avec Georges Chennevière un *Petit Traité de versification* où sont codifiées leurs idées communes, après un cours de deux ans à l'Ecole du Vieux-Colombier.

En 1916, alors que la guerre fait rage, Jules Romains écrit pour le *Chicago Daily News* (qui ne les publiera pas) trois articles intitulés « Pour que l'Europe soit » où le conflit est présenté comme une guerre civile qui devrait resserrer la communauté qu'elle déchire, comme le fit aux Etats-Unis la guerre de Sécession. Le poème *Europe* est l'écho poétique de cette idée (1916). Se retournant sur son œuvre à la fin de sa vie, Jules Romains nous dit qu'*Europe* répond à la conception de la poésie qu'il s'est faite depuis sa vingtième année : « l'expression la plus complète d'un état de la pensée humaine, avec l'accent mis délibérément sur ce qu'il peut se définir de conscience dans cette pensée ». Désormais, jusqu'à la seconde guerre mondiale, l'œuvre de Jules Romains va se dérouler selon quatre grands axes. Sa production poétique est moins abondante. En 1928, *Chants des dix années* reprend *Europe* et diverses plaquettes, comme *Ode génoise* qui en est la « suite naturelle » ou *Amour couleur de Paris* et *Les Quatre saisons*, poèmes « sans âge ». Plus important est *L'Homme blanc,* poème épico-lyrique (précédé d'une longue préface sur la situation de la poésie), méditation sur les destinées de la race blanche, depuis les temps préhistoriques jusqu'à celui qui représente son avenir :

> Instituteur, c'est toi, maître d'école,
> Que l'homme blanc charge de son dessein ;
> Et ton soldat, ton calme fantassin,
> C'est lui, ô république universelle !

Avec *Cromedeyre-le-Vieil*, représenté en 1920 au théâtre du Vieux-Colombier, Jules Romains commence une période de sa vie qui, pendant une douzaine d'années, sera surtout consacrée au théâtre. Plus que *L'Armée dans la ville*, cette pièce était

une tragédie moderne, mettant en scène l'affronte-
ment de deux groupes humains, mais cette fois dans
les hautes vallées des Cévennes, usant d'un dialogue
qui s'efforçait d'être naturel, dans une structure
poétique de laisses dont les vers avaient le même
mètre, fréquemment impair et allant jusqu'à quatorze syllabes. Cependant, Jules Romains abandonna
cette voie pour se tourner, sans renoncer à l'inspiration unanimiste, vers le comique et le dialogue en
prose : en 1923, *Monsieur Le Trouhadec saisi par la
débauche*, puis, neuf mois plus tard, *Knock ou le
triomphe de la médecine*, admirablement interprété
par Louis Jouvet. Ces deux pièces posaient le problème du chef — comment une collectivité se dirige-
t-elle ? — et, simultanément, celui de l'imposture. *Le
Dictateur*, *Donogoo* (d'abord écrit pour le cinéma),
abordent les mêmes thèmes. Après le succès de
Volpone écrit d'après Ben Jonson en collaboration
avec Stefan Zweig (1928), le relatif échec de *Boën ou
la possession des biens* (1930) et du *Roi masqué*
(1931) n'est pas la seule raison qui éloigne Jules
Romains de la création théâtrale. Une autre entreprise de grande envergure retient ses soins : en 1932
paraissent les quatre premiers volumes des *Hommes
de bonne volonté*.

Le roman en effet n'a pas été oublié. La suite de
Psyché (*Lucienne*, 1922 ; *Le Dieu des corps*, 1928 ;
Quand le navire, 1929), d'une écriture et d'une
composition classiques, commence comme un roman
psychologique sur la naissance de l'amour, se poursuit par une découverte de l'union charnelle pour
s'achever sur une interrogation sur les rapports de
l'âme et de la matière : deux êtres éloignés s'aiment
suffisamment pour se montrer capables de matériali-
ser la présence de l'autre. Mais, dès 1923, Jules
Romains travaille aux *Hommes de bonne volonté*,
dont il a établi le plan : vingt-sept volumes qui, du
6 octobre 1908 au 7 octobre 1933, couvrent vingt-
cinq ans de la vie française, et dont la publication se

poursuivit de 1932 à 1946. Cette œuvre aux vastes proportions est un accomplissement de l'idée unanimiste et de ses applications techniques. Sans jamais perdre de vue ce qu'il appelle « l'onde historique », le grand mouvement collectif, avec ses tourbillons, ses forces contradictoires, il met en scène des personnages représentatifs de tous les milieux, dans des actions qui parfois se croisent, mais ont leur développement autonome, présenté de façon discontinue. Chaque volume, chaque chapitre parfois, suit plusieurs intrigues, en abandonne certaines qui seront plus tard reprises. Les passages de l'individuel au collectif se font « tout spontanément », détails et vues d'ensemble s'accordent, les scènes fictives et la réalité historique s'entremêlent. De plus, en choisissant comme personnages principaux deux élèves de l'Ecole normale supérieure qui deviennent l'un journaliste international, l'autre professeur puis homme politique et ministre, Jules Romains dotait son roman de deux observateurs privilégiés à la fois par leur position et leur aptitude à analyser les événements. Une technique parfaitement maîtrisée, une intelligence traversée par des moments d'émotion discrète et d'humour, la variété des rythmes du récit et des points de vue comme celle des personnages, l'insertion des destins personnels dans celui d'une société et de l'imaginaire dans l'histoire font des *Hommes de bonne volonté* l'œuvre maîtresse de Jules Romains, celle où, pour reprendre un de ses titres, il a fait ce qu'il avait voulu *(Ai-je fait ce que j'ai voulu ?)*

Enfin, les préoccupations qui se faisaient jour dans « Pour que l'Europe soit » et *Europe* se manifestent avec force dès la fin de la guerre. Jules Romains se montre ardent partisan du rapprochement franco-allemand, base d'une Europe enfin unie. En 1923, il assiste pour la première fois au congrès international des Pen-Clubs et y sera désormais assidu ; il deviendra en 1936 président de cette association. Si jusqu'en 1930 l'accent est porté sur la nécessité de construire la paix, « l'idée d'un péril prochain » apparaît ensuite de façon de plus en plus pressante ; devant la menace des fascismes et surtout du nazisme, il faut, pense-t-il, défendre la liberté et la civilisation. *Problèmes européens* complète en 1933 les essais réunis deux ans auparavant dans *Problèmes d'aujourd'hui* ; aux articles de « Pour que l'Europe soit » s'ajoutent des études sur l'Europe centrale, que l'auteur voit, si l'on n'agit pas, près de basculer dans le nazisme ou le communisme, sur le marxisme, sur la situation de la France. Sans perdre de vue le problème franco-allemand (*Le Couple France-Allemagne*, 1934), il prend des positions fermes dans *Pour l'esprit et la liberté* (1937) ou *Cela dépend de vous* (1938), écrit après Munich, tout en s'intéressant au problème intérieur français dans le *Plan du 9 juillet* (1934), élaboré avec un groupe de jeunes venus d'horizons politiques différents.

En juin 1940, Jules Romains quitte la France pour les Etats-Unis, d'où il ne reviendra qu'en 1946. Il publie encore deux recueils de vers, *Pierres levées* (1948) et *Maisons* (1953). On peut leur appliquer ce qu'il dit du second dans *Ai-je fait ce que j'ai voulu ?* : « Depuis l'époque des *Odes* jusqu'à celle de *Maisons* j'ai chéri une certaine fonction du petit poème, qui est de fournir à l'arrière-fond de la vie intérieure, ou à la rêverie de l'homme qui se promène, un ronron comparable à celui qu'entretiennent de petites phrases musicales. » Mais son intérêt va plutôt au roman avec *Le Fils de Jerphanion* (1956), *Une femme singulière* (1957) ou *Mémoires de Mme Chauverel* (1959-1960). Et surtout au journalisme (il donne à partir de 1953 un article hebdomadaire à *L'Aurore*), aux essais, où il traite à nouveau de l'avenir de notre civilisation, de *Le Problème numéro 1* (1947) aux trois volumes de *Pour raison garder* (1960-1967), aux souvenirs (*Souvenirs et confidences d'un écrivain*, 1958 ; *Amitiés et rencontres*, 1970).

Si la notion de « classicisme moderne » lancée au

début du siècle a un sens, c'est dans l'œuvre multiple de Jules Romains qu'il faut la chercher et dans sa conception de la littérature :

> Pour moi, elle est double : d'une part, une certaine connaissance du monde, une découverte du réel jusque dans ses extrêmes profondeurs et par des moyens autres que ceux de la science ; d'autre part, la création de beaux objets. La littérature a tendance à chavirer d'un côté ou de l'autre, à sacrifier l'une de ces deux fonctions.

Il a, dans tout ce qu'il a fait, évité ce sacrifice sans chavirer.

Chapitre XVIII

ALFRED JARRY

O N réduit trop facilement l'œuvre de Jarry à *Ubu roi*. Il est vrai que la pièce, créée par Lugné-Poe le 9 décembre 1896 au théâtre de l'Œuvre, a une portée qui dépasse de loin le succès de scandale qu'elle eut alors. Nous savons qu'à l'origine du type d'Ubu est un professeur de physique du lycée de Rennes (que Jarry fréquenta de 1888 à 1891), Hébert, objet de plaisanteries qui se transmettaient dans une sorte de geste potachique. Deux frères, Henri et Charles Morin en avaient fait une revue, qu'ils jouèrent avec Jarry (notamment en marionnettes). Ce qui leur permit de réclamer la paternité du personnage (qu'entre-temps ils avaient introduit à l'Ecole polytechnique). Mais, s'il avait adopté le père Ubu, quelques-uns de ses mots et de ses hauts faits, Jarry avait transformé une caricature scolaire en être mythique, figure du bourgeois, comme on l'a parfois suggéré, mais bien plus encore de la sottise, de la lâcheté et de la méchanceté humaines. Il avait aussi fait d'une succession de saynettes où l'absurde et le parodique tenaient une grande place, un texte fondateur auquel on ne cessera de se référer.

Dans un article publié par le *Mercure de France* en septembre 1896, « De l'inutilité du théâtre au théâtre », il avait exposé ses idées : refus du décor, au profit de simples écriteaux indiquant les lieux, des éléments tels que fenêtres ou portes étant traités en accessoires apportés comme une table ou une chaise ; utilisation par les acteurs de masques à l'effigie du personnage représenté, et, conjointement, recours à la « voix du rôle » ; jeux de lumières permettant de varier l'expression des masques. Ces considérations se réfèrent à certaines orientations du théâtre symboliste concernant le décor ou le jeu de l'acteur ; mais elles les débordent aussi et annoncent divers développements de la dramaturgie au xxe siècle.

L'histoire est simple : un usurpateur règne en tyran jusqu'à ce que le prétendant légitime le chasse. C'est le sujet de Macbeth et de maint drame historique. Mais aucune dimension psychologique ici : les scènes se succèdent dans un enchaînement uniquement chronologique, animées par des personnages tout d'une pièce. Ce drame est, pour reprendre une formule de Sartre, un « anti-drame », où toutes les formes extérieures sont respectées, mais vidées de leur contenu par une savante subversion. Cette subversion, elle se manifeste aussi par le traitement burlesque de situations tragiques.

Et surtout par le langage. Dès le premier mot, le tonitruant « Merdre » d'Ubu, le ton est donné. Jarry invente des mots, en déforme d'autres, joue des lieux communs, des parodies irrévérencieuses, il tire des effets comiques de termes pris dans leur sens littéral, utilise tous les registres, du noble et du compassé au vulgaire, à l'argotique, au scatologique. Liberté et dérision s'unissent dans une création ludique où la destruction est génératrice d'ordre, selon le mot d'Ubu placé en épigraphe d'*Ubu enchaîné* :

Cornegidouille ! Nous n'aurons point tout démoli si nous ne démolissons même les ruines ! Or, je n'y vois d'autre moyen que d'en équilibrer de beaux édifices bien ordonnés.

Avant 1896, Ubu est déjà présent dans de nombreux textes de Jarry. Il le reste après cette date, notamment dans *Ubu enchaîné* (1900), qui est, selon l'auteur, la « contrepartie » d'*Ubu roi* : Ubu ne veut plus le pouvoir, mais l'esclavage ; la liberté est aussi vaine que la tyrannie.

La continuité de cette présence, l'identification à Ubu que Jarry opérera jusqu'à sa mort le 1er novembre 1907 (il venait d'avoir trente-quatre ans) ne doivent cependant pas nous cacher le reste de l'œuvre.

Dès 1893 et 1894, ami de Léon-Paul Fargue, il fréquente le milieu du *Mercure de France* et le salon de Mallarmé, il se lie avec Remy de Gourmont. En 1894, il publie divers textes dans des revues, notamment « Haldernablou », lance avec Gourmont la revue d'art *L'Ymagier,* fait paraître son premier livre, *Les Minutes de sable mémorial.* Le « Linteau » qui lui sert d'ouverture est une sorte d'art poétique :

> Suggérer au lieu de dire, faire dans la route des phrases un carrefour de tous les mots. Comme des productions de la nature, auxquelles faussement on a comparé l'œuvre seule de génie (toute œuvre écrite y étant semblable), la dissection indéfinie exhume toujours des œuvres quelque chose de nouveau.

Ce qui est à la fois de pure doctrine symboliste, sinon mallarméenne, et fondement de l'écriture jarryque comme système polyvalent de signes. Ainsi, on peut dire que Jarry procède du symbolisme tout en l'annihilant par un constant dépassement. Comme le dit François Caradec, « le livre a fait l'objet d'un singulier caviardage de vers et de prose, de textes en gros ou en petits caractères, d'œuvres personnelles ou écrites en collaboration, de charges de collégiens ou de poésie symboliste, de raffinements et de trivialités ». Il se présente en effet sous une forme déconcertante pour le lecteur, avec ses poèmes en vers ou en prose et ses scènes de théâtre, ses alternances de poésie et de burlesque. La dernière partie est une amorce de *César-Antechrist*, pièce emblématique qui paraît l'année suivante. « Les formes, seules réelles idées, y dit César-Antechrist, meurent, naissent ou changent, et tout cela est la même chose. » Avec ces deux textes, eux-mêmes générateurs d'*Ubu roi*, toute l'œuvre de Jarry est « fixée », selon le mot de Caradec. Dans les dix ans qui suivent, Jarry publie des romans : *Les Jours et les Nuits*, *L'Amour absolu*, de caractère autobiographique, *Messaline*, *Le Surmâle*. Il travaille, sans pouvoir l'achever, à un autre roman, *La Dragonne*. Il donne aussi de nombreux articles à *La Revue blanche*, *La Renaissance latine*, *La Plume*, *Le Canard sauvage*. Il avait pensé en faire un livre, *La Chandelle verte*, qui ne fut réalisé qu'en 1969 par Maurice Saillet.

Ces articles peuvent apparaître comme l'illustration et l'application de la pataphysique, cette science d'abord attribuée à Ubu (« La pataphysique est une science que nous avons inventée, et dont le besoin se faisait généralement sentir », affirme-t-il dans le « Guignol » des *Minutes*) et qui, après la configuration prise par le personnage dans *Ubu roi* et *Ubu enchaîné*, revint au docteur Faustroll. Dans le *Mercure de France* de mai 1898 paraît « Gestes et opinions du docteur Faustroll, pataphysicien. De Paris à Paris par mer », noyau de l'œuvre à laquelle il travaille alors, mais qui ne sera publiée qu'en 1911, quatre ans après sa mort. Il faut dire que le livre est surprenant, avec ses alternances de citations d'exploits d'huissiers et de récits, puis de chapitres d'allure théorique, pour en venir à cette navigation de Paris à Paris par mer où les îles visitées sont des paysages littéraires, picturaux ou musicaux où se reconnaissent des écrivains et artistes contemporains, puis à des calculs sur « la surface de Dieu ». C'est au livre II que Jarry définit le domaine de la pataphysi-

que, science qui se surajoute à la métaphysique,
comme celle-ci se surajoute à la physique :

> DEFINITION. La pataphysique est la science
> des solutions imaginaires, qui accorde symboli-
> quement aux linéaments les propriétés des
> objets décrits par leur virtualité.

A la différence de la science qui ne traite que du
général pour aboutir à des lois, la pataphysique
s'intéresse au particulier, aux exceptions, elle affirme
l'identité des contraires. Elle développe non une
logique, mais une infinité de logiques : à la loi de la
chute des corps on pourrait préférer celle de l'ascension vers une périphérie, à la notion du temps qui
s'écoule joindre celle du temps qu'on remonte, et
ainsi de suite. On voit, sur le plan littéraire et
spécialement poétique, l'importance d'une telle attitude. Son exemple a aidé les poètes de la génération
d'Apollinaire et d'André Salmon à libérer l'image de
sa pure fonction de comparaison et à ne reconnaître
au poème que sa propre logique. Breton constate que
« la littérature, à partir de Jarry, se déplace dange-
reusement en terrain miné ». Artaud, Queneau —
pour des raisons différentes d'ailleurs — se réfèrent à
lui. Les tenants d'une littérature de l'absurde se
réclament de lui, autant que ceux qui, à l'OU.LI.PO.,
comme Georges Perec, s'intéressent aux mécanismes
du langage comme producteurs de sens.

Chapitre XIX

GUILLAUME APOLLINAIRE

Né en 1880 à Rome, d'une mère originaire de la partie de la Pologne alors sous la domination russe et d'un père inconnu, sans doute un membre de la grande famille italienne des Flugi d'Aspermont, Wilhelm-Albert-Wladimir-Alexander-Apollinaire de Kostrowitzky (qui adopta vers 1900 le pseudonyme de Guillaume Apollinaire, formé du premier et du dernier de ses prénoms) vécut à Monaco de 1887 à la fin de 1898. Il arriva à Paris en 1899 et, jusqu'à la guerre en 1914, outre de brefs voyages en Belgique, en Hollande et dans le Jura, il ne quittera la capitale qu'en deux occasions : pendant l'été de 1899, pour un séjour de trois mois à Stavelot dans les Ardennes belges, et durant une année, de la fin août 1901 à la fin août 1902, qu'il passe sur la rive droite du Rhin, près de Bonn, avec, de la fin de février à mai, un grand circuit qui le conduit notamment à Berlin, Prague, Munich et Vienne. Deux moments essentiels pour l'élaboration de l'œuvre : c'est alors, autant que dans sa jeunesse méditerranéenne, que s'organise son univers imaginaire et sentimental. Plusieurs contes de *L'Hérésiarque et Cie* et du *Poète assassiné* ont leur source dans les Ardennes, le pays rhénan et en Europe centrale ; la moitié des poèmes d'*Alcools* se rattache à l'expé-

rience allemande. Ses premières années parisiennes
ne sont pas moins importantes, avec les innombrables lectures auxquelles il s'adonne, particulièrement
sur le Moyen Age à la Bibliothèque Mazarine.

S'il a déjà auparavant collaboré à diverses revues
(entre autres à *La Revue blanche*), ses véritables
débuts littéraires datent de l'automne 1902. Il est
bientôt l'ami de Jarry, de Max Jacob, rencontre
Picasso en 1905, fréquente les ateliers du Bateau
lavoir. Journaliste, il se spécialise dans la critique
d'art et sera, surtout à partir de 1910, le défenseur de
la peinture nouvelle, en même temps qu'il se fait
auprès de ses confrères une réputation d'érudit.
D'autre part, il n'est pas un auteur méconnu :
L'Hérésiarque et Cie obtient des voix au prix Goncourt de 1910 et *Alcools* est reconnu comme un des
principaux livres de poèmes parus en 1913.

Au début de la guerre, il s'engage dans l'armée
française, fait ses classes d'artilleur à Nîmes, part
pour le front en avril 1915. En novembre, il est muté
sur sa demande dans l'infanterie comme sous-lieute-
nant. Il est blessé d'un éclat d'obus à la tempe le
17 mars 1916. Après une trépanation et une longue
convalescence, Apollinaire, tout en continuant à
dépendre de l'autorité militaire, fait sa rentrée dans
les milieux littéraires et artistiques à la fin de 1916 où
il apparaît comme le chef de file de l'avant-garde. Il
meurt le 9 novembre 1918, emporté en quelques
jours par la grippe espagnole.

Son premier livre, *L'Enchanteur pourrissant*, suscita peu d'échos : il avait paru dans un tirage de luxe,
à cent exemplaires. On le considère aujourd'hui,
surtout après l'édition critique qu'en a donnée Jean
Burgos en 1972, comme une véritable matrice de
l'œuvre entière. Les thèmes obsédants du poète s'y
manifestent : l'ambiguïté du vrai et du faux, l'aboli-
tion du temps dans une expérience de l'éternel,
l'impossibilité de l'amour, et même de toute compréhension, entre l'homme et la femme, la victoire du

poète qui, par sa création, maîtrise le temps et
l'amour. Son goût pour les êtres insolites, alimenté
par la diversité de ses lectures. Ses techniques de
travail et d'écriture : collage (le premier chapitre est
une transcription d'un *Lancelot* en prose du XVIᵉ siècle), simultanéité, variété des tons, recherche d'une
voie moyenne entre la prose du récit et de la
description, le dialogue de théâtre et la poésie,
recours aux arts plastiques (avec les illustrations de
Derain). André Breton voyait dans cette œuvre dont
le premier noyau date vraisemblablement de 1899
« l'un des plus admirables livres d'Apollinaire ».

Le *Bestiaire ou cortège d'Orphée*, illustré par
Raoul Dufy , est également un livre à très petit tirage
(120 exemplaires), paru en 1911. Ces petits poèmes
(quatrains pour la plupart, avec quelques quintils et
deux pièces de six vers) n'ont pas seulement la valeur
emblématique des bestiaires médiévaux dont on a
voulu les rapprocher. Ils sont aussi, dans leur enjouement teinté de mélancolie, un portrait de l'auteur en
images animales, avec ses rêves, ses déceptions, sa
lucidité à l'égard de lui-même, sa fierté de poète.

Alcools est en 1913 son premier grand recueil de
poèmes : publication tardive, si l'on pense que son
cadet d'un an, André Salmon, en est alors à son
troisième volume. Les dates portées en sous-titre,
« 1898-1912 », éclairent la composition d'*Alcools*.
Apollinaire nous donne une sorte de journal lyrique.
Mais, s'il a pu dire que chacun des poèmes commé-
morait un événement de sa vie, on se gardera de
chercher dans cet ensemble un déroulement chronologique et, sauf dans quelques cas, une référence
explicite à des faits précis. Le temps est bouleversé,
fragmenté, le souvenir sert d'amorce, ou d'ancrage,
aux poèmes, plus qu'il en est le sujet. L'ouverture
que constitue « Zone » allie au thème de la modernité la réminiscence du passé et l'interrogation sur
soi ; c'est aussi un art poétique, usant des raccourcis
et des télescopages d'images, d'un vocabulaire

concret, de fortes structures métriques construites sur la base de l'alexandrin canonique. Le dernier poème, « Vendémiaire », relate l'ivresse cosmique du poète qui a « bu tout l'univers », mais revient dans les derniers vers à la réalité quotidienne. Entre ces limites, l'univers d'*Alcools* est un univers de fuite, d'éloignement, de disparition : c'est l'eau qui coule, les bruits qui meurent, l'amour qui se défait, les êtres qui passent, le temps qui nous sépare de nous-mêmes... Les mythes obsédants du « Larron », de « L'Ermite », de « Merlin et la vieille femme », ses poèmes les plus anciens, les paysages rhénans vus ou rêvés, le visage d'Annie qui est à l'origine de « La Chanson du mal-aimé », celui de Marie dans « Le Pont Mirabeau », « Marie » ou « Cors de chasse », les grands élans des poèmes du feu, « Le Brasier » et « Les Fiançailles », la gravité, la tendresse, l'ironie, le jeu verbal composent le visage multiple de sa poésie. N'écrivait-il pas à Henri Martineau, à propos d'*Alcools* :

> Je suis comme ces marins qui, dans les ports, passent leur temps au bord de la mer, qui amène tant de choses imprévues, où les spectacles sont toujours neufs et ne lassent point.

Tout est matière à poésie et toute forme est bonne. S'il a une prédilection pour le quintil de vers octosyllabiques, il pratique aussi d'autres cadences régulières, utilisant à son gré la rime, l'assonance, les simples échos de sonorités ; il use aussi bien de toutes les formes de vers libre, jouant souvent avec subtilité d'un découpage qui se superpose à un mouvement prosaïque. *Alcools* contenait, en particulier dans « Zone », l'amorce d'une poésie nouvelle. Les années 1913 et 1914 verront Apollinaire poursuivre ses innovations. Dans ses « poèmes-conversations » (« Lundi rue Christine ») il prétend capter dans la vie ambiante une poésie brute faite des fragments de conversations entendus (en réalité, le poète reste parfaitement lucide et maître de son poème). Dans les « poèmes simultanés » (« Le Musicien de Saint-Merry »), il adapte sans peine, car elles correspondent à une disposition profonde de son esprit, à la composition du poème, les techniques de peintres comme Delaunay. D'une façon générale, il tend à une poésie de la discontinuité, où les images se succèdent sans le support d'une organisation rhétorique, comme dans « Les Fenêtres ». Surtout, il élabore au milieu de 1914 l'idéogramme lyrique, qu'il appellera bientôt calligramme, où, par la disposition des mots et des lettres, il présente le poème comme une composition graphique. Simultanément, dans sa revue *Les Soirées de Paris*, fondée au début de 1912, il développe ses idées sur la peinture.

Ces poèmes de 1913-1914 formeront la première partie, « Ondes », de *Calligrammes*, qui ne parut qu'en 1918. Dans les parties successives de ce recueil, Apollinaire dit sa vie de soldat et son expérience de la guerre, non pour en exalter la beauté sans considérer ses horreurs, comme on l'a parfois prétendu, mais parce que c'est là un moment de son existence riche d'émotions et de sensations neuves. Le thème de la guerre vécue — et de la victoire espérée — s'associe à celui de l'amour et à celui de l'avenir. Du calligramme au vers régulier, toutes les formes sont mises à contribution ; la troisième partie, « Case d'armons », d'abord polygraphiée à vingt-cinq exemplaires en juin 1915 « devant l'ennemi », est spécialement remarquable par l'invention et la variété des structures. Les derniers poèmes du livre résument sa diversité et ses ambiguïtés, avec les trois strophes de quatre alexandrins de « Tristesse d'une étoile », d'un lyrisme un peu grandiloquent, l'art poétique audacieux, mais chargé de contradictions, de « La Victoire » et la confidence poignante d'humilité et de confiance de « La Jolie rousse ». Les *Poèmes à Lou*, extraits des lettres adressées par Apollinaire à Louise de Coligny-Châtillon pendant la guerre, sont fréquemment un écho à *Calligrammes* où le thème amoureux et érotique prend la première place.

L'œuvre en prose d'Apollinaire ne doit pas être cachée par sa poésie. Lui-même, parlant de *L'Hérésiarque et Cie* à Madeleine Pagès dans une lettre du 25 août 1915, écrit : « Je l'aime beaucoup et ai la faiblesse de me croire un grand talent de conteur » ; il est vrai qu'il ajoute : « Je me crois aussi un grand talent de poète ». Ce recueil, qui eut des voix au Prix Goncourt en 1910, est composé d'histoires étranges, insolites, paradoxales, où l'imaginaire se mêle au réel, le légendaire au quotidien, dans un constant affleurement de ses thèmes obsédants. Ainsi en est-il du premier, « Le Passant de Prague », qui commence sur des notes de voyage précises et se développe par une promenade avec le Juif errant, personnage qui ne connaît pas la mort ; du dernier, « Le Toucher à distance », dont le héros réussit à apparaître simultanément dans huit cent quarante villes ; de ceux où se joue l'ambiguïté du vrai et du faux.

Avec *Le Poète assassiné*, achevé en 1914 mais publié à la fin de 1916 seulement, Apollinaire réussit l'œuvre autobiographique qui le hante depuis sa vingtième année. Son héros, Croniamantal, lui ressemble par plus d'un trait, mais il est aussi une image archétypale du Poète, qui se réfère à la fois à Homère et à Orphée. L'action se passe de 1888 à 1913, mais seules quelques dates nous donnent des repères, et d'autre part dans plusieurs épisodes le temps semble aboli. Le langage, où les leçons de Rabelais et celles de Jarry n'ont pas été oubliées, use de tous les jeux verbaux, de toutes les méprises, de tous les embrayages sonores, apportant ainsi sa contribution à l'homogénéité chargée d'ambiguïtés de l'œuvre. Les contes qui suivent ce premier texte, le dernier, ajouté en 1915, tout en étant indépendants les uns des autres, composent à l'histoire de Croniamantal un accompagnement géographique et sentimental qui ne cesse de nous ramener à la vie d'Apollinaire. *La Femme assise*, roman achevé par Apollinaire, mais publié en 1920 seulement, est le curieux mélange d'une chronique de la vie à Montparnasse pendant la guerre et d'une intrigue qui se passe chez les Mormons à Great Salt Lake City au milieu du XIXe siècle artificiellement rapprochées.

Attiré vers le théâtre dès ses débuts littéraires, il ne verra qu'en 1917 une pièce, *Les Mamelles de Tirésias*, représentée quelques semaines après *Parade*. Il emploie à son propos l'adjectif « surréaliste » qu'il avait déjà utilisé pour le ballet de Cocteau. Faut-il rappeler qu'il n'entend pas ce mot au sens que lui donneront plus tard Breton et ses amis, mais que pour lui le surréalisme n'est pas autre chose que la création poétique, qui ajoute au réel une réalité nouvelle qui n'en est pas l'imitation, une sur-réalité ? Il prétend, dans *Les Mamelles de Tirésias* faire, à la manière d'Aristophane, servir le rire à une leçon morale (en l'occurrence l'invitation lancée aux Français de faire de nombreux enfants). Il souhaite aussi dans le Prologue un théâtre total, où la peinture, la musique, la poésie aient leur place, d'où soit écartée toute référence à la vraisemblance, une pièce qui soit « un univers total » dont l'auteur est « le dieu créateur ». Une seconde œuvre dramatique, *Couleur du temps*, ne fut représentée que quelques semaines après sa mort. La conception en était radicalement différente et surprit ceux qui avaient applaudi aux *Mamelles de Tirésias*. Plus de farce, cette fois, mais un parti pris de gravité, des personnages symboliques, une forme poétique où dominent les vers de six, neuf et douze syllabes, une conclusion pessimiste pour des hommes qui, ayant mis leurs forces à chercher la paix, finissent par s'entre-tuer. Quant à la pantomime *L'Homme sans yeux sans nez et sans oreilles* qu'il avait écrite en 1914 et dont Savinio avait fait la musique, elle n'a pas encore connu la scène, pas plus que *Casanova*, « comédie parodique » de 1918 mise en musique par Defosse.

Tôt également, il avait manifesté de l'intérêt pour le cinéma. La partie qui lui revient dans le scénario de *La Bréhatine* écrit en collaboration avec André Billy (1917) révèle un sens aigu du langage cinématographique.

Son œuvre de journaliste et de chroniqueur est immense et couvre tous les genres, de la politique à la critique littéraire ou à la « variété » en passant par la revue de presse, de l'écho de quelques lignes à l'essai de plusieurs pages. Il a introduit certains de ses articles dans *Le Poète assassiné*, d'autres dans *La Femme assise*, a composé *Le Flâneur des deux rives* (posthume, 1919) de quelques-unes des chroniques qu'il donna à partir de 1911 au *Mercure de France* sous le titre « La Vie anecdotique » (les autres ont été recueillies après sa mort dans *Anecdotiques*). Une part importante de cette activité est consacrée à la critique d'art. De 1910 à 1914, à *L'Intransigeant* et, pour quelques mois, à *Paris-Journal*, il tient une rubrique régulière ; mais avant, dès 1902, puis pendant la guerre, nombreux furent ses articles et ses préfaces de catalogues d'expositions. Avec plus de perspicacité qu'on ne lui en attribue généralement, il a reconnu les valeurs, établies ou naissantes, dans la peinture de son temps, ne défendant pas seulement les cubistes, mais tout ce qui lui semblait animé d'un esprit créateur. Son livre *Méditations esthétiques — Les Peintres cubistes* (1913), composé pour la plus grande part d'un montage d'articles, ne constitue pas une théorie du cubisme, mais contient de nombreuses intuitions sur l'évolution artistique depuis le fauvisme et l'élaboration d'une « peinture pure ». Pas plus en poésie qu'en peinture, d'ailleurs, Apollinaire n'aura été un théoricien et un homme d'école. Son *Antitradition futuriste*, publié en 1913 dans la série des manifestes futuristes, n'est pas le signe de son adhésion au mouvement de Marinetti ; c'est une manière de poème où sa faculté d'accueil et d'enthousiasme est tempérée par une discrète et prudente ironie. Sa conférence de 1917 publiée sous le titre *L'Esprit nouveau et les poètes* n'est pas plus une prise de position en faveur de l'avant-garde (et en cela elle décevra certains de ses jeunes admirateurs) ; elle est un éloge de l'imagination créatrice qui ne connaît pas de limites et de l'invention poétique. Toutes les écoles sont bonnes à ses yeux si elles sont fécondes, néfastes quand elles engendrent l'académisme. Les « changements de front » qu'on lui a parfois reprochés ne sont pas autre chose que les sollicitations qu'elles ont pu exercer successivement (et parfois simultanément) sur lui. Il est l'homme des amalgames, parce qu'il est sensible à la diversité de la vie. Il sait unir le rare et le banal, l'exquis et le vulgaire, la sentimentalité et l'obscénité, la tradition et l'invention, jouer des dissonances, des discontinuités, sans pour autant briser le discours poétique. Son œuvre est, à son image, « variée comme un enchanteur qui sait varier ses métamorphoses ». La fortune qu'elle connaît dans tout le cours de notre siècle procède de cette diversité et de cette disponibilité, qui en ont fait comme un carrefour de l'époque, où chacun peut, à un degré plus ou moins élevé, se reconnaître.

CHRONOLOGIE

Les faits sont groupés selon les séries suivantes :
H   Evénements historiques.
C   Civilisation, culture, idées.
F   Littérature française.
E   Littératures étrangères, traductions en français (Tr.).
A   Autres arts.
B   Repères biographiques (M : mort ; N. : naissance).

1869
H   Poussée républicaine aux élections de mai-juin.
C   Inauguration du canal de Suez. Création des grands magasins de la Samaritaine.
F   Flaubert, *L'Education sentimentale*. Lautréamont, *Les Chants de Maldoror*. Verlaine, *Fêtes galantes*. Jules Verne, *20 000 lieues sous les mers*. Coppée, *Le Passant* (créé par Sarah Bernhardt).
C   Création de *L'Or du Rhin* de Wagner à Munich.
B   M. Sainte-Beuve, Lamartine. N. Matisse, Gide.

1870
H   Mai, plébiscite sur la libéralisation du régime impérial (7 350 000 oui, 1 538 000 non). Juillet, déclaration de guerre à la Prusse. 4 septembre, proclamation de la République. 19 septembre, début du siège de Paris.
F   Lautréamont, *Poésies I, II*. Villiers de l'Isle-Adam, *La Révolte*.
B   Hugo rentre d'exil le 5 septembre. M. Dumas père, Mérimée, Jules de Goncourt, Lautréamont.

1871

H 28 janvier, armistice. Février, l'Assemblée nationale à Bordeaux, Thiers chef du gouvernement, cession de l'Alsace-Lorraine. 16 mars-27 mai, la Commune.

F Renan, *La Réforme intellectuelle et morale*. Deuxième *Parnasse contemporain*.

E Dostoïevski, *Les Possédés*.

B Rimbaud écrit les « lettres du Voyant ».

1872

F Daudet, *L'Arlésienne* (musique de Bizet). Banville, *Petit traité de poésie française*. Coppée, *Les Humbles*. Déroulède, *Les Chants du soldat*. Hugo, *L'Année terrible*. Zola, *La Curée*.

E Nietzsche, *La Naissance de la tragédie*.

B M. Gautier. N. Léon Blum, Henry Bataille, Paul Fort, Léautaud.

1873

H Démission de Thiers, Mac-Mahon président. Evacuation du territoire par l'armée allemande.

F Barbey d'Aurevilly, *Les Diaboliques*. Corbière, *Les Amours jaunes*. Charles Cros, *Le Coffret de santal*. Daudet, *Contes du lundi*. Rimbaud, *Une saison en enfer*. Taine, *Les Origines de la France contemporaine* (→ 1893).

A Fondation des concerts Colonne.

B N. Barbusse, Colette, Jarry.

1874

H Protectorat sur l'Annam. Censure sur la presse.

C Boutroux, *De la contingence des lois de la nature*. Th. Ribot, *La Philosophie de Schopenhauer*.

F Gobineau, *Les Pléiades*. Verlaine, *Romances sans paroles*. Zola, *La Conquête de Plassans*.

A Première exposition impressionniste.

B M. Michelet. N. Charles-Louis Philippe, Thibaudet.

1875

H L'amendement Wallon fonde juridiquement la République. Savorgnan de Brazza au Congo (→ 1882).

C Automobile à vapeur de Bollée. Inauguration de l'Opéra, construit par Garnier, projecteurs électriques.

F   Schuré, *Le Drame musical.* Sully Prudhomme, *Les Vaines Tendresses.* Zola, *La Faute de l'abbé Mouret.*
A   Bizet, *Carmen.*
B   M. Corbière, Corot, Quinet.

1876
H   Victoire républicaine aux élections législatives.
C   Fondation du *Petit Parisien.* Téléphone Bell.
F   Mallarmé, *L'Après-midi d'un faune.* Richepin, *La Chanson des gueux.* Jules Verne, *Michel Strogoff.* Troisième *Parnasse contemporain.*
E   Inauguration du théâtre de Bayreuth.
B   M. Fromentin, George Sand. N. Pierre Albert-Birot, Henry Bernstein, Max Jacob, Marinetti, Anna de Noailles, Saint-Georges de Bouhélier.

1877
H   Dissolution de la Chambre des députés par Mac-Mahon, nouveau succès républicain aux élections.
C   Invention simultanée du phonographe par Edison et Charles Cros.
F   E. de Goncourt, *La Fille Elisa.* Flaubert, *Trois contes.* Hugo, *L'Art d'être grand-père, Histoire d'un crime, La Légende des siècles,* II.
A   *La Damnation de Faust* de Berlioz aux Concerts Colonne. Troisième exposition impressionniste.
B   N. Maurice Magre, Milosz, Raymond Roussel.

1878
C   Exposition universelle à Paris : le Trocadéro.
F   Goudeau fonde les Hydropathes. Sully Prudhomme, *La Justice.* Taine élu à l'Académie.
E   Nietzsche, *Humain, trop humain.* Tr. Tolstoï, *Katia.*
A   Première Sonate pour violon et piano de Fauré.
B   Zola s'installe à Médan. Jaurès est reçu premier, Bergson deuxième au concours d'entrée à l'Ecole normale supérieure. N. Léon-Paul Fargue, Segalen.

1879
H   Démission de Mac-Mahon, Jules Grévy élu président de la République. La Marseillaise chant national.
C   La lampe à incandescence dans les théâtres.
F   E. de Goncourt, *Les Frères Zemgano.* Daudet, *Les*

Rois en exil. Huysmans, *Les Sœurs Vatard*. Loti, *Aziyadé*. Vallès, *L'Enfant*. Zola, *Nana*.
B   N. Jacques Copeau.

1880
H   Jules Ferry président du Conseil. Amnistie pour la Commune. Le 14 juillet fête nationale.
F   *Les Soirées de Médan*. Zola, *Le Roman expérimental*.
E   Ruskin, *La Bible d'Amiens*.
A.   Rodin, *Le Penseur*.
B   M. Flaubert, Offenbach. N. Apollinaire.

1881
H   Lois sur la liberté de la presse, la liberté de réunion, la gratuité de l'enseignement primaire.
C   Tramways électriques dans la région de Berlin.
F   Flaubert, *Bouvard et Pécuchet*. Georges Ohnet, *Serge Panine*. Pailleron, *Le Monde où l'on s'ennuie*. Verlaine, *Sagesse*. Zola, *Les Romanciers naturalistes, Le Naturalisme au théâtre*.
A   Massenet, *Hérodiade*.
B   M. Amiel, Littré, Dostoïevski. N. Picasso, Arcos, J.-M. Bernard, Luc Durtain, Valery Larbaud, Salmon.

1882
H   Loi sur l'enseignement primaire laïque et obligatoire. Fondation de la Ligue des Patriotes.
C   Création des Grands Magasins du Printemps.
F   Becque, *Les Corbeaux*. Huysmans, *A vau l'eau*. Georges Ohnet, *Le Maître de forges*.
E   Nietzsche, *Le Gai savoir*. Ibsen, *Un ennemi du peuple*. *Parsifal* à Bayreuth.
B   M. Gambetta, Gobineau, Darwin, Emerson. N. Giraudoux, Mac Orlan, Louis Pergaud, Vildrac.

1883
H   Expédition au Tonkin.
C   Chardonnet invente la soie artificielle. Photographie en couleurs sur papier. Th. Ribot, *Les Maladies de la volonté*.
F   Bourget, *Essais de psychologie contemporaine*. Brunetière, *Le Roman naturaliste*. Hugo, *La Légende des siècles,* III. Maupassant, *Une vie*. Rollinat, *Les*

Névroses. Verlaine, « Les Poètes maudits » dans *Lutèce.* Verhaeren, *Les Flamandes.* Villiers de l'Isle-Adam, *Contes cruels.* Zola, *Au bonheur des dames.*
E Nietzsche, *Ainsi parlait Zarathoustra.*
B M. Manet, Tourguéniev.

1884
H Lois sur l'organisation municipale, les libertés syndicales, le divorce.
C Première voiture à vapeur De Dion-Bouton. Etats-Unis : la linotype, le chemin de fer électrique.
F E. Bourges, *Le Crépuscule des Dieux.* Daudet, *Sapho.* Huysmans, *A rebours.* Moréas, *Les Syrtes.* Verlaine, *Jadis et Naguère.* Zola, *La Joie de vivre.*
E Tr. Dostoïevski, *Humiliés et Offensés, Crime et Châtiment.*
A Fin des Concerts Pasdeloup. Premier acte de *Tristan et Isolde* aux Concerts Lamoureux. Exposition Manet. Premier Salon des Indépendants.
B N. Duhamel, Supervielle.

1885
H Chute de Jules Ferry sur l'affaire de Langson. Grévy réélu président de la République.
C Chronophotographies de Marey. Vélocipède de Peugeot. Vaccin antirabique de Pasteur.
F Becque, *La Parisienne.* Laforgue, *Les Complaintes.* Mallarmé, « Prose pour des Esseintes ». Maupassant, *Bel Ami.* Zola, *Germinal. Revue wagnérienne.*
E Tr. Tolstoï, *Guerre et Paix, Anna Karénine.*
B M. Hugo, Vallès. N. Sacha Guitry, Jules Romains, Mauriac, Carco, Jean Pellerin.

1886
H Boulanger ministre de la Guerre.
C Drumont, *La France juive.* Inauguration de la statue de la Liberté de Bartholdi à New York
F Léon Bloy, *Le Désespéré.* Courteline, *Les Gaietés de l'escadron.* René Ghil, *Traité du Verbe.* Loti, *Pêcheur d'Islande.* Moréas, « Manifeste du Symbolisme », *Cantilènes.* Rimbaud, *Illuminations, Une saison en enfer.* Villiers de l'Isle-Adam, *L'Eve future.* Vogué, *Le Roman russe.*

E   Nietzsche, *Par-delà le bien et le mal*. Tr. Dostoïevski, *Souvenirs de la maison des morts, Les Possédés*.

A   Félix Fénéon, *Les Impressionnistes*. Dernière exposition impressionniste. Gauguin à Pont-Aven, Van Gogh à Paris.

B   N. Alain-Fournier, Jacques Rivière.

1887

H   Manifestations boulangistes. Scandale des décorations. Démission de Grévy, remplacé par Sadi-Carnot.

F   Laforgue, *L'Imitation de Notre-Dame la Lune*. Loti, *Madame Chrysanthème*. Gustave Kahn, *Les Palais nomades*. Verhaeren, *Les Soirs*. Villiers de l'Isle-Adam, *Tribulat Bonhomet*. Zola, *La Terre*. Manifeste des Cinq. Théâtre libre d'Antoine.

E   Tolstoï, *La Puissance des ténèbres*. Tr. Tolstoï, *La Puissance des ténèbres*. Dostoïevski, *L'Idiot*.

A   Satie, *Gymnopédies*. Fauré, *Requiem*.

B   M. Laforgue. N. Cendrars, Saint-John Perse, Jouve.

1888

H   Boulanger, mis en non-activité, élu député du Nord.

C   Fondation de l'Institut Pasteur. Pneumatiques Dunlop. Moteur à essence Forest.

F   Barrès, *Sous l'œil des Barbares*. Edouard Dujardin, *Les lauriers sont coupés*. Maupassant, *Pierre et Jean*. Verlaine, *Amour, Parallèlement*. Zola, *Le Rêve*.

E   Tchékov, *L'Ours, La Demande en mariage*. Strindberg, *Mademoiselle Julie*. Tr. Dostoïevski, *Les Frères Karamazov*.

A   Van Gogh à Arles. Debussy, *Ariettes*.

B   M. Charles Cros. N. Bernanos, Paul Morand.

1889

H   Election de Boulanger à Paris, mais échec du boulangisme. Fondation de la Deuxième Internationale.

C   Exposition universelle à Paris : la tour Eiffel. Appareil photographique Kodak. Bergson, *Essai sur les données immédiates de la conscience*.

F   Barrès, *Un homme libre*. Bourget, *Le Disciple*. Lucien Descaves, *Sous-Offs*. France, *Thaïs*. Maeterlinck, *Serres chaudes*. Charles Morice, *La littérature de tout à l'heure*. Schuré, *Les Grands Initiés*. Vanor, *L'Art*

symboliste. Fondation de *La Plume, La Revue blanche.*
E   Nietzsche, *Le Crépuscule des idoles.* Tr. Ibsen, *Les Revenants, Maison de poupée.*
A   Exposition de Gauguin et des peintres de Pont-Aven. Exposition Manet. Rimski-Korsakov dirige des œuvres de Glinka, Borodine, Moussorgsky.
B   M. Barbey d'Aurevilly, Villiers de l'Isle-Adam. N. Cocteau, Reverdy, Tristan Derème.

1890
H   Ralliement des catholiques à la République. Développement du mouvement socialiste. Le 1er mai fête révolutionnaire internationale.
C   Premiers vols d'Ader en France.
F   Claudel, *Tête d'or.* Darien, *Biribi.* Renan, *L'Avenir de la science.* Villiers de l'Isle-Adam, *Axël.* Zola, *La Bête humaine.* Théâtre d'Art de Paul Fort. Fondation du *Mercure de France.*
E   Tr. Tolstoï, *La Sonate à Kreutzer.*
A   Debussy, Cinq poèmes de Baudelaire. Odilon Redon illustre *Les Fleurs du Mal,* Maurice Denis *Sagesse.*
B   M. Van Gogh, César Franck.

1891
H   Accord diplomatique avec la Russie. Encyclique *Rerum novarum.* Grève et fusillade le 1er mai à Fourmies.
C   Automobile à essence Panhard et Levassor.
F   Barrès, *Le Jardin de Bérénice.* Gide, *Les Cahiers d'André Walter.* Valéry, « Narcisse parle ». Zola, *L'Argent.* Banquet Moréas en l'honneur du *Pèlerin passionné.* L'Ecole romane. Enquête de Jules Huret.
E   Wilde, *Le Portrait de Dorian Gray.* Tr. Ruysbroeck l'Admirable, *L'Ornement des noces spirituelles,* tr. de Maeterlinck. Ibsen, *Le Canard sauvage.*
A   *Lohengrin* à l'Opéra. Fauré, *La Bonne Chanson.* Gauguin à Tahiti. Monet : les *Nymphéas.*
B   M. Banville, Rimbaud, Seurat.

1892
H   Attentats anarchistes. Campagne du Soudan.
F   Barrès, *L'Ennemi des lois.* France, *La Rôtisserie de la reine Pédauque.* Maeterlinck, *Pelléas et Mélisande.* Rodenbach, *Bruges-la-morte.* Zola, *La Débâcle.*

E   Tr. Ibsen, *Un ennemi du peuple*. E. Brontë, *Un amant
    (Les Hauts de Hurlevent)*.
A   Cézanne, *Les Joueurs de cartes*. Massenet, *Werther*.
B   M. Renan, Whitman.

1893
H   Scandale de Panama. Poussée socialiste aux élections
    législatives : Jaurès élu à Carmaux, Millerand à Paris.
F   Barrès, *Du sang, de la volupté et de la mort*. France,
    Les Opinions de Jérôme Coignard. Heredia, *Les Tro-
    phées*. Mallarmé, *Vers et prose*. Saint-Pol-Roux, *Les
    Reposoirs de la procession*, I. Samain, *Au jardin de
    l'infante*. Sardou, *Madame Sans-Gêne*. Verhaeren, *Les
    Campagnes hallucinées*. Lugné-Poe fonde le Théâtre
    de l'Œuvre.
E   Tr. Strindberg, *Mademoiselle Julie*. Hauptmann, *Les
    Tisserands*.
B   M. Taine, Maupassant.

1894
H   Assassinat de Sadi Carnot, que remplace Casimir-
    Périer. Lois « scélérates » contre les menées anar-
    chistes. Condamnation de Dreyfus. Expédition à
    Madagascar.
F   Jarry, *Minutes de sable mémorial*. Laforgue, *Poésies
    complètes*. Zola, *Lourdes*.
E   Wilde, *Salomé*.
A   Rodin, *Les Bourgeois de Calais*. R. Strauss, Wilde,
    Salomé. Fondation de la Schola Cantorum. Debussy,
    Prélude à l'Après-midi d'un faune.
B   M. Leconte de Lisle. N. Céline.

1895
H   Félix Faure succède à Casimir-Périer à la présidence de
    la République. Grèves à Carmaux.
C   Première projection cinématographique par les frères
    Lumière. Première automobile Peugeot. Expériences
    de Marconi en Italie sur la télégraphie sans fil.
    Roentgen en Allemagne découvre les rayons X.
F   Tristan Bernard, *Les Pieds Nickelés*. France, *Le Jardin
    d'Epicure*. Gide, *Paludes*. Huysmans, *En route*.
    Valéry, « Introduction à la méthode de Léonard de

Vinci ». Verhaeren, *Les Villages illusoires, Les Villes tentaculaires.* Le Théâtre du Peuple à Bussang.

E   Tr. Novalis, *Les Disciples à Saïs et Fragments,* tr. par Maeterlinck. Swinburne, *Laus Veneris,* tr. par Vielé-Griffin. Ibsen, *Brand.*

A   Romain Rolland, *Histoire de l'opéra. Tannhäuser* à l'Opéra.

B   M. Dumas fils. N. Eluard.

1896

H   Réception du tsar Nicolas II à Paris.

C   Travaux de Becquerel sur la radio-activité. Bergson, *Matière et Mémoire.* Première automobile Ford.

F   France, *L'Orme du mail.* Gourmont, *Le Livre des masques,* I. Jarry, *Ubu roi.* Maeterlinck, *Le Trésor des humbles.* Proust, *Les Plaisirs et les Jours.* J. Renard, *Histoires naturelles.* Valéry, « La Soirée avec Monsieur Teste ». Fondation du Théâtre Antoine.

E   Tr. Wagner, *Les Opéras,* I.

B   M. E. de Goncourt, Verlaine. N. André Breton.

1897

H   L'Affaire Dreyfus.

C   Incendie du Bazar de la Charité. *La Fronde,* journal féministe. Vols d'Ader.

F   Barrès, *Les Déracinés.* Bloy, *La Femme pauvre.* Gide, *Les Nourritures terrestres.* Loti, *Ramuntcho.* Mallarmé, *Divagations,* « Un coup de dés jamais n'abolira le hasard ». H. de Régnier, *Les Jeux rustiques.* Rostand, *Cyrano de Bergerac.* Péguy, *Jeanne d'Arc.* Saint-Georges de Bouhélier, « Manifeste du Naturisme ».

A   Gauguin, *Noa-Noa.* Dukas, *L'Apprenti sorcier.*

B   M. Daudet.

1898

H   Zola, « J'accuse » dans *L'Aurore.* Fondation de la Ligue des droits de l'homme, du Comité d'Action française, de la Ligue de la patrie française, du Sillon. Fachoda.

C   Pierre et Marie Curie découvrent le radium. Dirigeable de Santos-Dumont.

F   Bloy, *Le Mendiant ingrat.* Max Elskamp, *La Louange de la vie.* Jammes, *De l'Angélus de l'aube à l'Angélus*

du soir. Pierre Louÿs, *La Femme et le Pantin*. Maeter-
linck, *La Sagesse et la Destinée*. Maurice Magre, *La
Chanson des hommes*. Mallarmé, *Poésies*. Samain,
Aux flancs du vase. Romain Rolland, *Les Loups*.

A Cézanne, *Les Grandes Baigneuses*. Rodin, *Le Baiser,
Balzac*.

B M. Mallarmé, Bismarck.

1899

H Loubet président de la République après la mort de
Félix Faure. Victoire du bloc des gauches aux élections ; politique de défense républicaine et d'anticléricalisme (Waldeck-Rousseau). Procès en révision de
Dreyfus à Rennes. Nouvelle condamnation, suivie
d'une grâce.

F Bergson, *Le Rire*. Feydeau, *La Dame de chez Maxim*.
Le Roy, *Jacquou le Croquant*. Moréas, *Les Stances*.
Zola, *Fécondité*.

E Tolstoï, *Résurrection*.

A Ravel, *Pavane pour une infante défunte*. Gauguin,
D'où venons-nous, que sommes-nous, où allons-nous ?
Signac, *D'Eugène Delacroix au néo-impressionnisme*.

B M. Becque

1900

H Congrès socialiste international à Paris.

C Exposition universelle ; achèvement du pont Alexandre III, du Grand et du Petit Palais. Première ligne de
métro. Vol du premier Zeppelin. Freud, *La Science
des rêves*.

F Barrès, *L'Appel au soldat*. Claudel, *Théâtre, Connais-
sance de l'Est*. Colette, *Claudine à l'école*. Mirbeau,
Journal d'une femme de chambre. C.-L. Philippe, *La
Mère et l'enfant*. Rostand, *L'Aiglon*. Péguy fonde les
Cahiers de la quinzaine.

A Charpentier, *Louise*. Debussy, *Nocturnes*.

B M. Samain, Nietzsche, Wilde.

1901

H Loi sur les associations, imposant une autorisation aux
congrégations pour enseigner. Le Tchad territoire
français. Mort de Victoria, à qui succède Edouard VII.

C Première communication sans fil à travers l'Atlantique
réalisée par Marconi.

F C.-L. Philippe, *Bubu de Montparnasse*. Maurras, *Anthinéa*. A. de Noailles, *Le Cœur innombrable*. Zola, *Travail*. Sully Prudhomme premier prix Nobel.

A Ravel, *Jeux d'eau*. Première exposition de Picasso.

B M. Toulouse-Lautrec, Verdi. N. Malraux.

1902

H Ministère Combes. Interdiction d'enseigner aux congrégations. Accord secret de neutralité franco-italien.

C Achèvement du Transsibérien. H. Poincaré, *Science et Hypothèse*.

F Barrès, *Leurs figures*. France, *L'Affaire Crainquebille*. Gide, *L'Immoraliste*. Verhaeren, *Les Forces tumultueuses*.

E Rilke à Paris.

A Debussy, *Pelléas et Mélisande*. Méliès, *Voyage dans la lune*.

B M. Zola.

1903

H Mort de Léon XIII, élection de Pie X. Visite d'Edouard VII à Paris et de Loubet à Londres.

C Becquerel, Pierre et Marie Curie prix Nobel de physique. Premier vol des frères Wright aux Etats-Unis.

F Barrès, *Amori et dolori sacrum*. Léautaud, *Le Petit Ami*. Mirbeau, *Les affaires sont les affaires*. R. Rolland, *Vie de Beethoven*, *Le Théâtre du peuple*. Zola, *Vérité*. Premier prix Goncourt à *Force ennemie* de J.-A. Nau. Apollinaire fonde *Le Festin d'Esope*. Montfort *Les Marges*.

A Satie, *Morceaux en forme de poire*.

B M. Gauguin. N. Queneau, Simenon.

1904

H Entente cordiale entre la France et l'Angleterre. Rupture des relations avec le Saint-Siège. Chute du ministère Combes sur l'affaire des fiches. Jaurès fonde *L'Humanité*. Journée de travail ramenée à dix heures. Début de la guerre russo-japonaise.

F Frapié, *La Maternelle* (prix Goncourt). R. Rolland, *Jean-Christophe* (→ 1912). Van Lerberghe, *La Chanson d'Eve*. Création du prix Fémina.

E Tchékhov, *La Cerisaie.*
B M. Fantin-Latour, Tchékhov. N. Dali.

1905
H Loi de séparation des Eglises et de l'Etat. Guillaume II à Tanger. Victoire du Japon dans la guerre contre la Russie. Révolution russe. Constitution de la S.F.I.O.
C Einstein, première théorie de la relativité. Freud, *Trois essais sur la théorie de la sexualité.*
F Gide, *Prétextes.* Maurras, *L'Avenir de l'intelligence.* Péguy, *Notre patrie.* Salmon, *Poèmes.* Paul Fort fonde *Vers et prose* (→ 1914).
E Marinetti fonde *Poesia* (→ 1909).
A Les Fauves au Salon d'automne. Rodin, *Victor Hugo.* Debussy, *La Mer.*
B M. Heredia, Jules Verne, Alphonse Allais. N. Sartre.

1906
H Fallières président de la République. Réhabilitation de Dreyfus. La C.G.T. adopte la « Charte d'Amiens ». Loi sur le repos hebdomadaire.
C Bergson, *L'Evolution créatrice.* Poincaré, *La Valeur de la science.*
F Claudel, *Partage de Midi.* Milosz, *Les Sept Solitudes.* Péguy, première *Situation.* J. Romains, *Le Bourg régénéré.* L'Abbaye à Créteil. Antoine prend la direction de l'Odéon, Gémier lui succède au Théâtre Antoine.
A Ravel, *Histoires naturelles.*
B M. Brunetière, Cézanne, Ibsen.

1907
H La Triple Entente (France, Angleterre, Russie). Grèves ; troubles provoqués par les viticulteurs.
F Claudel, *Art poétique.* Colette, *La Retraite sentimentale.* G. Leroux, *Le Mystère de la chambre jaune.* Mirbeau, *La 628 E 8.*
A Picasso peint *Les Demoiselles d'Avignon,* Matisse le *Nu bleu.*
B M. Jarry, Huysmans, Sully Prudhomme. N. Char.

1908
C *L'Action française* devient un quotidien. Boutroux, *Science et Religion.*

F France, *L'Ile des Pingouins*. Larbaud, *Poèmes par un riche amateur*. Renard, *Le Docteur Lerne, sous-dieu*. Romains, *La Vie unanime*.

A Chaliapine chante *Boris Godounov*. Exposition Braque à la galerie Kahnweiler. Premières manifestations du cubisme. Premiers dessins animés (E. Cohl).

B M. Coppée.

1909

C Blériot traverse la Manche en avion. Jeanne d'Arc béatifiée. Poincaré, *Science et Méthode*.

F Apollinaire, *L'Enchanteur pourrissant,* illustré par Derain. Barrès, *Colette Baudoche*. Bloy, *Le Sang du pauvre*. Gide, *La Porte étroite*. Giraudoux, *Provinciales*. Maeterlinck, *L'Oiseau bleu*. Stuart Merrill, *Une voix dans la foule*. Fondation de *La Nouvelle Revue française*. Manifeste du Futurisme de Marinetti.

E Tr. Whitman, *Feuilles d'herbe*.

A Première saison des Ballets russes.

1910

H Grève des cheminots combattue par Briand.

C Premier moteur Diesel. Chavez passe les Alpes en avion. Construction du Théâtre des Champs-Elysées en béton par Perret (inauguration en 1913). Freud, *Cinq leçons sur la psychanalyse*.

F Claudel, *Cinq grandes odes*. Colette, *La Vagabonde*. Apollinaire, *L'Hérésiarque et Cie*. Delly, *Esclave ou reine*. Péguy, *Le Mystère de la Charité de Jeanne d'Arc, Victor-Marie, comte Hugo*. Rouché, *L'Art théâtral moderne*. R. Roussel, *Impressions d'Afrique*. Pergaud, *De Goupil à Margot* (prix Goncourt). Rostand, *Chantecler*.

E Rilke, *Les Cahiers de Malte Laurids Brigge*.

A Stravinski, *L'Oiseau de feu*.

B Moréas, Jules Renard, Tolstoï, le douanier Rousseau.

1911

H Le « coup d'Agadir » ; occupation de Fes par les Français ; nouvelle crise marocaine. Tension sociale.

C Maeterlinck prix Nobel de littérature, Marie Curie de chimie. La « bande à Bonnot ».

F Allain et Souvestre, *Fantômas*. Apollinaire, *Le Bes-*

tiaire ou Cortège d'Orphée. Jammes, *Les Géorgiques chrétiennes.* Larbaud, *Fermina Marquez.* Péguy, *Le Porche du Mystère de la Deuxième Vertu.* Romains, *Mort de quelqu'un.* Rosny aîné, *La Guerre du feu.* Saint-John Perse, *Eloges.* Claudel, *L'Otage.*

A   Stravinski, *Pétrouchka.* Debussy, *Le Martyre de saint Sébastien* (texte de D'Annunzio). Les cubistes aux Salons.

1912

H   Renouvellement de la Triplice (Allemagne, Autriche-Hongrie, Italie). Poincaré président du Conseil. Le Maroc protectorat français, Lyautey résident général. Début de la guerre des Balkans.

C   Naufrage du Titanic.

F   Carco, *La Bohème et mon cœur.* Cendrars, *Les Pâques.* France, *Les Dieux ont soif.* Claudel, *L'Annonce faite à Marie.* Péguy, *Le Mystère des Saints Innocents, La Tapisserie de sainte Geneviève.* Segalen, *Stèles. Les Soirées de Paris.* Ecole fantaisiste.

A   Gleizes et Metzinger, *Du cubisme.* Kandinsky, *Du spirituel dans l'art.* Delaunay : les *Tour Eiffel,* les *Fenêtres.* Satie, *Véritables préludes flasques.* Schoenberg, *Pierrot lunaire.* Exposition des peintres futuristes à Paris. Salon de la Section d'or.

B   M. Massenet, Dierx.

1913

H   Poincaré président de la République. Service militaire porté à trois ans.

C   Einstein, *Sur la théorie de la relativité restreinte et générale.* Agathon, *Les Jeunes gens d'aujourd'hui.*

F   Alain-Fournier, *Le Grand Meaulnes.* Apollinaire, *Alcools.* Barrès, *La Colline inspirée.* Paul Fort, *Anthologie des Ballades françaises.* Hémon, *Maria Chapdelaine.* Larbaud, *A. O. Barnabooth.* Martin du Gard, *Jean Barois.* Milosz, *Miguel Mañara.* Péguy, *La Tapisserie de Notre Dame, Eve.* Proust, *Du côté de chez Swann.* Ramuz, *Vie de Samuel Belet.* Romains, *Les Copains.* R. Roussel, *Locus solus.* Fondation du Vieux-Colombier par Copeau.

E   D'Annunzio, *La Pisanelle.* Revue *Lacerba* à Florence.

A   Stravinski, *Le Sacre du printemps.* Apollinaire, *Les*

Peintres cubistes, Méditations esthétiques. B. Cendrars
et S. Delaunay, *La Prose du Transsibérien.* Feuillade,
Fantômas. Max Linder.

1914
H   Victoire des radicaux et des socialistes aux élections
législatives. Attentat de Sarajevo. Assassinat de
Jaurès. Début de la Première Guerre mondiale. Les
Allemands arrêtés sur la Marne.
F   Bloy, *Le Pèlerin de l'absolu.* Bourget, *Le Démon de
midi.* Carco, *Jésus-la-Caille.* Gide, *Les Caves du Vati-
can.* G. Leroux, *Chéri-Bibi.*
A   Premier film de Chaplin. *Parsifal* à l'Opéra.
B   M. Mistral, Jules Lemaitre, Psichari, Péguy, Alain-
Fournier.

1915
H   Entrée en guerre de l'Italie aux côtés des Alliés, de la
Bulgarie dans l'autre camp. Guerre de position. Echec
de l'attaque franco-anglaise sur les Dardanelles.
Conférence socialiste contre la guerre en Suisse.
C   Interdiction de l'absinthe. Romain Rolland, *Au-dessus
de la mêlée,* prix Nobel de littérature.
F   Psichari, *Le Voyage du centurion.* Reverdy, *Poèmes en
prose.*
A   Jazz, débuts du Dixieland.
B   M. R. de Gourmont, Pergaud.

1916
H   Bataille de Verdun.
C   Saussure, *Cours de linguistique générale.*
F   Apollinaire, *Le Poète assassiné.* Barbusse, *Le Feu* (prix
Goncourt). Claudel, *Le Père humilié.* Tzara, *La Pre-
mière Aventure céleste de M. Antipyrine;* débuts de
Dada à Zurich. P. Albert-Birot fonde *SIC.*
E   Joyce, *Dedalus.* Kafka, *La Métamorphose.*
A   Feuillade, *Judex.* Griffith, *Intolérance.*
B   M. Faguet, Verhaeren, Odilon Redon.

1917
H   Mutineries dans l'armée française. Pétain commandant
en chef, Clemenceau président du Conseil. Entrée en
guerre des Etats-Unis. Révolution russe.
C   Freud, *Introduction à la psychanalyse.*

F Apollinaire, *Les Mamelles de Tirésias*. Duhamel, *Vie des martyrs*. Max Jacob, *Le Cornet à dés*. Soupault, *Aquarium*. Valéry, *La Jeune Parque*. Reverdy crée *Nord-Sud*.

E Pirandello, *A chacun sa vérité*.

A *Parade* (Cocteau, Satie, Picasso).

B M. Bloy, Degas, Mirbeau, Rodin, Wyzewa.

1918

H Bombardement de Paris par la Grosse Bertha. Echec de l'offensive allemande. Contre-attaque de Foch, généralissime des armées alliées. Armistice signé à Compiègne le 11 novembre.

C Liaisons postales aériennes Toulouse-Barcelone et Toulouse-Casablanca.

F Apollinaire, *Calligrammes, Couleur du temps*. Pierre Benoit, *Kœnigsmarck*. Barbusse, *Clarté*. Cendrars, *Le Panama*. Cocteau, *Le Coq et l'Arlequin*. Duhamel, *Civilisation*. Eluard, *Le Devoir et l'inquiétude*. Giraudoux, *Simon le pathétique*. Mac Orlan, *Le Chant de l'équipage*. Maurois, *Les Silences du colonel Bramble*. Tzara, *Manifestes Dada, 25 poèmes*.

A Création du groupe des Six. Stravinski et Ramuz, *Histoire du soldat*.

B M. Apollinaire, Debussy, D'Annunzio, Péladan, Rostand.

1919

H Traité de Versailles. Instauration de la journée de huit heures. Création de la Troisième Internationale.

C Désintégration de l'atome par Rutherford. Vols commerciaux réguliers Paris-Londres. Canonisation de Jeanne d'Arc. Bergson, *L'Energie spirituelle*.

F P. Benoit, *L'Atlantide*. Breton, *Mont-de-piété*. Cendrars, *Dix-neuf poèmes élastiques*. Cocteau, *Le Potomak, Le Cap de Bonne-Espérance*. Dorgelès, *Les Croix de bois*. Gide, *La Symphonie pastorale*. Proust, *A l'ombre des jeunes filles en fleurs* (prix Goncourt), Reverdy, *Self-Defence*. Salmon, *Prikaz*. Vildrac, *Le Paquebot Tenacity*. Revue *Littérature*.

A Louis Delluc, *La Fête espagnole*. Abel Gance, *J'accuse*. Fondation du Bauhaus à Weimar.

B M. Segalen, Laurent Tailhade, Jacques Vaché.

BIBLIOGRAPHIE

LITTÉRATURE
ET VIE CONTEMPORAINE

CONDITIONS DE LA VIE

La politique et l'opinion
F. GOGUEL, *La Politique des partis sous la Troisième République*, Seuil, 1946, 2 vol. — J. MAITRON, *Histoire du mouvement anarchiste en France (1880-1914)*, Société universelle d'édition et de librairie, 1951. — H. CONTAMINE, *La Revanche 1871-1914*, Berger-Levrault, 1957. — A. DUCASSE, J. MEYER, G. PERREUX, *Vie et mort des Français, 1914-1918, simple histoire de la Grande Guerre*, Hachette, 1959. — H. BRUNSCHWIG, *Mythes et réalités de l'impérialisme colonial français 1871-1914*, Armand Colin, 1960. — G. LEFRANC, *Le Mouvement socialiste sous la Troisième République (1875-1940)*, Payot, 1963. — R. GIRARDET, *Le Nationalisme français, 1871-1914*, textes choisis et présentés par..., Armand Colin, 1966. — G. LEFRANC, *Le Mouvement syndical sous la Troisième République*, Payot, 1967. — G. BOURGIN, *La Troisième République, 1870-1914*, Armand Colin, 1967. — G. CHASTENET, *Cent Ans de République*, Tallandier, 1970, 9 vol., voir tomes I à IV. — J.-B. DUROSELLE, *La France et les Français, 1900-1914*, Richelieu, 1972. — A. PROST, *Petite Histoire de la France au XXe siècle*, Armand Colin, 1979. — F. GO-

N.B. : Paris, lieu d'édition, n'est pas mentionné.

GUEL et A. GROSSER, *La Politique en France 1870-1984*, Armand Colin, nouvelle édition, 1984.

Vie des Français
L. BURNAND, *La Vie quotidienne en France de 1870 à 1900*, Hachette, 1958. — J. MEYER, *La Vie quotidienne des soldats pendant la Grande Guerre*, Hachette, 1967. — D. FURIA et P. SERRE, *Techniques et sociétés, liaisons et évolutions*, Armand Colin, 1970. — P. SORLIN, *La Société française*, Arthaud, 1969-1971, 2 vol. — *Roman et société*, colloque de la S.H.L.F., Armand Colin, 1973. — Cl. PICHOIS, *Littérature et progrès : vitesse et vision du monde*, Neuchâtel, La Baconnière, 1973.

Les intellectuels et la politique
J.-M. CARRÉ, *Les Ecrivains français et le mirage allemand, 1800-1940*, Boivin, 1947. — C. DIGEON, *La Crise allemande de la pensée française, 1870-1914*, P.U.F., 1959. — P. ROUSSEL, *L'Affaire Dreyfus et la presse*, Armand Colin, 1960. — P. LIDSKY, *Les Ecrivains contre la Commune*, Maspero, 1970. — *La Guerre de 1870 et la Commune*, colloque de la S.H.L.F., Armand Colin, 1972. — *Les Ecrivains et l'Affaire Dreyfus*, colloque organisé par l'Université d'Orléans et le Centre Péguy, P.U.F., 1983. — *Mémoire de la Grande Guerre*, témoins et témoignages, colloque organisé à Verdun, P.U.N., 1989.

Le climat intellectuel
J. LETHÈVE, *Impressionnistes et symbolistes devant la presse*, Armand Colin, 1959. — A. LATREILLE, É DELARUELLE, J.-R. PALANQUE, *Histoire du catholicisme en France*, Spes, 1957-1962, 3 vol. Voir le tome III. — L.-A. MAUGENDRE, *La Renaissance catholique au début du xxe siècle*, Beauchesne, 1963-1971, 6 vol. — É.-G. LÉONARD, *Histoire générale du protestantisme*, P.U.F., 1964, 3 vol. Voir le tome III. — G. DELEUZE, *Le Bergsonisme*, P.U.F., 1966. —

R.-P. Colin, *Schopenhauer en France : un mythe naturaliste,* Presses universitaires de Lyon, 1970. — H. Psichari, *Les Convertis de la Belle Epoque,* Editions rationalistes, 1971. — R. Bessède, *La Crise de conscience catholique dans la littérature et la pensée françaises à la fin du xixe siècle,* Klincksieck, 1975. — A. de Liedekerke, *La Belle Epoque de l'opium,* La Différence, 1984. — D. Grosnowski et B. Sarrazin, *L'Esprit fumiste et les rires fin-de-siècle,* Corti, 1990. — M. Dottin-Orsini, *Cette femme qu'ils disent fatale,* mysoginie fin-de-siècle, 1871-1914, Grasset, 1993.

LA SOCIÉTÉ LITTÉRAIRE

R. Peter, *Vie secrète de l'Académie française, Cinquième période. Au seuil du monde nouveau,* tome V, Librairie des Champs-Elysées, 1940. — A. Billy, *L'Epoque 1900 (1885-1905),* Tallandier, 1951. — J.-A. Néret, *Histoire illustrée de la librairie et du livre français,* Lamarre, 1953. — R. Arbour, *Les Revues littéraires éphémères paraissant à Paris entre 1900 et 1914,* répertoire descriptif, J. Corti, 1956. — A. Billy, *L'Epoque contemporaine (1905-1930),* Tallandier, 1956. — É. Carassus, *Le Snobisme et les lettres françaises de Paul Bourget à Marcel Proust, 1884-1914,* Armand Colin, 1966. — G. Bellanger, J. Godechot, P. Guiral, F. Terrou, *Histoire générale de la presse française,* P.U.F., 1969-1976, 5 vol. Voir le tome III. — R. Shattuck, *Les Primitifs de l'Avant-garde,* Flammarion, 1974. (Traduction de *The Banquet Years*). — *Le Mercure de France et la littérature,* actes du colloque de la R.H.L.F., 1992

LA LITTÉRATURE ET LES AUTRES ARTS

P. Landormy, *La Musique française de Franck à Debussy,* Gallimard, 1943. — *La Musique française après Debussy,* Gallimard, 1943. — G. Sadoul,

Histoire générale du cinéma, Denoël, 1946-1975. Voir les tomes I à III. — P. FRANCASTEL, *Peinture et Société,* Audin, 1952. — R. MOSER, *L'Impressionnisme français : peinture, littérature, musique,* Droz, 1952. — J. REWALD, *Histoire de l'impressionnisme,* Albin Michel, 1955. — J. LEYMARIE, *La Peinture française. Le xxe siècle,* Skira, 1962. — L. GUICHARD, *La Musique et les lettres en France au temps du wagnérisme,* P.U.F., 1963. — E. FRY, *Le Cubisme,* La Connaissance, 1966. — G. BERTRAND, *L'Illustration de la poésie à l'époque du cubisme, 1909-1914,* Klincksieck, 1971. — P. FRANCASTEL, *Les Impressionnistes,* Gonthier, 1974. — R. JULLIAN, *Le Mouvement des arts du romantisme au symbolisme,* Albin Michel, 1979. — *Cubisme et Littérature, Europe,* juin-juillet 1982. — D. RIOUT, *Les écrivains devant l'Impressionnisme,* Macesla, 1989.

LA LITTÉRATURE FRANÇAISE ET LE MONDE

C. ARNAVON, *Les Lettres américaines devant la critique française (1887-1917),* Les Belles Lettres, 1951. — G. CHARLIER et J. HANSE, *Histoire illustrée des lettres françaises de Belgique,* sous la dir. de —, Bruxelles, La Renaissance du livre, 1958, 2 vol. Voir le tome II. — R. LELIÈVRE, *Le Théâtre dramatique italien en France, 1855-1900,* Armand Colin, 1959. — G. TOUGAS, *Histoire de la littérature canadienne-française,* P.U.F., 1960. — S. BAILLARGEON, *Littérature canadienne-française,* Fides, 1961. — A. BERCHTOLD, *La Suisse romande au cap du xxe siècle, portrait littéraire et moral,* Payot, 1963. — P. A. JANNINI, G. LISTA, G. ORLANDI CERENZA, G. BERTOZZI, N. NOVELLI, *La Fortuna del Futurismo in Francia,* Rome, Bulzoni, 1979.

LES GENRES LITTÉRAIRES

LE ROMAN

C. BEUCHAT, *Histoire du naturalisme*, Corrêa, 1949, 2 vol. — R. DUMESNIL, *Le Réalisme et le Naturalisme*, del Duca et de Gigord, 1955. — R. LALOU, *Le Roman français depuis 1900*, P.U.F., 1957. — V. BROMBERT, *The Intellectual Hero. Studies in the French Novel, 1888-1955*, Londres, 1960-1961. — R. M. ALBÉRÈS, *Histoire du roman moderne*, Albin Michel, 1962. — M. RAIMOND, *La Crise du roman des lendemains du naturalisme aux années vingt*, J. Corti, 1966. — « *Le Naturalisme* », colloque de Cerisy, U.G.E., 10/18, 1978. — Y. CHEVREL, *Le Naturalisme*, P.U.F., 1982. — P. CITTI, *Contre la Décadence, histoire de l'imagination française dans le roman 1890-1914*, P.U.F., 1987. — H. MITTERAND, *Le Regard et le Signe*, poétique du roman réaliste et naturaliste, P.U.F., 1987. — C. BECKER, *Lire le réalisme et le naturalisme*, Dunod, 1992.

LA POÉSIE

M. RAYMOND, *De Baudelaire au surréalisme*, J. Corti, 1933, rééd. 1960. — G. MICHAUD, *Message poétique du symbolisme*, Nizet, 1947, 4 vol. ; rééd., 1978, 1 vol. — G.-E. CLANCIER, *Panorama critique de Rimbaud au surréalisme*, Seghers, 1953. — S. BERNARD, *Le Poème en prose de Baudelaire jusqu'à nos jours*, Nizet, 1959. — M. DÉCAUDIN, *La Crise des valeurs symbolistes. Vingt ans de poésie française, 1895-1914*, Privat, 1960. Rééd. Slatkine, 1981. — N. RICHARD, *Le Mouvement décadent*, Nizet, 1968. — L. SOMVILLE, *Devanciers du surréalisme. Les groupes d'avant-garde et le mouvement poétique, 1912-1925*, Genève, Droz, 1971. — B. DELVAILLE, *La Poésie symboliste*, Seghers, 1972. — H. PEYRE, *Le Symbolisme*, P.U.F., 1976. — R. SABATIER, *Histoire de la*

poésie française. La Poésie du xixe siècle, t. I,
Naissance de la poésie moderne, Albin Michel, 1977,
2 vol. — *La Poésie du xxe siècle,* t. I, *Tradition et
Evolution,* t. II, *Révolutions et Conquêtes,* Albin
Michel, 1982. — M. DÉCAUDIN, *Anthologie de la
poésie française du xixe siècle. De Baudelaire à Saint-
Pol Roux,* Poésie/Gallimard, 1992 ; *Anthologie de la
poésie française du xxe siècle. De Paul Claudel à René
Char,* Poésie/Gallimard, 1983. — B. MARCHAL, *Lire
le Symbolisme,* Dunod, 1993.

LE THÉATRE

TEXTES

E. ZOLA, *Nos auteurs dramatiques,* Charpentier,
1881. — F. SARCEY, *Quarante ans de théâtre,* Bibliothèque des Annales politiques et littéraires, 1900-
1902, 7 vol. — J. LEMAITRE, *Impressions de théâtre,*
Lecène-Oudin, 1888-1920, 9 vol. — A. ANTOINE,
*Mes souvenirs sur le Théâtre Antoine et sur l'Odéon
(première direction),* Grasset, 1928. — J. COPEAU,
Critiques d'un autre temps, Etudes d'art dramatique,
Gallimard, 1923. — A. LUGNÉ-POE, *Acrobaties,
souvenirs et impressions de théâtre, 1894-1902,* Gallimard, 1931, 3 vol. — P. LÉAUTAUD, *Le Théâtre de
Maurice Boissard,* Gallimard, 1958, 2 vol.

ÉTUDES

L. DUBECH et M. HORN-MONVAL, *Histoire générale
illustrée du théâtre,* Librairie de France, 1931-1934, 5
vol. — D. KNOWLES, *La Réaction idéaliste au théâtre
depuis 1890,* Genève, Droz, 1934. — J. ROBICHEZ,
Lugné-Poe, L'Arche, 1955. — *Le Symbolisme au
théâtre. Lugné-Poe et les débuts de l'Œuvre,* L'Arche,
1957. — F. PRUNER, *Aux sources de la dramaturgie
moderne : le Théâtre libre d'Antoine,* t. I, *Le Répertoire étranger,* Lettres modernes, 1958. — *Les Luttes
d'Antoine. Au Théâtre libre,* t. I, Lettres Modernes,

1964. — S. Dhomme, *La Mise en scène contemporaine d'Antoine à Brecht,* Nathan, 1959. — C. Borgal, *Jacques Copeau,* L'Arche, 1960. — D. Bablet, *Le Décor de théâtre de 1870 à 1914,* Ed. du C.N.R.S., 1965. — M. Corvin, *Le Laboratoire de théâtre Art et Action,* Service de reproduction des thèses, Université de Lille III, 1973. — G. Marie, *Le Théâtre symboliste. Ses origines, ses sources, pionniers et réalisateurs,* Nizet, 1973. — J.-J. Roubine, *Théâtre et mise en scène 1880-1980,* P.U.F., 1980.

LA CRITIQUE

P. Moreau, *La Critique littéraire en France*, Armand Colin, 1960 ; rééd., 1968. — R. Fayolle, *La Critique littéraire en France du XVIIe siècle à nos jours*, Armand Colin, 1964 ; nouv. éd., 1978. — P. Brunel, D. Madelenat, J.-M. Gliksohn, D. Couty, *La Critique littéraire*, P.U.F., « Que sais-je ? », 1977.

LES GRANDS AUTEURS

—— ÉMILE ZOLA ——

Textes

Œuvres complètes, éd. H. Mitterand, Cercle du Livre précieux, 1966-1970, 15 vol. — *Les Rougon-Macquart*, éd. A. Lanoux et H. Mitterand, Gallimard, Bibl. de la Pléiade, 1960-1967, 5 vol. *Correspondance* publiée par B. H. Bakker, C. Becker et H. Mitterand, Presses de l'Université de Montréal et Ed. du C.N.R.S., t. I, 1978 ; le t. IX a paru en 1993.

Études

H. Barbusse, *Zola,* Gallimard, 1932. — G. Robert, *Emile Zola. Principes et caractères généraux de son œuvre,* Les Belles Lettres, 1952. — A. Lanoux,

Bonjour monsieur Zola, Hachette, 1962. — H. MITTERAND, *Emile Zola journaliste,* Armand Colin, 1962. — H. GUILLEMIN, *Présentation des Rougon-Macquart,* Gallimard, 1964. — J. BORIE, *Zola et les mythes,* Seuil, 1971. — M. SERRES, *Feux et signaux de brume : Zola,* Grasset, 1975. — R. RIPOLL, *Réalité et mythe chez Zola,* 2 tomes, Champion, 1981. — A. DEZALAY, *L'Opéra des Rougon-Macquart,* Klincksieck, 1983. — P. BONNEFIS, *L'Innommable, essai sur l'œuvre de Zola,* S.E.D.E.S., 1984. — H. MITTERAND, *Zola, l'histoire et la fiction,* P.U.F., 1990. — C. BECKER, G. GOURDIN-SERVENIERE, V. LAVIELLE, *Dictionnaire d'Emile Zola,* sa vie, son œuvre, suivi du *Dictionnaire des Rougon-Macquart,* Bouquins/R. Laffont, 1993.

—————— GUY DE MAUPASSANT ——————

TEXTES

Œuvres complètes, Conard, 1907-1910, 29 vol. — *Œuvres complètes*, éd. R. DUMESNIL, J. LOIZE et Mlle COUREAU, Librairie de France, 1934-1938, 15 vol. — *Œuvres complètes*, éd. G. SIGAUX, Lausanne, Rencontre, 1961-1962, 16 vol. — *Contes et Nouvelles*, éd. L. FORESTIER, Gallimard, Bibl. de la Pléiade, 1974-1979, 2 vol. — *Romans,* éd. L. Forestier, Gallimard, Bibl. de la Pléiade, 1987.

ÉTUDES

R. DUMESNIL, *Guy de Maupassant*, Tallandier, 1947. — J. THORAVAL, *L'Art de Maupassant d'après ses variantes*, Imprimerie nationale, 1950. — A. VIAL, *Guy de Maupassant et l'art du roman*, Nizet, 1954. — A. LANOUX, *Maupassant le Bel-Ami*, Fayard, 1967. — C. CASTELLA, *Structures romanesques et vision sociale chez Maupassant*, Lausanne, L'Age d'homme, 1973. — J. PARIS, « Maupassant et le contre-récit » in *Univers parallèles II*, Seuil, 1975. —

M.-C. Bancquart, *Maupassant conteur fantastique*, Lettres Modernes, 1976. — P. Bonnefis, *Comme Maupassant,* Presses universitaires de Lille, 1981. — *Maupassant miroir de la nouvelle,* colloque de Cerisy, P.U.V., 1988. — *Maupassant et l'écriture,* colloque de Fécamp, Nathan, 1993.

─────── PAUL VERLAINE ───────

Textes

Œuvres poétiques complètes, éd. Y.-G. Le Dantec, revue et corr. par J. Borel, Gallimard, Bibl. de la Pléiade, 1968. — *Œuvres en prose complètes*, éd. J. Borel, Gallimard, Bibl. de la Pléiade, 1972. — *Œuvres poétiques*, éd. J. Robichez, Garnier, 1969. — *Correspondance de Paul Verlaine*, éd. Van Bever, Messein, 1922-1929, 3 vol. — *Lettres inédites de Verlaine à Cazals*, éd. G. Zayed, Genève, Droz, 1957. — *Lettres inédites de Verlaine à Charles Morice*, éd. G. Zayed, Droz-Minard, 1964.

Études

A. Adam, *Verlaine*, Hatier-Boivin, 1953. — G. Zayed, *La Formation littéraire de Verlaine*, Genève, Droz, 1962, nouv. éd., Nizet, 1970. — J.-H. Bornecque, *Verlaine par lui-même*, Seuil, 1966. — J. Robichez, *Verlaine entre Rimbaud et Dieu. Des « Romances sans paroles » à « Sagesse »*, S.E.D.E.S., 1982. — A. Buisine, *Verlaine, histoire d'un corps,* Tallandier, 1995.

─────── STÉPHANE MALLARMÉ ───────

Textes

Œuvres complètes, éd. H. Mondor, Gallimard, Bibl. de la Pléiade, 1951. — *Pour un Tombeau d'Anatole*, Introd. de J.-P. Richard, Seuil, 1961. — *Correspondance*, éd. H. Mondor et L. J. Austin, Gallimard,

1959-1985, 11 vol. — *Documents Stéphane Mallarmé*, publiés par C. P. BARBIER, Nizet, 1977, 6 vol. — *Œuvres complètes*, t. I, *Poésies*, éd. C. G. MILLAN, Flammarion, 1983. — *Poésies*, éd. P. CITRON, Imprimerie nationale, 1986.

ÉTUDES

A. THIBAUDET, *La Poésie de Stéphane Mallarmé*, Gallimard, 1912. — D. AISH, *La Métaphore dans l'œuvre de Stéphane Mallarmé*, Droz, 1938. — É. NOULET, *L'Œuvre poétique de Stéphane Mallarmé*, Genève, Droz, 1940. — C. MAURON, *Mallarmé l'obscur*, Denoël, 1941. — J. SCHÉRER, *L'Expression littéraire dans l'œuvre de Mallarmé*, Genève, Droz, 1947. — É. NOULET, *Mallarmé. Dix poèmes*, Genève, Droz, 1948. — G. DAVIES, *Mallarmé et le drame solaire*, J. Corti, 1959. — J.-P. RICHARD, *L'Univers imaginaire de Mallarmé*, Seuil, 1961. — R. G. COHN, *Towards the Poems of Mallarmé*, Berkeley, 1965. — É. NOULET, *Mallarmé. Vingt poèmes*, Genève, Droz, 1967. — C. MAURON, *Mallarmé par lui-même*, Seuil, 1968. — P.-O. WALZER, *Mallarmé*, Seghers, 1973. — *Europe*, avril-mai 1976. — H. FRIEDRICH, *Structures de la poésie moderne*, Denoël, 1976. — A. VIAL, *Mallarmé. Tétralogie pour un enfant mort*, J. Corti, 1976. — J. SCHÉRER, *Grammaire de Mallarmé*, Nizet, 1977. — J. KRISTEVA, *La Révolution du langage poétique*, Seuil, 1974 ; coll. « Points », 1985. — B. MARCHAL, *Lecture de Mallarmé*, J. Corti, 1985. — *La Religion de Mallarmé*, J. Corti, 1988.

—— LAUTRÉAMONT ——

TEXTES

Œuvres complètes, éd. M. SAILLET, Le Livre de poche, 1963. — *Œuvres complètes*, éd. P. O. WALZER, Gallimard, Bibl. de la Pléiade, 1970.

ÉTUDES

P. Soupault, *Lautréamont*, Seghers, 1946. — G. Bachelard, *Lautréamont*, J. Corti, 1939 ; rééd., 1956. — M. Blanchot, *Lautréamont et Sade*, Minuit, 1949. — M. Pleynet, *Lautréamont par lui-même*, Seuil, 1967. — J. Decottignies, *Prélude à Maldoror. Vers une poétique de la rupture en France, 1820-1870*, Armand Colin, 1973. — F. Caradec, *Isidore Ducasse, comte de Lautréamont*, Gallimard, 1973. — J.-J. Lefrere, *Le Visage de Lautréamont*, P. Horay, 1977. — M. Pierssens, *Lautréamont. Ethique à Maldoror*, Presses universitaires de Lille, 1984. — R. Pieckering, *Lautréamont/Ducasse, thématique et écriture*, Lettres Modernes Minard, 1988.

——— ARTHUR RIMBAUD ———

TEXTES

Œuvres complètes, éd. A. Adam, Gallimard, Bibl. de la Pléiade, 1972. — *Œuvres*, éd. S. Bernard et A. Guyaux, Classiques Garnier, 1983. Nouvelle édition en 1987. — *Une saison en enfer*, éd. P. Brunel, J. Corti, 1987. — *Œuvres poétiques*, éd. C.-A. Hackett, imprimerie nationale, 1986. — *Œuvres complètes, Correspondance*, éd. L. Forestier, Bouquins/R. Laffont, 1992.

ÉTUDES

P. Verlaine, *Les Poètes maudits*, Vanier, 1884 ; éd. M. Décaudin, S.E.D.E.S., 1982. — J. Rivière, *Rimbaud*, Kra, 1930. — Étiemble et Y. Gauclère, *Rimbaud*, Gallimard, 1936 ; plusieurs rééd. — Étiemble, *Le Mythe de Rimbaud*, Gallimard, 3 tomes, 1952-1961. — J.-P. Richard, *Poésie et Profondeur*, Seuil, 1955. — Y. Bonnefoy, *Rimbaud par lui-même*, Seuil, 1961. — M. RUFF, *Rimbaud*, Hatier, 1968. — A. RIMBAUD, série de la *Revue des Lettres modernes*, n° 1, 1972. — J. RIVIÈRE, *Rimbaud. Dossier 1905-1925*, Gallimard, 1977. — J.-P. GIUSTO, *Rimbaud créateur*, P.U.F., 1980. — *Lectures de Rimbaud*, Revue de l'Université de Bruxelles, 1982. — P. BRUNEL, *Arthur Rimbaud ou l'éclatant désastre*, Champ Vallon, 1983. — *Rimbaud. Projets et Réalisations*, Slatkine-Champion, 1983. — *Revue des Sciences humaines*, numéro 193, 1984. — A. BORER, *Rimbaud en Abyssinie*, Seuil, 1985. — A. FONGARO, *Sur Rimbaud. Lire « Illuminations »*, Presses Universitaires du Mirail-Toulouse, 1985. — *Rimbaud, texte, sens et interprétation*, (*ibid.*), 1993. — M. MATTUCI, *Les Deux Visages de Rimbaud*, Neuchâtel, La Baconnière, 1986. — A. GUYAUX, *Poétique du fragment. Essai sur les « Illuminations »*, Neuchâtel, La Baconnière, 1986; *Duplicités de Rimbaud*, Champion-Slatkine, 1991. — Y. NAKAJI, *Combat spirituel ou immense dérision?* essai d'analyse textuelle d'*Une saison en enfer*, Corti, 1987. — S. MURPHY, *Le Premier Rimbaud ou l'apprentissage de la subversion*, C.N.R.S.-P.U.L., 1990. — J.-L. STEINMETZ, *Arthur Rimbaud, une question de présence*, Tallandier, 1991. — J.-M. GLEIZE, *Arthur Rimbaud*, Hachette, 1993. — *Parade sauvage*, revue depuis 1985.

—————— JULES LAFORGUE ——————

TEXTES

Poésies complètes, éd. P. PIA, Le Livre de poche, 1970. — *Moralités légendaires*, éd. D. GROJNOWSKI, Genève, Droz, 1980. — *Les Complaintes, l'Imitation de Notre-Dame la Lune*, éd. P. REBOUL, Imprimerie nationale, 1981. — *Œuvres complètes*, éd. J.-L. DEBAUVE, D. GROJNOWSKI, P. PIA, P.-O. WALZER, t. I, L'Age d'homme, 1986; t. II, 1995.

ÉTUDES

F. RUCHON, *Jules Laforgue (1860-1887), sa vie, son œuvre*, Garcia, 1924. — L. GUICHARD, *Jules Laforgue et ses poésies*, P.U.F., 1950. — M.-J. DURRY, *Jules Laforgue*, Seghers, 1952. — P. REBOUL, *Laforgue*, Hatier-Boivin, 1960. — J.-L. DEBAUVE, *Laforgue en son temps*, Neuchâtel, La Baconnière, 1972. — *Revue des sciences humaines*, avril-juin 1980, « Jules Laforgue », — D. GROJNOWSKI, *Jules Laforgue et l'originalité*, Neuchâtel, La Baconnière, 1988.

—— ANATOLE FRANCE ——

TEXTES

Œuvres complètes illustrées, Calmann-Lévy 1925-1937, 25 vol. — *Œuvres complètes*, éd. J. SUFFEL, Cercle du Bibliophile, 1969-1971, 29 vol. — *Œuvres*, éd. M.-C. BANCQUART, Gallimard, Bibl. de la Pléiade, 1984 (4 volumes à ce jour).

ÉTUDES

J. SUFFEL, *Anatole France*, Le Myrte, 1946. — *Anatole France par lui-même*, Seuil, 1954. — A. VANDEGANS, *Anatole France, les années de formation*, Nizet, 1954. — M.-C. BANCQUART, *Anatole France polémiste*, Nizet, 1962. — *Anatole France, un sceptique passionné*, Calmann-Lévy, 1984. — J. LE-VAILLANT, *Essai sur l'évolution intellectuelle d'Anatole France*, Armand Colin, 1965. — *Anatole France au présent et au futur*, actes du colloque de 1974, *Les Cahiers français*, n° 3, 1977. — *Europe*, décembre 1954. — *Le Lys rouge*, bulletin de la Société Anatole France, 1932. — M.-C. BANCQUART, *Anatole France*, Julliard, 1994. — *Anatole France, humanisme et actualité*, colloque de la B.H.V.P., Agence culturelle de Paris, 1994.

—— MAURICE BARRÈS ——

TEXTES

Œuvres complètes, Plon, 1929-1957, 14 vol. — *L'Œuvre de Maurice Barrès*, Club de l'Honnête Homme, 1965-1969, 20 vol. — *La Colline inspirée*, éd. J. BARBIER, Berger-Levrault, 1962.

ÉTUDES

R. FERNANDEZ, *Maurice Barrès*, éd. du Livre moderne, 1943. — P. MOREAU, *Maurice Barrès*, Le Sagittaire, 1946. — J. GODFRIN, *Barrès mystique*, Neuchâtel, La Baconnière, 1950. — I.-M. FRANDON, *L'Orient de Barrès. Etude de genèse*, Genève, Droz, 1952. — P. MOREAU, *Autour du « Culte du moi »*. *Essai sur les origines de l'égotisme français*, Lettres Modernes, 1957. — J.-M. DOMENACH, *Barrès par lui-même*, Seuil, 1960. — P. de BOISDEFFRE, *Barrès*, Editions universitaires, 1962. — J. VIER, *Barrès et le « Culte du moi »*, Lettres Modernes, 1968. — P. MOREAU, *Barrès*, Desclée de Brouwer, coll. « Les Ecrivains devant Dieu », 1970. — É. CARASSUS, *Barrès et sa fortune littéraire*, Ducros, 1970. — M. DAVANTURE, *La Jeunesse de Maurice Barrès*, Champion, 1975, 2 vol. — G. TRONQUART, *La Lorraine de Maurice Barrès : mythe ou réalité*, Université de Nancy II, 1980. — Numéro spécial de *La Table ronde*, mars 1957. — *Maurice Barrès*, actes du colloque organisé par la Faculté des lettres et sciences humaines de l'Université de Nancy, Annales de l'Est, 1963.

—— ROMAIN ROLLAND ——

TEXTES

Jean-Christophe, éd. défin., Albin Michel, 1931-1933 : rééd. 1949. — *L'Ame enchantée*, éd. défin.,

Albin Michel, 1934; rééd. 1950. — *Journal des années de guerre*, Albin Michel, 1952. — *Cahiers Romain Rolland*, Albin Michel, depuis 1948.

ÉTUDES

P. J. JOUVE, *Romain Rolland vivant*, Ollendorff, 1920. — J.-B. BARRÈRE, *Romain Rolland par lui-même*, Seuil, 1955. — J. ROBICHEZ, *Romain Rolland*, Hatier, 1961. — R. CHEVAL, *Romain Rolland, l'Allemagne et la guerre*, P.U.F., 1963. — J. PÉRUS, *Romain Rolland et Maxime Gorki*, E.F.R., 1968. — P. SIPRIOT, *Romain Rolland*, Desclée de Brouwer, 1968. — D. NEDELJKOVIC, *Romain Rolland et Stefan Zweig*, Klincksieck, 1970. — B. DUCHATELET, *La Genèse de Jean-Christophe*, Lettres Modernes, 1978.

—— PAUL CLAUDEL ——

TEXTES

Œuvres poétiques, éd. J. PETIT, Gallimard, Bibl. de la Pléiade, 1967. — *Œuvres en prose*, éd. J. PETIT et C. GALPÉRINE, Gallimard, Bibl. de la Pléiade, 1965. — *Théâtre*, éd. J. MADAULE et J. PETIT, Gallimard, Bibl. de la Pléiade, 1965-1967, 2 vol. — *Journal*, éd. F. VARILLON et J. PETIT, Gallimard, Bibl. de la Pléiade, 1968-1969, 2 vol. — Correspondances *Claudel-Gide*, éd. R. MALLET, Gallimard, 1949. — *Claudel-Suarès*, éd. R. MALLET, Gallimard, 1951. — *Claudel-Jammes-Frizeau*, éd. A. BLANCHET, 1952.

Editions critiques publiées dans les Annales de l'Université de Besançon (Les Belles Lettres) : *Le Poète et le Shamisen, Le Poète et le Vase d'encens, Jules ou l'Homme-aux-deux-cravates*, éd. M. MALICET, 1970. — *Une mort prématurée*, éd. J. PETIT, 1970. — *La Légende de Prâkriti, Ossements, Le Bestiaire spirituel*, éd. A. HIRSCHI, 1972. — *Figures et Paraboles*, éd. A. HIRSCHI, 1974. — *L'Échange*, éd. P. BRUNEL, 1974. — *Le Pain dur*, éd. J. PETIT, 1975.

— *L'Otage*, éd. J.-P. KEMPF et J. PETIT, 1977. — *Protée*, éd. M. AUTRAND, 1977. — *Cinq Grandes Odes*, étude des manuscrits par A.-L. CARRIÈRE, 1978. — *L'Oiseau noir dans le soleil levant*, éd. H. MICCIOLLO, 1980. — *Tête d'or*, éd. M. LIOURE, 1984. — *Cent Phrases pour éventail*, éd. M. TRUFFET, 1985. — *Le Soulier de satin*, éd. A. WEBER-CAFLISCH, 2 vol., Les Belles Lettres, 1987.

ÉTUDES

S. FUMET, *Claudel*, Gallimard, Bibliothèque idéale, 1958. — P.-A. LESORT, *Paul Claudel par lui-même*, Seuil, 1963. — M.-F. GUYARD, *Recherches claudéliennes*, Klincksieck, 1963. — A. VACHON, *Le Temps et l'espace dans l'œuvre de Paul Claudel*, Seuil, 1965. — G. GADOFFRE, *Claudel et l'univers chinois*, Gallimard, 1968. — M. LIOURE, *L'Esthétique dramatique de Paul Claudel*, Armand Colin, 1971. — J. PETIT, *Claudel l'usurpateur*, Desclée de Brouwer, 1971. — P. BRUNEL, *Claudel et Shakespeare*, Armand Colin, 1971. — M. MALICET, *Lecture psychanalytique de l'œuvre de Claudel*, les Belles Lettres, 1978-1979, 3 vol. — J.-B. BARRÈRE, *Claudel. Le destin et l'œuvre*, S.E.D.E.S., 1979. — G. ANTOINE, *Paul Claudel*, Robert Laffont, 1988. — *Cahiers Paul Claudel*, Gallimard, n° 1, 1959. — *Bulletin de la Société Paul Claudel*, n° 1, 1962. — *Paul Claudel*, série de la *Revue des Lettres modernes*, n° 1, 1964.

——— ANDRÉ GIDE ———

TEXTES

Œuvres complètes, N.R.F., 1932-1939, 15 vol. — *Journal 1889-1939*, Gallimard, Bibl. de la Pléiade, 1939. — *Journal 1939-1949*, Gallimard, Bibl. de la Pléiade, 1954.
Chez Gallimard, *Correspondance* avec F. Jammes,

1948 ; avec P. Claudel, 1949 ; avec P. Valéry, 1955 ;
avec A. Suarès, 1963 ; avec R. Martin du Gard, 1968.

Études

C. du Bos, *Le Dialogue avec André Gide,* Au Sans
Pareil, 1929. — R. Fernandez, *André Gide,* Corrêa,
1931. — *Hommage à André Gide,* N.R.F., novembre
1951. — R. Mallet, *Une Mort ambiguë,* Gallimard,
1955 ; rééd. in « Idées-Gallimard », 1983. — J.
Delay, *La Jeunesse d'André Gide,* Gallimard, 1956-
1957, 2 vol. — D. Moutote, *Le Journal de Gide et
les problèmes du moi (1899-1925),* P.U.F., 1968. —
G. D. Painter, *André Gide,* Mercure de France,
1968. — C. Martin, *La Maturité d'André Gide,*
Klincksieck, 1975. — A. Angles, *André Gide et le
premier groupe de la N.R.F.,* Gallimard, t. I, 1978 ;
t. II et III, 1986. — P. Masson, *André Gide : Voyage
et écriture,* P.U. Lyon, 1983. — E. Marty, *L'Ecriture du jour, le « Journal » d'André Gide,* Seuil,
1985. — A. Goulet, *Fiction et vie sociale dans
l'œuvre d'André Gide,* Lettres Modernes, 1986. —
Bulletin des amis d'André Gide, depuis 1967. —
André Gide, série de la *Revue des Lettres modernes,*
n° 1, 1970. — J. Claude, *André Gide et le théâtre,*
Gallimard, 2 vol., 1992.

——— MARCEL PROUST ———

Textes

A la recherche du temps perdu, Gallimard, Bibl. de la
Pléiade, nlle édition, sous la direction de Jean-Yves
Tadié, depuis 1987 (4 volumes à ce jour). — *Jean
Santeuil,* précédé de *Les Plaisirs et les Jours,* Galli-
mard, Bibl. de la Pléiade, 1971. — *Contre Sainte-
Beuve,* précédé de *Pastiches et Mélanges* et suivi de
Essais et Articles, Gallimard, Bibl. de la Pléiade,
1971. — *Correspondance,* éd. P. Kolb, Plon, 1970-
1985 (13 vol.).

ÉTUDES

G. CATTAUI, *Proust perdu et retrouvé,* Plon, 1963. — M. RAIMOND, L. FRAISSE, *Proust en toutes lettres,* Bordas, 1989. — A. COMPAGNON, *Proust entre deux siècles,* Le Seuil, 1989. — G. PICON, *Lecture de Proust,* Mercure de France, 1963. — G. DELEUZE, *Proust et les Signes,* P.U.F., 1964. — G. POULET, *L'Espace proustien,* Gallimard, 1964. — G. D. PAINTER, *Marcel Proust,* Mercure de France, 1966, 2 vol. — M. BARDÈCHE, *Marcel Proust romancier,* Les Sept Couleurs, 1971, 2 vol. — J.-Y. TADIÉ, *Proust et le Roman,* Gallimard, 1971. — G. GENETTE, *Figures III,* Seuil, 1972. — J.-P. RICHARD, *Proust et le monde sensible,* Seuil, 1974. — A. HENRY, *Proust romancier, le tombeau égyptien,* Flammarion, 1983. — J. MILLY, *La Phrase de Proust. Des phrases de Bergotte aux phrases de Vinteuil,* Champion, 1983. — *Proust dans le texte et l'avant-texte,* Flammarion, 1985.

------ PAUL VALÉRY ------

TEXTES

Œuvres, édit. J. HYTIER, 2 t., Gallimard, Bibl. de la Pléiade, 1957 et 1960. — *Cahiers,* C.N.R.S., Imprimerie Nationale, 1957-1961, 29 vol. — *Cahiers,* éd. J. ROBINSON, Gallimard, Bibl. de la Pléiade, 1973 et 1974, 2 vol. — *Correspondance avec Gide,* Gallimard, 1955.

ÉTUDES

A. THIBAUDET, *Paul Valéry,* Grasset, 1923. — P. SOUDAY, *Paul Valéry,* Kra, 1927. — ALAIN, « *Charmes* » *commentés par Alain,* N.R.F., 1929. — ALAIN, *La Jeune Parque commentée par Alain,* N.R.F., 1936. — É. NOULET, *Paul Valéry,* Grasset, 1938. — J. HYTIER, *La Poétique de Valéry,* Armand Colin, 1953. — P.-O. WALZER, *La Poésie de Paul Valéry,* Genève, Cailler, 1953. — A. BERNE-JOF-

FROY, *Valéry*, Gallimard, 1960. — J.-R. LAWLER, *Lecture de Valéry. Une étude de « Charmes »*, P.U.F., 1963. — J. ROBINSON, *L'Analyse de l'esprit dans les Cahiers de Valéry*, J. Corti, 1963. — M. PARENT, *Cohérence et résonance dans le style de « Charmes » de Paul Valéry*, Klincksieck, 1970. — J. LEVAILLANT, *Genèse et signification de « La Soirée avec M. Teste »*, Klincksieck, 1971. — H. LAURENTI, *Paul Valéry et le théâtre*, Gallimard, 1973. — D. OSTER, *Monsieur Valéry*, Seuil, 1981. — *Ecriture et génétique textuelle : Valéry à l'œuvre*, Presses universitaires de Lille, 1982. — *Paul Valéry*, revue *Littérature*, décembre 1984. — *Paul Valéry*, série de la *Revue des Lettres modernes*, n° 1, 1974. — F. de LUSSY, *« Charmes » d'après les manuscrits de Paul Valéry, histoire d'une métamorphose*, Minard, 2 vol., 1990, 1992.

—— CHARLES PÉGUY ——

TEXTES

Œuvres poétiques complètes, éd. P. PÉGUY, Gallimard, Bibl. de la Pléiade, 1941 ; diverses rééd. augmentées. — *Œuvres en prose complètes*, éd. R. BURAC, Gallimard, Bibl. de la Pléiade, t. I, 1987, t. II, 1988. — *Le Mystère de la Charité de Jeanne d'Arc*, éd. A. BÉGUIN, Club du meilleur livre, 1956. — *Véronique, dialogue de l'histoire et de l'âme charnelle*, Gallimard, 1972. — *La Ballade du cœur*, poème inédit, éd. J. SABIANI, Klincksieck, 1973.

ÉTUDES

R. ROLLAND, *Péguy*, Albin Michel, 1944 ; rééd. avec une préface de H. JUIN et un essai de H. GUILLEMIN, 1971, 2 vol. — R. JOHANNET, *Vie et mort de Péguy*, Flammarion, 1950. — J. ISAAC, *Expériences de ma vie*. I. *Péguy*, Calmann-Lévy, 1959. — A. Béguin, *La Prière de Péguy*, Neuchâtel, La Baconnière, 1942. — J. Delaporte, *Connaissance de Péguy*, Plon, 1946, 2 vol. ; rééd., 1959. — J. Onimus, *Introduction aux trois Mystères de Péguy*, Lettres Modernes, 1952. — B. Guyon, *Péguy*, Hatier, 1960. — P. Duployé, *La Religion de Péguy*, Klincksieck, 1965. — J. Viard, *Philosophie de l'art littéraire et socialisme selon Péguy*, Klincksieck, 1970. — S. Fraisse, *Péguy et le monde antique*, Colin, 1973. — *Les Critiques de notre temps et Péguy*, Garnier, 1973. — *Péguy et le Moyen Age*, Champion, 1978. — *Péguy*, Seuil, 1979. — B. Guyon, *Péguy devant Dieu*, Desclée de Brouwer, 1974. — G. Leroy, *Péguy entre l'Ordre et la Révolution*, Presses de la Fondation nationale des sciences politiques, 1981. — *Péguy*, sous la direction de G. Bastaire, Cahiers de l'Herne, 1977. *Péguy l'inchrétien*, Desclée-Proost, 1991. — R. Burac, *Charles Péguy, la révolution et la grâce*, Laffont, 1994. — *L'Amitié Charles Péguy*, feuillets mensuels, puis trimestriels, depuis 1948. — *Charles Péguy*, série de la *Revue des lettres modernes*, n° 1, 1980.

———— COLETTE ————

Textes

Œuvres complètes, Le Fleuron, 1948-1950, 15 vol. — *Œuvres complètes*, éd. du Centenaire, Club de l'Honnête Homme et Flammarion, 1973-1976, 16 vol. — *Œuvres*, t. I, éd. Cl. Pichois, Gallimard, Bibl. de la Pléiade, 1984 ; t. II, 1986 ; t. III, 1994. — *Romans, récits, souvenirs*, Bouquins/Laffont, 3 vol., 1989. — *Contes des mille et un matins*, Flammarion, 1970. — Correspondance éd. par Cl. Pichois et R. Forbin chez Flammarion : *Lettres à Hélène Picard*, 1958. — *Lettres à Marguerite Moreno*, 1959. — *Lettres de la Vagabonde*, 1961. — *Lettres au Petit Corsaire*, 1963. — *Lettres à ses pairs*, 1972.

ÉTUDES

P. Trahard, *L'Art de Colette*, Jean Renard, 1941.
— G. Beaumont, *Colette par elle-même*, Seuil, 1951.
— M. Le Hardouin, *Colette*, Éd. Universitaires, 1956. — N. Houssa, *Le Souci de l'expression chez Colette*, Palais des Académies (Bruxelles), 1958. — M. Raaphorst-Rousseau, *Colette, sa vie et son art*, Nizet, 1964. — A. Ketchum, *Colette ou la naissance du jour*, Lettres Modernes, 1968. — L. Forestier, *Chemins vers « La Maison de Claudine » et « Sido »*, S.E.D.E.S., 1968. — M. Biolley-Godino, *L'Homme-objet chez Colette*, Klincksieck, 1972. — Y. Resch, *Corps féminin corps textuel*, Klincksieck, 1973. — M. Bal, *Complexité d'un roman populaire (ambiguïté dans « La Chatte »)*, La Pensée universelle, 1974. — P. D'Hollander, *Claudine en ménage*, Klincksieck, 1975. — *Colette. Ses apprentissages*, Klincksieck, 1978. — *Cahiers Colette*, n° 1, 1980 ; voir le n° 3-4, 1981, actes du colloque de Dijon.

———— JULES ROMAINS ————

Textes

La Vie unanime (éd. originale, 1908), éd. M. Décaudin, *Poésie*/Gallimard, 1983. — *Cromedeyre-le-Vieil*, Gallimard, 1920. — *Knock*, Gallimard, 1923. — *Les Hommes de bonne volonté* (éd. originale, 1932-1948), 27 vol. ; Flammarion, 1958, 4 vol. — *Souvenirs et confidences d'un écrivain*, Flammarion, 1958. — *Ai-je fait ce que j'ai voulu ?*, Flammarion, 1964. — O. Rony, *Jules Romains ou l'appel au monde*, Laffont, 1993.

ÉTUDES

A. Cuisenier, *Jules Romains et l'Unanimisme*, Flammarion, 1935, 1948, 1954, 3 vol. ; éd. abrégée en un vol., 1969. — M. BERRY, *Jules Romains, sa vie, son œuvre*, éd. du Conquistador, 1953. — A. BOURIN, *Connaissance de Jules Romains, discutée par Jules Romains*, Flammarion, 1961. — *Bulletin* de la Société des Amis de Jules Romains, nᵒ 1, 1974. — *Cahiers Jules Romains*, Flammarion, nᵒ 1, 1976, *Correspondance André Gide — Jules Romains*, éd. C. MARTIN ; nᵒ 2, 1978, *Correspondance Jacques Copeau — Jules Romains*, éd. O. RONY ; nᵒ 3, 1979, *Actes du colloque Jules Romains* de février 1978 ; nᵒ 4, 1981, « *J'entends les portes du lointain...* », *proses et poèmes de l'adolescence de Jules Romains*, éd. A. GUYON ; nᵒ 5, 1982 ; nᵒ 6, 1985, *Les Dossiers préparatoires des « Hommes de bonne volonté »*, éd. A. ANGREMY ; nᵒ 7, 1987, *Les Dossiers préparatoires des « Hommes de bonne volonté »*, éd. M. RIEINEAU. — *Unanimismo — Jules Romains, Quaderni del Novecento Francese*, Rome-Paris, Bulzoni-Nizet, nᵒ 4, 1978.

———— ALFRED JARRY ————

TEXTES

Œuvres complètes, Henri KAESER, 1948, 8 vol. — *Œuvres complètes*, Gallimard, Bibl. de la Pléiade, t. I, éd. M. ARRIVÉ, 1972, t. II et III, éd. H. BORDILLON, 1987, 1988. — *Tout Ubu*, éd. M. SAILLET, Le Livre de poche, 1962. — *La Chandelle verte*, éd. M. SAILLET, Le Livre de poche, 1969.

ÉTUDES

M. ARRIVÉ, *Les Langages de Jarry*, Klincksieck, 1972. — H. BEHAR, *Jarry, le monstre et la marionnette*, Larousse, 1973, repris et augmenté dans *Jarry dramaturge*, Nizet, 1980. — F. CARADEC, *A la recherche d'Alfred Jarry*, Seghers, 1973. — N. ARNAUD, *Alfred Jarry, d'Ubu roi au docteur Faustroll*, La Table ronde, 1974. — *Cahiers du Collège de pataphysique,* puis *Subsidia pataphysica* et *Organographes du Cymbalum pataphysicum.* — *L'Etoile-Absinthe,* 1er n°, 1979. — P. BESNIER, *Alfred Jarry,* Plon, 1990.

―――― GUILLAUME APOLLINAIRE ――――

TEXTES

Œuvres poétiques, éd. M. ADÉMA et M. DÉCAUDIN, Gallimard, Bibl. de la Pléiade, 1956 ; plusieurs rééd. augmentées. — *Œuvres en prose,* éd. M. DÉCAUDIN, t. I, Gallimard, Bibl. de la Pléiade, 1977, éd. M. DÉCAUDIN, P. CAIZERGUES, t. II, 1991 ; t. III, 1993. — *Tendre comme le souvenir,* éd. M. ADÉMA, Gallimard, 1952. — *Méditations esthétiques. Les Peintres cubistes,* éd. L. C. BREUNIG et J.-C. CHEVALIER, Hermann, 1965 ; rééd. 1980. — *Lettres à Lou,* éd. M. DÉCAUDIN, Gallimard, 1969. — *Alcools et Calligrammes,* éd. C. DEBON, Imprimerie Nationale, 1991.

ÉTUDES

P. PIA, *Apollinaire par lui-même,* Seuil, 1954 ; plusieurs rééd. — M.-J. DURRY, *Guillaume Apollinaire,* « *Alcools* », S.E.D.E.S., 1956-1964 ; rééd., 1978-1979, 3 vol. — M. DÉCAUDIN, *Le Dossier d'* « *Alcools* », Genève, Droz, 1960 ; plusieurs rééd. — R. COUFFIGNAL, *Apollinaire et la Bible,* Lettres Modernes, 1966. — P.-M. ADÉMA, *Guillaume Apollinaire,* La Table ronde, 1968. — P. RENAUD, *Lecture d'Apollinaire,* Lausanne, L'Age d'homme, 1969 ; plusieurs rééd. — C. TOURNADRE, *Les Critiques de notre temps et Apollinaire,* Garnier, 1971. — D. OSTER, *Guillaume Apollinaire,* Seghers, 1975. — C. DEBON, *Apollinaire après* « *Alcools* », *I,* « *Calligrammes* », Lettres Modernes, 1981. — *Glossaire des œuvres complètes,* Publ. de la Sorbonne nouvelle, 1988. — P. CAIZERGUES, *Apollinaire journa-*

liste, t. I, Lettres Modernes, 1981. — G. BOUDAR, *Catalogue de la bibliothèque d'Apollinaire,* éd. du C.N.R.S., t. I, 1984, t. II, 1987. — A. FONGARD, *Apollinaire poète. Exégèses et discussions,* Presses Universitaires du Mirail-Toulouse, 1988. — *Apollinaire en 1918,* collectif, Méridiens Klincksieck, 1988. — *Guillaume Apollinaire,* série de la *Revue des lettres modernes,* n° 1, 1962. — *Que vlo-ve?,* bulletin d'informations, n° 1, janvier 1973. — M. BOISSON, *Apollinaire et les mythologies antiques,* Schena-Nizet, 1989.

TABLE DES MATIÈRES

TABLE 369

TROISIÈME PARTIE :
LES GRANDS AUTEURS

GF — TEXTE INTÉGRAL — GF

1/1622-VIII-1996. — Imp. Bussière Camedan Imprimeries, St-Amand (Cher).
Nº d'édition FG096401. — Septembre 1996. — Printed in France.